COLLECTION LES ESSENTIELS RF

Groupe Revue Fiduciaire

Les contrats de travail et leurs clauses

par l'équipe rédactionnelle de RF Social

Groupe Revue Fiduciaire - 100, rue La Fayette - 75485 Paris Cedex 10

Attention

la photocopie tue le livre

Nous alertons nos lecteurs sur la menace que représente pour l'avenir de l'écrit, tout particulièrement dans les domaines du droit et de la gestion, le développement massif du « photocopillage ».

Le code de la propriété intellectuelle interdit en effet, expressément, la photocopie à usage collectif sans autorisation des ayants droit. Or, cette pratique s'est développée dans de nombreux cabinets, entreprises, administrations, organisations professionnelles et établissements d'enseignement, provoquant une baisse notable des achats de livres et de revues au point que la possibilité même de créer des œuvres nouvelles et de les faire éditer est aujourd'hui menacée.

100, rue La Fayette - 75485 Paris Cedex 10

ISBN 2-86521-959-3

Dépôt légal octobre 2006 - Imprimerie SNEL Grafics SA, ZI des Hauts-Sarts - Zone 3 - rue Fond des Fourches 21 - B-4041 Vottem (Herstal) - Belgique

Préface

Les rapports entre l'employeur et chaque salarié sont très encadrés par le code du travail, les conventions collectives et autres textes officiels. Le contrat de travail leur permet en quelque sorte d'« individualiser » leur relation. La technique contractuelle offre en effet la possibilité d'adapter toutes ces règles à leur situation spécifique et ce, de la période d'essai jusqu'à la fin du contrat. Pour ce faire, vous trouverez dans cet ouvrage toutes les règles qui régissent la conclusion d'un contrat de travail. Chacun pourra aussi y trouver une « boite à outils » pour rédiger et suivre l'application de chaque clause.

▶ Ce qu'il faut savoir avant de rédiger et signer un contrat de travail

Lors d'une embauche, le choix du type de contrat de travail se fait dès le début de la phase de recrutement : contrat à durée indéterminée ou contrat à durée déterminée (CDD) ? Contrat à temps complet ou à temps partiel ? Et pourquoi pas un contrat de travail intermittent ? L'entreprise peut aussi souhaiter signer un contrat nouvelles embauche (CNE), ou encore bénéficier d'un contrat aidé. Les besoins de l'entreprise et les spécificités juridiques des différents contrats conduiront à choisir l'un plutôt que l'autre.

Si c'est un contrat à durée indéterminée à temps complet qui est choisi, un écrit n'est pas, en principe, obligatoire mais vivement recommandé en pratique. D'autres types de contrats doivent, au contraire, être obligatoirement formalisés par un écrit. Tel est le cas, par exemple, d'un CDD ou encore d'un CNE.

Quel que soit le contrat sélectionné, le respect des conditions de validité communes à tous les contrats devra être assuré : employeur et salarié doivent notamment donner un consentement « libre et éclairé ». S'agissant du contenu même du contrat de travail, les clauses du contrat ne devront pas être moins favorables au salarié que les dispositions de la convention collective applicable à l'entreprise. Certaines clauses sont même interdites (ex.: clauses couperet, d'indexation des salaires, etc.).

Enfin, une fois le contrat signé, l'employeur et le salarié ne pourront le modifier dans ses éléments dits « essentiels » que d'un commun accord.

▶ Clauses relatives à la période d'essai et à l'exécution du contrat de travail

Une période d'essai est souvent inscrite dans les contrats de travail. Il s'agit alors de veiller à un certain nombre de points comme, par exemple, à définir une durée de l'essai cohérente par rapport aux fonctions occupées.

D'autres clauses peuvent encadrer l'exécution du contrat de travail. L'employeur peut ainsi souhaiter s'assurer la fidélité du salarié ou encore sa mobilité. Il peut aussi être nécessaire de contractualiser le caractère inventif du poste occupé par le salarié ou de lui fixer des objectifs à atteindre.

La pratique a développé d'autres types de clauses: clause de reprise d'ancienneté, clause de discrétion, etc.

▶ Clauses relatives à la rémunération

La rémunération est par excellence du domaine du contrat de travail. Indépendamment du salaire de base, d'autres éléments peuvent être contractualisés comme les avantages en nature, ou encore des primes diverses. La clause de variation du salaire permet, quant à elle, d'introduire dans la fixation même de la rémunération une flexibilité « contrôlée ».

Enfin, s'agissant notamment des cadres, il peut être opportun d'inscrire dans leur contrat de travail une convention de forfait.

▶ Clauses relatives à la rupture du contrat de travail

Les clauses qui viennent encadrer la rupture du contrat de travail font certainement partie des clauses les plus délicates à rédiger. Certaines viennent limiter la liberté de rupture du contrat: clause de dédit-formation, clause de garantie d'emploi, d'indemnité de rupture... Au moment de la rédaction de telles clauses, il faut alors s'assurer, entre autres points à valider, que cette liberté n'est pas complètement supprimée.

Enfin, une attention toute particulière doit être consacrée à la rédaction d'une clause de non-concurrence. Celle-ci restreint la liberté de travail du salarié concerné. Les conditions de validité à respecter sont donc particulièrement strictes.

Sommaire

Rémunération

Rupture du contrat

Sommaire
suite

Les questions préalables

1 Choisir le contrat de travail

Le choix du type de contrat de travail se fait dès le début du processus de recrutement d'un salarié. Les besoins de l'entreprise et les spécificités juridiques conduiront à choisir l'un plutôt que l'autre.

Contrat à durée indéterminée ou à durée déterminée

Contrat à durée indéterminée. - Conclure avec un salarié un contrat à durée indéterminée à temps complet constitue le « droit commun » en matière de relations individuelles de travail. Dès lors que le poste à pourvoir correspond à un emploi stable dans l'entreprise, ce type de contrat de travail est la forme normale d'embauche.

Le contrat à durée indéterminée peut toutefois se révéler inadapté dans certaines circonstances : besoin momentané de main-d'œuvre d'appoint ou de remplacement, nécessité d'adapter l'emploi aux variations de l'activité économique ou d'aménager le temps de travail, notamment.

> **À NOTER** Le contrat nouvelles embauches est un contrat à durée indéterminée réservé aux entreprises de 20 salariés au plus. Il obéit à des règles spécifiques, s'agissant notamment de sa rupture (voir p. 210).

Contrat à durée déterminée. - Ce contrat joue un rôle subsidiaire. Il ne peut avoir ni pour objet ni pour effet de pourvoir durablement un emploi lié à l'activité normale et permanente de l'entreprise (c. trav. art. L. 122-1 ; voir p. 226). Il est conçu pour faire face à des besoins momentanés de main-d'œuvre et doit correspondre à l'exécution d'une tâche précise et temporaire dans les cas prévus par la loi.

il présente certaines particularités: il ne peut être rompu avant le terme prévu, sauf faute grave du salarié, force majeure ou commun accord des parties. Le salarié peut également prendre l'initiative de la rupture, lorsqu'il justifie d'une embauche pour une durée indéterminée (c. trav. art. L. 122-3-8). L'employeur est tenu, sauf exceptions, de verser au salarié en fin de contrat une indemnité correspondant à 10 % des rémunérations perçues au cours de ce contrat.

Contrats saisonniers. - Les contrats saisonniers sont conclus pour la durée d'une saison ou pour occuper un emploi relevant d'une activité à caractère saisonnier (agriculture, tourisme, etc.). il peut s'agir, selon le cas, d'un contrat de travail à durée déterminée, d'un contrat de travail temporaire ou d'un contrat de travail intermittent comportant une alternance de périodes travaillées et de périodes non travaillées.

Travail à temps partiel ou travail intermittent

Contrat de travail à temps partiel. - Un contrat de travail à temps partiel peut être conclu pour une durée déterminée ou pour une durée indéterminée. Il répond aux préoccupations des employeurs qui souhaitent assouplir la gestion de leur main-d'œuvre, ainsi qu'aux aspirations de certains salariés qui désirent mieux concilier vie au travail et vie extraprofessionnelle. Il se caractérise par une durée de travail inférieure à la durée légale ou conventionnelle (c. trav. art. L. 212-4-2; voir p. 250).

Les horaires sont répartis sur la semaine, sur le mois ou sur l'année. La modulation annuelle de la durée du travail des salariés à temps partiel est également possible.

Autre élément de souplesse: le chef d'entreprise peut demander au salarié des heures complémentaires, en plus de l'horaire prévu. Il peut aussi modifier la répartition des horaires fixés dans le contrat, moyennant un délai de prévenance.

Contrat de travail intermittent. - Le contrat de travail intermittent est conclu pour une durée indéterminée. Il permet de pourvoir des emplois permanents comportant, par nature, une alternance de périodes travaillées et de

périodes non travaillées. Attention : la possibilité de conclure un contrat de travail intermittent est subordonnée à la conclusion (c. trav. art. L. 212-4-12) :
- soit d'une convention ou d'un accord collectif étendu,
- soit d'une convention ou d'un accord d'entreprise ou d'établissement (c. trav. art. L. 212-4-12 ; voir p. 259).

Conclure un contrat aidé

L'entreprise peut opter pour un contrat dit « aidé » destiné à favoriser l'insertion de certains publics (jeunes, chômeurs de longue durée, etc.). Ces contrats présentent des spécificités s'agissant notamment de leur conclusion. Ils ouvrent généralement droit à des exonérations de charges sociales et/ou à des aides financières (voir Tableau récapitulatif des contrats aidés, p. 272).

Choisir la mise à disposition de personnel

Travail temporaire. - Le recours à un intérimaire est possible dans les mêmes cas que pour l'embauche d'un salarié sous contrat à durée déterminée. Au lieu de procéder à un recrutement direct, l'entreprise utilisatrice s'adresse à une entreprise de travail temporaire, qui met à sa disposition un intérimaire pour la durée d'une mission. La relation de travail est donc triangulaire et nécessite la conclusion de deux contrats distincts et écrits :
- le contrat de mise à disposition qui lie l'entreprise utilisatrice à l'entreprise de travail temporaire ;
- le contrat de mission conclu entre cette dernière et l'intérimaire (c. trav. art. L. 124-2).

Travail à temps partagé. - Le travail à temps partagé est, comme le travail temporaire, une modalité de mise à disposition de personnel (c. trav. art. L. 124-24 à L. 124-32).

L'entreprise de travail à temps partagé est une personne physique ou morale. Elle a pour activité exclusive la mise à disposition, à titre lucratif, de personnes qualifiées à des entreprises clientes qui ne peuvent les recruter elles-mêmes en raison de leur taille ou de leurs moyens.

> **À NOTER** Les entreprises de travail temporaire peuvent aussi exercer l'activité de travail à temps partagé dans les mêmes conditions qu'une entreprise dédiée à cette activité.

Un contrat est signé, pour chaque mise à disposition individuelle de salarié, entre l'entreprise de travail à temps partagé et l'entreprise cliente. Dans l'hypothèse où plusieurs personnes sont mises à disposition d'une seule entreprise cliente, autant de contrats doivent donc être signés que de mises à disposition.

Par ailleurs, un contrat de travail est signé entre le salarié mis à disposition et l'entreprise de travail à temps partagé. Il s'agit nécessairement d'un contrat à durée indéterminée.

La rupture du contrat de travail entre l'entreprise de travail à temps partagé et le salarié mis à disposition relève de l'ensemble des dispositions du code du travail relatives à la résiliation d'un CDI. En pratique, cela signifie que l'ensemble des règles relatives à la rupture de la période d'essai, au licenciement et à la démission sont applicables.

Mise à disposition via un groupement d'employeurs. - Les groupements d'employeurs sont constitués dans le but de mettre à disposition de leurs membres des salaries liés à ces groupements par un contrat de travail. Ils peuvent également apporter à leurs membres leur aide ou leur conseil en matière d'emploi ou de gestion des ressources humaines. Ils ne peuvent qu'effectuer des opérations à but non lucratif (c. trav. art. L. 127-1).

Adhésion à un groupement. Toute personne physique ou morale peut adhérer à un groupement d'employeurs, quelles que soient son activité (commerciale, industrielle, agricole, libérale...) et sa forme juridique. Les entreprises de plus de 300 salariés doivent remplir deux conditions d'adhésion supplémentaires :
- conclure un accord collectif ou un accord d'établissement définissant les garanties accordées aux salariés du groupement,
- transmettre cet accord à la direction départementale du travail, de l'emploi et de la formation professionnelle (DTEFP).

Salariés du groupement. Les salariés du groupement sont liés à celui-ci par un contrat de travail écrit. Ce contrat doit indiquer les conditions d'emploi et de rémunération, la qualification, la liste des utilisateurs potentiels et les lieux d'exécution du travail. Les groupements ayant pour objet principal le remplacement des chefs d'entreprises artisanales, industrielles ou commerciales ou des personnes physiques exerçant une profession libérale ont la possibilité de ne pas mentionner, dans les contrats de travail, la liste des utilisateurs potentiels. il est seulement nécessaire, dans ce cas, de préciser la zone géographique d'exécution du contrat de travail, qui doit prévoir des déplacements limités.

Comparaison CDI / CDD		
Éléments de comparaison	**Contrat à durée indéterminée**	**Contrat à durée déterminée**
Flexibilité	Les conditions d'exécution du travail peuvent être modifiées. En revanche, la modification du contrat suppose l'acceptation du salarié.	Ce type de contrat permet : - de faire face à des besoins ponctuels (remplacement, etc.) ; - d'adapter le volume de l'emploi aux variations de l'activité économique.
Expérience dans l'emploi	Le salarié qui reste longtemps dans l'entreprise y acquiert des connaissances et un savoir-faire utiles.	Le salarié n'a pas le temps d'acquérir une qualification et une expérience importantes.
Résiliation du contrat	L'employeur peut résilier le contrat à tout moment, sous réserve de respecter la procédure et de prononcer le licenciement pour un motif réel et sérieux. Le salarié peut démissionner.	La rupture anticipée à l'initiative de l'employeur n'est possible qu'en cas de force majeure ou de faute grave du salarié. Le salarié peut rompre le contrat par anticipation s'il a justifié d'une embauche pour une durée indéterminée.
Coût financier	Les avantages liés à l'ancienneté sont coûteux (primes, congés supplémentaires…). Si le salarié a peu d'ancienneté, le montant de l'indemnité de licenciement est peu élevé. Si l'ancienneté est importante, le montant des indemnités peut être élevé.	L'indemnité de fin de contrat est relativement coûteuse : en principe, 10 % des rémunérations brutes perçues au cours du contrat (sauf accord de branche étendu ramenant cette indemnité à 6 % contre un accès facilité à la formation).

2 Privilégier un contrat écrit

De nombreux arguments, juridiques et pratiques, nous incitent à recommander la constatation par un écrit du contrat de travail à durée indéterminée (CDI). L'écrit est obligatoire pour d'autres formes de contrat de travail, comme par exemple un contrat à durée déterminée ou encore un contrat à temps partiel.

Quand l'écrit est indispensable

Écrit conseillé pour un CDI

Liberté de principe. - Le contrat de travail peut, en principe, être constaté dans les formes qu'il convient à l'employeur et au salarié d'adopter (c. trav. art. L. 121-1).

Écrit recommandé. - À défaut de dispositions conventionnelles imposant un contrat écrit, bien qu'aucun écrit ne soit légalement obligatoire, il est préférable d'en rédiger un comportant au minimum des clauses générales pour limiter des litiges ultérieurs. En pratique, ces clauses générales sont le plus souvent complétées par des clauses spécifiques. *A fortiori*, s'il s'agit de cadres.

Incidences en cas de conclusion orale d'un contrat. - En cas de contrat oral, verbal ou tacite, il s'agit obligatoirement d'un contrat de travail à durée indéterminée à temps complet.

Preuve du contrat de travail. - La preuve d'un contrat de travail doit être rapportée par écrit si les sommes perçues pendant sa durée excèdent 800 euros (c. civ. art. 1341 ; décret 2001-476 du 30 mai 2001, JO du 3 juin).

> **À NOTER** Si l'employeur est commerçant, le salarié peut, à l'encontre de celui-ci, faire la preuve de son contrat par tous moyens. L'employeur, commerçant, doit quant à lui, respecter les règles édictées par le code civil (c. civ. art. 1341 ; cass. soc. 9 mai 1973, BC V n° 285). Si l'employeur n'est pas commerçant et qu'il est dans l'impossibilité de se procurer une preuve par écrit, il est admis que l'existence du contrat de travail puisse être prouvée, notamment par un commencement de preuve par écrit (ex. : bulletin de paie) ou par des témoignages.

C'est à celui qui se prévaut de l'existence d'un contrat de travail d'en apporter la preuve (c. civ. art. 1315).

Écrit exigé pour certains contrats

Exigences légales. - Dans certains cas, il est expressément exigé que le contrat soit écrit et comporte certaines clauses précisément définies.

Contrats précaires et autres. - Les contrats suivant doivent être écrits :
- le contrat à durée déterminée (c. trav. art. L. 122-3-1 ; voir p. 226) ;
- le contrat de travail temporaire (c. trav. art. L. 124-4) ;
- le contrat de travail à temps partagé (c. trav. art. L. 124-24 à L. 124-32; voir p. 16) ;
- le contrat de travail à domicile (c. trav. art. L. 721-7) ;
- le contrat de travail intermittent (c. trav. art. L. 212-4-13) ;
- le contrat de travail à temps partiel (c. trav. art. L. 212-4-3).

Contrats aidés. - Les contrats aidés doivent être conclus par écrit. Tel est le cas notamment pour les contrats suivants :
- contrat d'apprentissage (c. trav. art. L. 117-12) ;
- contrat de professionnalisation (c. trav. art. L. 980-1) ;
- contrat d'accompagnement dans l'emploi (c. trav. art. L. 322-4-7) ;
- contrat initiative-emploi (c. trav. art. L. 322-4-8).

Pour un récapitulatif des contrats aidés, voir p. 272.

Contrat nouvelles embauches. - Le contrat nouvelles embauches doit être formalisé par un écrit (voir p. 210).

Formalisme lié à certaines professions. - Les contrats conclus avec des salariés exerçant certaines professions doivent être constatés par un écrit, tel est le cas :
- d'un contrat avec un avocat salarié (décret 91-1197 du 27 novembre 1997, art. 137) ;
- d'un contrat de mannequin (c. trav. art. L. 763-4) ;
- d'un contrat avec un médecin du travail (c. trav. art. R. 241-30).

Vérifier la convention collective applicable

Écrit imposé. - La plupart des conventions collectives prévoient que le CDI doit faire l'objet d'un écrit. Ne pas respecter les prescriptions de la convention collective applicable à l'entreprise peut être lourd de conséquences. Ainsi, la non-remise ou la remise tardive au salarié de documents prévus par la convention collective pour confirmer l'embauche définitive lui cause nécessairement un préjudice. À ce titre, l'employeur peut être condamné à lui verser des dommages-intérêts (cass. soc. 27 mars 2001, BC V n° 107).

Exemples À titre d'exemples, les conventions collectives peuvent prévoir que :
- chaque engagement est obligatoirement confirmé par écrit, sous forme de lettre d'embauche ou de contrat ;
- le contrat de travail est remis au moment de l'engagement ;
- lors de l'engagement, les conditions d'emploi et de rémunération sont précisées par écrit ;
- le contrat doit être écrit et signé au plus tard le jour de l'embauche ;
- dans un délai précis (ex. : 8 jours) précédant l'engagement et / ou au plus tard dans un délai déterminé suivant la prise des fonctions, il sera remis un contrat de travail ;
- l'accord est établi par un contrat écrit soit à l'embauche, soit à la fin de la période d'essai au plus tard ;
- si, à l'issue de la période d'essai, l'engagement devient définitif, il est confirmé par écrit.

Utiliser le français

Rédaction en français, sauf exception. - Si le contrat de travail est écrit, il doit être rédigé en français : ceci vaut pour tous les contrats signés en

France, qu'ils soient exécutés en France ou à l'étranger (c. trav. art. L. 121-1 ; circ. du 19 mars 1996, JO du 20).

Toutefois, si l'emploi qui fait l'objet du contrat ne peut être désigné que par un terme étranger sans correspondant en français, le contrat de travail doit alors comporter une explication en français du terme étranger.

Contrat conclu avec un salarié étranger. - Lorsque le contrat écrit est conclu sur le territoire français avec un salarié étranger, pour être exécuté sur ce même territoire, le salarié peut en demander une traduction dans sa langue. Les deux textes font également foi en justice. En cas de discordance entre les deux versions, seul le texte rédigé dans la langue du salarié étranger peut être invoqué contre ce dernier.

Sanction. - L'employeur ne pourra pas se prévaloir à l'encontre du salarié auquel elles feraient grief des clauses d'un contrat de travail conclu sans respecter ces règles (c. trav. art. L. 121-1 ; circ. du 19 mars 1996, JO du 20).

Connaître le droit européen

Information sur les éléments essentiels du contrat. - Le droit européen impose aux entreprises de remettre aux salariés dans les deux mois de leur embauche un certain nombre d'informations sur les éléments essentiels de la relation de travail (dir. 91-553 du 14 octobre 1991, JOCE L 288 du 18). Cela peut résulter d'un contrat de travail écrit, d'une lettre d'engagement ou d'un ou de plusieurs documents écrits contenant tous les éléments.

Lorsque aucun des documents n'est remis au travailleur dans le délai, l'employeur est tenu de lui remettre, deux mois au plus tard après le début de son travail, une déclaration écrite et signée contenant au moins tous les éléments prévus. Dans le cas où les documents remis ne contiennent qu'une partie des éléments requis, la déclaration écrite porte sur les éléments restants. Si le contrat ou la relation de travail prend fin avant l'expiration du délai de deux mois à compter du début de son travail, l'information doit être fournie au travailleur au plus tard à l'expiration de ce délai.

> **À NOTER** Cette directive a un effet direct (elle s'applique donc en l'état) dès lors que celle-ci n'a pas fait l'objet d'une transposition en droit interne ou a fait l'objet d'une transposition incorrecte (CJCE, 4 décembre 1997, aff. C-253/96 à C-258/96).

Droit français conforme. - La France n'a pas transposé cette directive, mais l'administration considère que la loi française lui est bien conforme, bien qu'elle n'impose pas la rédaction d'un contrat écrit, puisqu'elle prévoit la remise au salarié de la copie de la déclaration préalable à l'embauche et d'un bulletin de paie comportant de nombreuses mentions (rép. min 11165, JO AN du 25 avril 1994, p. 2079).

Informations sur les éléments essentiels du contrat	
Éléments essentiels du contrat de travail dont le travailleur doit être informé par écrit (dir. 91-553 du 14 novembre 1991)	**Mentions sur le bulletin de paye** (c. trav. art. R. 143-2)
Identité des parties	- nom et adresse de l'employeur - nom et prénom du salarié
Lieu de travail, à défaut de lieu de travail fixe ou prédominant, le principe que le travailleur est occupé à divers endroits ainsi que le siège ou, le cas échéant, le domicile de l'employeur	Le cas échéant, l'établissement dont dépend le salarié
Le titre, grade ou qualité, ou catégorie d'emploi en lesquels le travailleur est occupé, ou la caractérisation, ou la description sommaire du travail	- appellation courante sous laquelle sont reconnues les fonctions du salarié: métier dont la définition figure dans la convention collective ou, à défaut, appellation spécifique à l'entreprise - classification conventionnelle (1)
La date de début du contrat ou de la relation de travail	Période à laquelle se rapporte le salaire
S'il s'agit d'un contrat ou d'une relation de travail temporaire, la durée prévisible du contrat ou de la relation de travail (2)	
La durée du congé payé auquel le travailleur a droit, ou, si cette indication est impossible au moment de la délivrance de l'information, les modalités d'attribution et de détermination de congé	À défaut de convention collective applicable, référence doit être faite aux articles du code du travail sur la durée des congés payés (c. trav. art. L. 223-2 à 8). Quand une période de congés payés est comprise dans la période de paye, le bulletin doit indiquer les dates des jours de congés et le montant de l'indemnité correspondante
La durée des délais de préavis à observer par l'employeur et le travailleur en cas de cessation du contrat ou de la relation de travail, ou, si cette indication est impossible au moment de la délivrance de l'information, les modalités de détermination de ces délais de préavis	À défaut de convention collective applicable, référence doit être faite aux articles du code du travail sur la durée du préavis (c. trav. art. L. 122-5 à 8)
Le montant de base initial, les autres éléments constitutifs ainsi que la périodicité de versement de la rémunération à laquelle le travailleur a droit	Ensemble du salaire de base et de ses majorations d'origine légale et/ou conventionnelle ainsi que des accessoires soumis à cotisations

(1) Les mentions de l'emploi et de classification sont cumulatives et non alternatives (cass. crim. 23 novembre 1993, B. crim. n° 352).
(2) Les contrats temporaires son nécessairement écrit.

Informations sur les éléments essentiels du contrat	
Éléments essentiels du contrat de travail dont le travailleur doit être informé par écrit (dir. 91-553 du 14 novembre 1991)	**Mentions sur le bulletin de paye** (c. trav. art. R. 143-2)
La durée du travail journalière ou hebdomadaire normale du travail (3)	Heures de travail auxquelles se rapporte le salaire (heures contractuelles et heures supplémentaires). Pour les salariés dont la rémunération est déterminée sur la base d'un forfait, le bulletin indique la nature et le volume du forfait
Le cas échéant, la mention des conventions collectives et/ou accords collectifs régissant les conditions de travail du travailleur	Convention collective de branche applicable (4). S'il n'en existe pas, l'employeur est tenu de faire apparaître la référence aux articles du code du travail sur les durées des congés payés et du préavis (c. trav. art. L. 223-2 à 8 et L. 122-5 à 8)

(3) Pour la CJCE, l'obligation d'effectuer des heures supplémentaires sur la simple demande de l'employeur constitue un élément essentiel du contrat de travail qui doit être porté à la connaissance du salarié par écrit. Cette information peut toutefois prendre la forme d'une référence aux dispositions légales, réglementaires ou encore conventionnelles relatives aux heures supplémentaires (CJCE 8 février 2001, aff. C-350/99). La Cour de cassation décide, quant à elle, que la décision de faire effectuer des heures supplémentaires à un salarié, dans la limite du contingent, relève du pouvoir de direction de l'employeur (cass. soc. 9 mars 1999, BC V n° 103). En pratique, il est conseillé à l'employeur qui entend dépasser la durée normale du travail d'informer le salarié du possible recours aux heures supplémentaires. Il ne faut par confondre cette simple information avec l'inscription dans le contrat de travail d'un forfait. Dans le premier cas, les heures supplémentaires ne sont pas contractualisées : le salarié ne pourra pas prétendre que le fait d'effectuer ou de ne pas effectuer des heures supplémentaires modifie son contrat de travail. Dans le second cas, le forfait est élément du contrat à part entière qui ne peut être modifié qu'avec l'accord du salarié concerné.

(4) Si l'employeur mentionne sur le bulletin une autre convention que celle dont il dépend ou encore s'il indique une convention alors qu'il ne relève d'aucune, cette mention vaut reconnaissance de l'application de ladite convention à l'entreprise, c'est-à-dire application volontaire (cass. soc. 18 juillet 2000, BC V n° 295 ; cass. soc. 10 décembre 2002, BC V n° 372).

Fiche pratique

Contrat de travail électronique

Le papier n'est pas le seul support possible. Le contrat de travail peut aussi être établi sur un support électronique.

Utiliser le contrat électronique comme preuve

L'écrit électronique est reconnu comme mode de preuve au même titre que l'écrit sur support papier, à la double condition que :
- la personne dont il émane puisse être dûment identifiée ;
- le document électronique soit établi et conservé dans des conditions de nature à en garantir l'intégrité (c. civ. art. 1316 et s. ; décret 2001-272 du 30 mars 2001 ; loi 2004-575 du 21 juin 2004, art. 25 et 26).

Valider les signatures électroniques

Signature « sécurisée ». - Une signature électronique est dite « sécurisée » jusqu'à preuve du contraire lorsqu'elle satisfait aux exigences suivantes :
- elle est propre à son signataire ;
- elle est créée par des moyens que le signataire peut garder sous son contrôle exclusif ;
- il est garanti qu'il existe entre cette signature et l'acte auquel elle s'attache un lien tel que toute modification ultérieure soit détectable (c. civ. art. 1316-4 ; décret 2001-272 du 30 mars 2001, art. 1er).

Certificat de garantie. - Une signature sécurisée doit avoir fait l'objet d'un certificat délivré par un prestataire de services de certification électronique.
Ce prestataire est responsable du préjudice causé aux personnes qui se sont fiées « raisonnablement » aux certificats qui leur ont été présentés comme qualifiés (pour se dégager de sa responsabilité, le prestataire peut cependant prouver qu'il n'a commis ni négligence ni faute intentionnelle) (loi 2004-575 du 21 juin 2004).

Preuve du consentement. - La signature électronique d'un acte manifeste la preuve du consentement des parties aux obligations qui résultent de l'acte en question (c. civ. art. 1316-4).

Validité d'une signature électronique. - Lorsqu'il est exigé une mention écrite de la main même de celui qui s'oblige, ce dernier peut l'apposer sous la forme électronique si les conditions de cette apposition sont de nature à garantir qu'elle ne peut être effectuée que par lui-même.

Déclarer à la CNIL

L'installation d'un dispositif d'assistance électronique à la rédaction des contrats de travail, s'il permet l'exploitation de données à caractère personnel, doit donner lieu, en principe, à une déclaration préalable à la CNIL (loi 78-17 du 6 janvier 1978). Le comité d'entreprise doit être préalablement informé et consulté (c. trav. art. L. 432-2-1).

3 Liberté de négocier : sous conditions

L'employeur et le salarié disposent d'une liberté toute relative pour déterminer le contenu du contrat de travail. En pratique, les parties négocient des clauses générales et/ou des clauses particulières.

Assurer la validité du contrat

Conditions communes à tous les contrats

Capacité de contracter. - L'employeur peut être une personne morale ou physique. Le salarié, quant à lui, est nécessairement une personne physique.

La capacité de contracter est encadrée pour certaines personnes. Ainsi, un mineur non émancipé ne peut contracter que s'il a atteint 16 ans et sous réserve de l'autorisation de son représentant légal (c. trav. art. L. 211-1, R. 261-1 et D. 211-1 et s.). Un majeur en tutelle doit être représenté par son tuteur (c. civ. art. 1123 et s.).

Consentement « libre et éclairé ». - Le consentement de l'employeur et du salarié au contrat de travail peut être donné verbalement ou par écrit. L'accord peut être tacite et résulter simplement du comportement des parties, mais il doit y avoir volonté réelle de s'obliger. Les vices du consentement (erreur, violence ou dol) sont des causes de nullité du contrat (c. civ. art. 1109 à 1122).

Cause et objet du contrat. - Comme tout autre contrat, un contrat de travail ne peut pas reposer sur une cause ou un objet illicite, à savoir, prohibé par la loi, contraire aux bonnes mœurs ou à l'ordre public (c. civ. art. 1126 et s.).

Contenu du contrat

Part de l'initiative contractuelle. - La sphère d'autonomie de l'employeur et du salarié est relativement restreinte. La détermination et l'étendue des droits et obligations de l'employeur et du salarié découlent, en effet, pour une bonne part de la loi et des conventions collectives.

Toutefois, l'initiative contractuelle demeure fondamentale, notamment pour :
- préciser ce que n'a pas prévu la loi ou la convention collective ;
- déroger à la loi ou à la convention collective dans un sens plus favorable au salarié ;
- apporter une protection ou des garanties au salarié (ex. : brevet d'invention) ou à l'entreprise (ex. : non-concurrence).

Pas de clause moins favorable au salarié. - Les clauses dérogeant dans un sens moins favorable pour le salarié à la loi ou à la convention collective applicable sont illicites. Une clause stipulant une renonciation du salarié à un droit qu'il tient de la convention collective serait sans valeur (cass. soc. 15 juillet 1998, BC V n° 378).

Clauses interdites dans le contrat de travail

Clause d'indexation des salaires

Ce qui est interdit. - Il est interdit d'insérer dans les conventions ou accords collectifs et les contrats de travail toute clause indexant les salaires sur l'indice des prix, le SMIC, le niveau général des prix ou sur les prix de biens, produits ou services n'ayant pas de relation directe avec l'objet de la convention ou avec l'activité de l'une des parties (ord. 58-1374 du 30 décembre 1958 ; 59-246 du 4 février 1959).

> **EXEMPLE** Une clause du contrat prévoyant une rémunération horaire égale au SMIC plus 8 % est nulle (cass. soc. 18 mars 1992, BC V n° 188).

Ce qui reste permis. - En revanche, il est licite :
- d'indexer les salaires sur les prix des biens ou produits fabriqués par l'entreprise (ex. : indice du coût de la construction pour la rémunération des salariés d'une entreprise de travaux publics) ;

- de prévoir des réunions selon des périodicités déterminées afin d'examiner l'évolution des salaires par rapport à la progression de l'indice INSEE.

Il est possible d'indexer :

- la partie du salaire versée dans un pays étranger avec le taux de change de cette monnaie (cass. soc. 25 octobre 1990, BC V n° 507) ;
- le salaire minimum d'une catégorie professionnelle en relation avec l'activité du salarié (cass. soc. 15 février 1972, BC V n° 100).

Clause de transfert des charges patronales

La contribution de l'employeur reste exclusivement à sa charge, toute convention contraire est nulle de plein droit (c. séc. soc. art. L. 241-8).

> **Exemple** La clause du contrat de travail prévoyant la déduction du montant des cotisations patronales sur les commissions versées à un salarié est nulle (cass. soc. 17 octobre 2000, BC V n° 329).

En revanche, il est possible de prévoir qu'une rémunération proportionnelle au chiffre d'affaires soit calculée déduction faite des charges d'exploitation de l'employeur, y compris les charges sociales (cass. soc. 10 novembre 1993, BC V n° 263).

Clause attributive de juridiction

Contrat de travail en général. - Les clauses incluses dans le contrat de travail ayant pour effet d'attribuer compétence à une autre juridiction que les conseils de prud'hommes pour un litige relatif à l'exécution d'un contrat opposant un employeur et un salarié sont nulles et donc sans effet (c. trav. art. L. 121-3 et R. 517-1).

Cette règle est l'application particulière au contrat de travail du principe général de privilège de juridiction des tribunaux français fondé sur la nationalité française (c. civ. art. 14 et 15).

Contrat de travail international. - Seuls les contrats de travail internationaux peuvent déroger à l'interdiction des clauses attributives de juridiction dès lors que :

- le contrat présente effectivement toutes les caractéristiques d'un contrat de travail international ;

- la clause comporte une renonciation sans équivoque du salarié français au privilège de juridiction des tribunaux français et, plus précisément, du conseil de prud'hommes (cass. soc. 1er mars 1989, BC V n° 156) ou, dit autrement, que la clause soit suffisamment claire et précise pour permettre d'induire la volonté certaine du salarié concerné (cass. civ. 1re ch., 18 octobre 1988, BC V n° 292).

Dans l'espace judiciaire européen, les clauses attributives de juridiction sont valables si elles sont postérieures à la naissance d'un différend ou si elles permettent au travailleur de saisir d'autres tribunaux que ceux indiqués par le règlement européen 44/2001 (règlt CE 44/2001 du 22 décembre 2000, JOCE L 12 du 16 janvier 2001).

Attribution de compétences à un conseil de prud'hommes autre que celui territorialement compétent. - En principe, le conseil de prud'hommes territorialement compétent est celui dans le ressort duquel est situé l'établissement où est effectué le travail. À titre d'exception, si le travail est effectué en dehors de tout établissement ou au domicile du salarié, le conseil de prud'hommes territorialement compétent est celui du domicile du salarié (c. trav. art. R. 517-1).

> **Exemple** Un salarié, de nationalité française, engagé en France par une société française, pour exercer ses fonctions à l'étranger, a attrait son employeur devant le conseil de prud'hommes de son domicile, alors qu'une clause du contrat de travail attribuait compétence au conseil de prud'hommes du siège de la société. La compétence du conseil de prud'hommes du domicile du salarié a été justement retenue. Étant constaté que la clause attribuait compétence à une juridiction française et que le travail s'effectuait en dehors de tout établissement, la demande devait en effet bien être portée devant le conseil de prud'hommes du domicile du salarié en application de l'article R. 517-1 du code du travail (cass. soc. 16 mars 2004, BC V n° 88).

Clause compromissoire

Définition. - Sous réserve des dispositions législatives particulières, la clause compromissoire est valable dans les contrats conclus à raison d'une activité professionnelle (c. civ. art. 2061). Il s'agit de la clause par laquelle les parties à un contrat conviennent à l'avance de soumettre à un arbitrage extrajudiciaire les litiges qui naîtront éventuellement dans l'exécution de leurs engagements.

Pas possible dans un contrat de travail. - Une telle clause inscrite dans un contrat de travail n'est pas valable. Les conseils de prud'hommes sont en effet les seuls compétents pour connaître des litiges nés du contrat de travail (c. trav. art. L. 511-1). En pratique, si une clause compromissoire est inscrite au contrat de travail d'un salarié, celui-ci pourra quand même saisir directement le conseil de prud'hommes en cas de litiges.

Clause conventionnelle de départ à la retraite

Nullité d'une clause « couperet ». - Toute disposition d'une convention ou d'un accord collectif et toute clause du contrat de travail prévoyant une rupture de plein droit du contrat de travail d'un salarié en raison de son âge ou du fait qu'il serait en droit de bénéficier d'une pension de vieillesse sont nulles et donc sans effet (c. trav. art. L. 122-14-12).

L'employeur est irrecevable à se prévaloir de la nullité d'une clause « couperet » pour mettre un salarié à la retraite avant l'âge fixé par la clause. Seul le salarié peut le faire (cass. ass. plén. 6 novembre 1998, B. ass. plén. n° 3).

Validité des clauses souples. - Certaines clauses du contrat de travail ou conventionnelles fixent l'âge normal de la retraite, c'est-à-dire l'âge à partir duquel l'employeur peut mettre le salarié à la retraite avec paiement des indemnités spécifiques, sans qu'il s'agisse d'une rupture automatique du contrat.

Ces clauses « souples » sont valides et s'imposent à l'employeur. L'âge normal de départ à la retraite peut par exemple être fixé à 65 ans. Dans ce cas, le salarié ne pourra être mis à la retraite qu'à partir du moment où il atteindra cet âge même si, par ailleurs, il remplit les conditions légales pour pouvoir toucher une pension de retraite à taux plein.

Toute mise à la retraite prématurée s'analyse en un licenciement, avec toutes les conséquences qui en découlent (indemnité légale ou conventionnelle de licenciement et, éventuellement, pour licenciement sans cause réelle et sérieuse) (cass. soc. 10 mars 1999, n° 1105 D ; cass. soc. 18 janvier 1995, BC V n° 31).

Atteinte à une liberté fondamentale ou contraire à l'ordre public

Atteinte aux libertés. - Nul ne peut apporter aux droits des personnes et aux libertés individuelles et collectives de restrictions qui ne seraient pas justifiées par la nature de la tâche à accomplir ni proportionnées au but recherché (c. trav. art. L. 120-2). Une liberté ne peut pas être supprimée ; elle peut seulement être réduite, encadrée, voire réglementée, mais dans des limites uniquement nécessaires (Ph. Waquet, Dr. Soc. 2000, p. 1051).

Respect de la vie privée. - Chacun a droit au respect de sa vie privée (c. civ. art. 9). En conséquence, une clause du contrat ne peut pas permettre de sanctionner ou de licencier un salarié en raison de ses mœurs, de ses opinions politiques ou religieuses et de sa situation de famille.

Plus généralement, ces événements ne peuvent être pris en compte que s'ils ont des répercussions sur la bonne marche de l'entreprise, compte tenu de la nature des fonctions du salarié et de la finalité propre de l'entreprise (cass. soc. 22 janvier 1992, BC V n° 30).

Liberté du choix du domicile. - S'agissant d'une clause qui obligeait le salarié à transférer son domicile, il a été jugé qu'une restriction, par l'employeur, à la liberté du choix du domicile n'est valable qu'à la condition d'être indispensable à la protection des intérêts légitimes de l'entreprise et proportionnée, compte tenu de l'emploi occupé et du travail demandé, au but recherché (cass. soc. 12 janvier 1999, BC V n° 7).

Liberté du mariage. - Une clause stipulant que des conjoints ne peuvent être employés simultanément dans l'entreprise est contraire à la liberté du mariage et doit être annulée (cass. soc. 10 juin 1982, BC V n° 392). De même, une clause de célibat porte atteinte à un droit fondamental de la personnalité (cass. soc. 7 février 1968, BC V n° 86). Seules d'impérieuses nécessités tirées de la nature des fonctions ou de leurs conditions d'exercice peuvent exceptionnellement légitimer une clause restrictive du droit au mariage comme il en a été jugé à propos du licenciement, par une institution religieuse, d'une enseignante divorcée (cass. ass. plén. 19 mai 1978, B. ass. plén. n° 1).

Liberté de conscience. - Dans certaines associations, certains organismes religieux, partis politiques et syndicats (entreprises dites de « tendance » dont l'objet est la défense et la promotion d'une doctrine ou d'une éthique), il peut être demandé aux salariés de se conformer aux exigences de la finalité de l'entreprise ou de participer à certaines manifestations. Une telle clause doit être strictement nécessaire, concerner des salariés ayant des contacts avec les fidèles ou les adhérents et susceptibles d'exercer une influence.

Exemple En l'absence de stipulation contractuelle particulière, un salarié licencié ne peut pas se prévaloir de ses convictions religieuses pour justifier sa lenteur d'exécution, alors qu'il s'était engagé en toute connaissance de cause en qualité d'assistant commercial au service d'une société ayant pour activité la distribution de films à caractère pornographique et que les tâches qui lui étaient confiées entraient dans ses attributions (CA Paris 18e ch., sect. D, 27 novembre 2001, n° 01-778).

Port d'un uniforme

Une tenue vestimentaire particulière ne peut pas systématiquement être imposée aux salariés. Le port d'un uniforme doit être justifié par l'hygiène et la sécurité ou la nature de l'activité de l'entreprise.

L'absence de dispositions conventionnelles n'autorise pas l'employeur à mettre une telle clause dans le contrat de travail. Celui-ci ne peut pas en effet comporter de restrictions plus importantes aux libertés individuelles que celles prévues par la convention collective (cass. soc. 16 janvier 2001, BC V n° 7).

Il faut cependant garder à l'esprit que l'obligation de revêtir une tenue spécifique relève plus de la sphère du règlement intérieur que du domaine contractuel.

Clause discriminatoire

Pas de dérogation à l'égalité femmes-hommes. - Il est interdit dans tout contrat de travail, comme dans tout accord ou convention collective, accord ou barème de salaire, à peine de nullité, d'insérer des clauses réservant le bénéfice d'une mesure à un ou des salariés en considération de leur sexe, sauf clause relative à la maternité (c. trav. art. L. 123-2).

Par ailleurs, toute disposition contractuelle comportant pour un ou des travailleurs de l'un des deux sexes une rémunération inférieure à celle de travailleurs de l'autre sexe pour un même travail ou un travail de valeur égale est nulle. La rémunération plus élevée dont bénéficient ces derniers travailleurs est substituée de plein droit à celle que comportait la disposition entachée de nullité (c. trav. art. L. 140-4).

Interdiction des discriminations. - Toute disposition contraire à l'interdiction de discrimination est nulle de plein droit (c. trav. art. L. 122-45).

Sort des clauses illicites

En cas de litige portant sur une clause du contrat de travail, le juge prud'homal est compétent pour en interpréter le sens et la portée et d'en prononcer, le cas échéant, la nullité. Si la clause illicite a été déterminante pour la formation du contrat (autrement dit, si celle-ci n'avait pas figuré au contrat, les parties ne l'auraient pas signé), celui-ci est totalement annulé. À l'inverse, si la clause n'a pas été déterminante pour la conclusion du contrat, elle sera dépourvue d'effet ou remplacée par les dispositions d'ordre public auxquelles elles contrevenaient, sans que le contrat soit annulé dans son intégralité.

✉ CONTRAT DE TRAVAIL À DURÉE INDÉTERMINÉE: FORMULE GÉNÉRALE (1) (2)

Entre les soussignés:
- la société ...
dont le siège social est situé à ...
représentée par M. ... agissant en qualité de ... d'une part,
- et M. ... demeurant à ... d'autre part,
Il a été convenu et arrêté ce qui suit:

Article 1er - La société ... engage, sous réserve des résultats de la visite médicale d'embauche ... (3), Monsieur (Madame) ..., à compter du ...

Article 2. - Monsieur (Madame) ... sera employé(e) en qualité de ... avec la qualification professionnelle de ... au coefficient hiérarchique ... (4).

Article 3. - À titre de rémunération, Monsieur (Madame) ... percevra un salaire mensuel brut de ... € (5), qui lui sera versé avant le 30 de chaque mois civil (6).

Article 4. - Monsieur (Madame) ... exercera ses fonctions à ...

Article 5. - Monsieur (Madame) ... sera employé(e) à temps complet. Il (Elle) devra respecter les horaires en vigueur dans l'entreprise.

Article 6. - Monsieur (Madame) ... bénéficiera de congés payés annuels dans les conditions prévues par la loi ... (7).

Article 7. - Le présent contrat est conclu pour une durée indéterminée. Il est résiliable par l'une ou l'autre des parties, sous réserve du respect d'un délai de préavis de … mois (8).

Article 8. - Le présent contrat sera régi par les dispositions de la convention collective … (9) applicable à l'entreprise.

(1) Contrat conforme à la directive européenne du 14 octobre 1991. Avant de rédiger un tel contrat, vérifiez les particularités de la convention collective.
(2) Le contrat de travail constaté par écrit est rédigé en français.
Lorsque l'emploi qui fait l'objet du contrat ne peut être désigné que par un terme étranger sans correspondant en français, le contrat de travail doit comporter une explication en français du terme étranger.
Lorsque le salarié est étranger et le contrat constaté par écrit, une traduction du contrat est rédigée, à la demande du salarié, dans la langue de ce dernier. Les deux textes font également foi en justice. En cas de discordance entre les deux textes, seul le texte rédigé dans la langue du salarié étranger peut être invoqué contre ce dernier.
L'employeur ne pourra se prévaloir, à l'encontre du salarié auquel elles feraient grief, des clauses d'un contrat de travail conclu en violation de ces principes (c. trav. art. L. 121-1).
(3) Mention facultative, mais conseillée.
(4) Indiquer éventuellement l'indice correspondant, s'il existe.
(5) En chiffres et en lettres.
(6) Indiquez le cas échéant les primes et autres accessoires de salaire.
(7) Vérifiez les stipulations de la convention collective sur ce point.
(8) Vérifiez les stipulations de la convention collective sur ce point. Il est éventuellement possible de prévoir un délai de préavis différent en cas de démission (plus court) et en cas de licenciement (plus long).
(9) Indiquez l'intitulé de la convention collective applicable s'il y a lieu.

4 Modifier le contrat de travail

La modification du contrat de travail doit être distinguée d'un simple changement des conditions de travail. Dans le premier cas, l'accord de l'employeur et du salarié à la modification est indispensable (le plus souvent, l'employeur propose une modification et le salarié l'accepte ou la refuse). Dans le second cas, le salarié ne peut pas, en principe, s'y opposer.

L'insertion de nouvelles clauses, telles qu'une clause de mobilité, de non-concurrence ou encore d'exclusivité, modifie le contrat de travail.

Qu'est-ce qu'une modification du contrat de travail ?

Définition

Il y a modification du contrat de travail lorsqu'un élément du contrat par nature essentiel ou qui a été jugé essentiel par le salarié et l'employeur, au moment de la conclusion du contrat, est affecté (cass. soc. 11 juillet 2001, BC V n° 264)**. En cas de difficultés sur un élément, l'interprétation de la commune intention des parties appartient au juge.**

À NOTER Sont considérés comme des éléments essentiels par « nature » :
- la rémunération contractuelle ;
- la durée du travail, telle que mentionnée au contrat de travail ;
- le lieu de travail (dans la mesure où le nouveau lieu de travail se situe dans un secteur géographique distinct, sous réserve de la rédaction de la clause relative au lieu de travail) ;
- la qualification professionnelle.

Pour des exemples, voir p. 50.

Proposer une modification économique

Modification du contrat de travail pour motif économique : proposer par LRAR. - L'employeur qui, pour motif économique, envisage la modification d'un élément essentiel des contrats de travail de ses salariés doit en informer chaque salarié par lettre recommandée avec accusé de réception (c. trav. art. L. 321-1-2).

L'employeur qui n'a pas respecté ces formalités ne peut se prévaloir ni d'un refus ni d'une acceptation de la modification du contrat de travail par le salarié. Une information verbale en lieu et place de la LRAR n'est donc pas suffisante (cass. soc. 25 janvier 2005, BC V n° 18).

Attention. La qualification donnée à la modification dans la lettre de notification lie l'employeur. Ainsi, lorsqu'un employeur informe par écrit un salarié qu'il dispose d'un mois pour faire connaître son refus d'une modification de son contrat envisagée pour un motif économique, il ne peut plus, ensuite, prétendre que la modification projetée concernait les seules modalités d'exécution du travail et non le contrat (cass. soc. 12 juillet 1999, BC V n° 346 ; cass. soc. 26 janvier 2000, n° 503 D). En revanche, l'absence de référence explicite à l'article L. 321-1-2 du code du travail dans la lettre formulant la proposition est sans incidence. La proposition de modification effectuée dans les formes prévues par ce texte constitue bien une modification du contrat de travail pour cause économique (cass. soc. 8 février 2005, n° 357 FD).

Contenu de la LRAR. - L'employeur doit indiquer au salarié en quoi consiste la modification envisagée. Par ailleurs, il doit l'informer qu'il dispose d'un délai d'un mois à compter de sa réception pour faire connaître son refus et qu'à défaut de réponse dans le mois, il sera réputé avoir accepté la modification proposée.

L'inobservation par l'employeur de ce délai de réflexion d'un mois prive de cause réelle et sérieuse le licenciement fondé sur le refus par le salarié de la modification proposée (cass. soc. 10 décembre 2003, BC V nos 312 et 313). Ce délai légal d'un mois constitue en effet une période de réflexion destinée à permettre au salarié de prendre parti sur la proposition de modification en mesurant les conséquences de son choix.

Procédure de licenciement économique collectif. - La procédure de licenciement collectif pour motif économique ne doit être mise en œuvre par l'employeur que si au moins dix salariés ont refusé la modification d'un élément essentiel de leur contrat de travail pour raison économique (c. trav. art. L. 321-1-3, modifié par la loi 2005-32 du 18 janvier 2005). L'employeur doit donc attendre le refus des salariés et n'a pas à engager la procédure dès l'instant où il envisage de modifier le contrat de travail d'au moins dix salariés pour motif économique (cass. soc. 3 décembre 1996, BC V n° 411).

Cas de non-application de la procédure spécifique. - Les dispositions de l'article L. 321-1-2 (notification de la proposition au salarié par LRAR) ne sont pas applicables lorsqu'il est proposé à l'intéressé un reclassement en vue d'éviter son licenciement en raison de la suppression de son emploi (cass. soc. 9 juillet 1998, n° 3495 D; cass. soc. 13 avril 1999, BC V n° 170).

✉ NOTIFICATION D'UNE MODIFICATION DE NATURE ÉCONOMIQUE DU CONTRAT DE TRAVAIL

À ..., le ...

LETTRE RECOMMANDÉE AVEC AR

Objet: modification de votre contrat

M. ...,

Par suite d'une réorganisation de nos services (1), nous envisageons de modifier (2) ... vos attributions de la façon suivante: .... Cette modification prendrait effet à compter du (3) ....

Nous vous demandons de bien vouloir nous notifier votre accord ou votre refus par écrit dans le délai d'un mois, soit avant le ....

À défaut de réponse dans ce délai, vous serez considéré comme ayant accepté cette modification .

Nous vous signalons qu'en cas de refus de votre part, nous serons amenés à envisager un licenciement pour motif économique (6).

Nous vous prions d'agréer, M. ..., nos sincères salutations.

Signature

(1) Ou tout autre motif économique. Préciser en quoi consiste ce motif. Lorsque l'employeur envisage une modification d'un contrat pour un motif économique, cette notification est obligatoire (c. trav. art. L. 321-1-2). Lorsque au moins dix salariés ont refusé la modification d'un élément essentiel de leur contrat de travail proposée par leur employeur pour un motif économique et que leur licenciement est envisagé, celui-ci relève des dispositions applicables en cas de licenciement collectif pour motif économique (c. trav. art. L. 321-1-3).

(2) Indiquer avec précision en quoi consiste la modification envisagée (ex. : importance ou mode de calcul de la rémunération, qualification, durée du travail, lieu de travail quand le contrat mentionne clairement et précisément que le salarié exécute son travail exclusivement dans le lieu indiqué ou, à défaut de cette mention, en cas de mutation dans un secteur géographique différent).

Éventuellement, d'autres éléments peuvent avoir été contractualisés : leur modification suppose alors également le consentement du salarié.

Sinon, il y a simplement un changement des conditions de travail du salarié.

(3) Prévoir un délai suffisamment long pour que, en cas de refus du salarié, le préavis puisse être effectué selon les anciennes conditions de travail (minimum : 1 mois + la durée du préavis légal ou conventionnel).

(4) L'inobservation par l'employeur du délai d'un mois destiné à permettre au salarié de prendre parti sur la proposition de modification de son contrat de travail pour motif économique prive de cause réelle et sérieuse le licenciement fondé sur le refus de cette modification (cass. soc. 10 décembre 2003, BC V n° 312 et 313).

Proposer une modification non économique

En principe, pas de formalisme pour la proposition au salarié. - Lorsque la modification repose sur un motif non économique, aucune formalité n'est imposée pour proposer cette modification au salarié concerné. Toutefois, l'envoi d'une lettre où il est demandé au salarié s'il accepte ou non la proposition de modification peut être fort utile pour clarifier les choses.

✉ NOTIFICATION D'UNE MODIFICATION DE NATURE NON ÉCONOMIQUE DU CONTRAT DE TRAVAIL

À ...., le ....

LETTRE RECOMMANDÉE AVEC AR

Nos références:

Objet: modification de votre contrat (1)

M. .....,

Nous vous informons que, compte tenu de ...., (2) nous sommes amenés à modifier votre contrat de travail de la façon suivante ....

Afin de nous permettre d'organiser cette modification dans les meilleures conditions, nous vous demandons de nous faire savoir par écrit avant le ...... (4), si vous acceptez ou si vous refusez celle-ci.

Nous attirons votre attention sur le fait qu'un silence de votre part jusqu'au ...... (4) serait assimilé à un refus susceptible d'entraîner la résiliation de votre contrat de travail (5) .

Nous vous prions d'agréer, M. ......, nos sincères salutations.

Signature

(1) Formalité souvent prévue par la convention collective ou le contrat de travail. À défaut, elle est conseillée. Il est également conseillé de la notifier par lettre recommandée avec accusé de réception.

(2) Préciser le motif de la modification du contrat.

(3) Indiquer avec précision en quoi consiste la modification envisagée (ex. : importance ou mode de calcul de la rémunération, qualification, durée du travail, lieu de travail quand le contrat mentionnait clairement et précisément que le salarié exécuterait son travail exclusivement dans le lieu indiqué ou, à défaut, en cas de mutation dans un secteur géographique différent).

Éventuellement, d'autres éléments peuvent avoir été contractualisés: leur modification suppose alors également le consentement du salarié.

Sinon, il y a simplement un aménagement des conditions de travail du salarié.

(4) Laisser au salarié un délai de réflexion suffisant (ex.: un mois).

(5) En cas de modification non économique, l'accord du salarié ne peut pas être déduit de son silence.

Rupture imputable à l'employeur en l'absence de proposition au salarié

L'employeur qui modifie unilatéralement le contrat de travail d'un salarié sans avoir, au préalable, solliciter son accord peut se voir imputer la rupture du contrat de travail de ce salarié. Dans ce cas, la rupture s'analyse en un licenciement sans cause réelle et sérieuse (cass. soc. 22 février 2006, n° 517 FSPB).

> **Exemple** Un employeur avait réduit la part variable de la rémunération d'un salarié sans son accord. Cette modification unilatérale du contrat de travail par l'employeur lui rendait imputable la rupture, laquelle s'analysait en un licenciement sans cause réelle et sérieuse (cass. soc. 22 février 2006, n° 517 FSPB).

Quand le salarié accepte

En cas de modification non économique du contrat de travail. - L'acceptation par le salarié de la modification de son contrat de travail ne peut résulter que d'une manifestation claire et non équivoque de sa volonté (cass. soc. 16 février 1999, BC V n° 72) et non de la seule poursuite de son contrat de travail (cass. soc. 2 février 2000, n° 960 D). C'est pourquoi il est recommandé de signer un avenant au contrat de travail.

Le consentement donné par le salarié ne doit pas non plus être vicié. Si tel est le cas, l'avenant au contrat signé pour formaliser un tel accord peut être annulé pour vice du consentement (cass. soc. 2 juillet 2003, n° 1772 FD).

En cas de modification économique d'un élément essentiel du contrat. S'il s'agit d'une modification économique d'un élément essentiel du contrat de travail, l'acceptation du salarié peut être tacite. En effet, la lettre de notification informe le salarié qu'il dispose d'un délai d'un mois à compter de la réception de cette lettre pour faire connaître son refus et, qu'à défaut de réponse dans le mois, le salarié est réputé avoir accepté la modification (c. trav. art. L. 321-1-2, al. 2).

En cas d'acceptation, poursuite du contrat aux nouvelles conditions. Une fois acceptée par le salarié, la modification ne peut être remise en cause, ni par celui-ci ni par l'employeur, sauf vice du consentement. Mais tant qu'elle n'a pas été acceptée, l'employeur peut retirer son projet de modification (cass. soc. 5 mars 1997, BC V n° 95). **L'employeur a intérêt à formaliser les modifications dans un avenant écrit au contrat de travail.**

Quand le salarié refuse

En cas de refus, maintien des conditions antérieures ou licenciement. - Maintien des conditions antérieures ou licenciement. En cas de refus du salarié d'une modification de son contrat de travail, l'employeur a l'obligation soit de maintenir les conditions antérieures, soit de tirer les conséquences du refus de l'intéressé, en prenant l'initiative de la rupture.

Si l'employeur persiste à maintenir la modification malgré le refus du salarié, il en résulte une voie de fait autorisant le salarié à prendre acte de la rupture de son contrat de travail, laquelle s'analyse en un licenciement sans cause réelle et sérieuse. La renonciation ultérieure de l'employeur à la modification du contrat et au licenciement est inopérante (cass. soc. 31 mars 2004, n° 737 FD).

Procédure de licenciement applicable. - Il appartient à l'employeur, le cas échéant, d'engager la procédure de licenciement. La procédure à suivre est la procédure de licenciement économique si la modification a elle-même un motif économique.

> **À NOTER** Lorsqu'il y a coexistence d'un motif personnel et d'un motif économique, il faut rechercher la cause première et déterminante de la modification. Ainsi, le licenciement d'une salariée dont l'emploi a été transformé en raison de l'informatisation de l'entreprise, et qui n'a pu s'adapter aux nouvelles exigences technologiques afférentes à cet emploi ni aux autres postes qui lui ont été proposés, a un motif économique (cass. soc. 15 octobre 1992, BC V n° 513).

Cause réelle et sérieuse du licenciement. - Le licenciement ainsi prononcé n'a de cause réelle et sérieuse que si la modification est elle-même justifiée par des éléments objectifs (cass. soc. 31 janvier 1996, n° 383 D). La modification ne doit pas procéder d'un détournement de pouvoir (cass. soc. 5 octobre 1993, n° 3042 D) et doit être justifiée par l'intérêt de l'entreprise (ex.: réorganisation, difficultés économiques, fermeture d'un chantier, comportement personnel ou professionnel du salarié) (cass. soc. 13 décembre 1995, n° 5221 D).

Le salarié a droit au maintien de son salaire jusqu'au licenciement (cass. soc. 26 novembre 2002, BC V n° 353).

Attention au licenciement abusif. - Les conditions dans lesquelles la modification est intervenue peuvent rendre le licenciement abusif comme, par exemple, dans le cas d'une modification notifiée dans des conditions vexatoires (cass. soc. 5 octobre 1993, n° 1960 D).

Exécution du préavis. - Le salarié ne peut pas être contraint d'effectuer son préavis aux conditions nouvelles imposées unilatéralement par l'employeur (cass. soc. ass. plén. 18 novembre 1994, BC ass. plén. n° 6; cass. soc. 5 octobre 1999, BC V n° 364).

REFUS D'UNE MODIFICATION DU CONTRAT LIÉE À UNE RTT

En cas de refus d'un salarié d'accepter une modification de son contrat, corrélative à une réduction du temps de travail, l'employeur peut engager une procédure de licenciement personnel ou économique selon le cas.

Lorsqu'un ou plusieurs salariés refusent une modification de leur contrat de travail en application d'un accord de réduction de la durée du travail, leur licenciement est un licenciement individuel ne reposant pas sur un motif économique (c. trav. art. L. 212-3). Il est soumis aux dispositions des articles L. 122-14 à L. 122-17 du code du travail. Ainsi, la procédure relative au licenciement pour motif personnel est applicable (cass. soc. 15 mars 2006, n° 977 FSPBRI).

À l'inverse, si la réduction du temps de travail est mise en œuvre unilatéralement par l'employeur, le licenciement du ou des salariés refusant une modification de leur contrat de travail doit logiquement revêtir le caractère d'un licenciement économique. En conséquence, la procédure du licenciement économique doit être respectée, qu'il s'agisse de la procédure individuelle ou collective (cass. soc. 15 mars 2006, n° 550 FSPBRI).

Qu'est-ce qu'un changement des conditions de travail ?

Le seul refus du salarié ne vaut pas faute grave

Cause réelle et sérieuse de licenciement. - Si le changement concerne les conditions de travail, le salarié est tenu de l'accepter. Son refus d'un tel changement s'il rend son licenciement fondé sur une cause réelle et sérieuse, ne constitue pas à lui seul une faute grave (cass. soc. 23 février 2005, BC V n° 64).

Toutefois, des manquements antérieurs, sanctionnés en leur temps, peuvent être retenus pour caractériser une faute grave à la suite d'un nouveau manquement professionnel (à savoir, le refus du changement des conditions de travail), sous réserve de respecter le délai de prescription applicable en matière disciplinaire (cass. soc. 28 mars 2006, n° 04-41228 FD ; c. trav. art. L. 122-44).

> **EXEMPLE** Une salariée avait refusé de reprendre le travail selon les horaires nouvellement décidés par l'employeur en invoquant de fallacieux motifs familiaux. Ce comportement, qui faisait suite à des absences injustifiées déjà sanctionnées par un avertissement et une mise à pied, rendait impossible son maintien dans l'entreprise pendant la durée du préavis et constituait une faute grave (cass. soc. 28 mars 2006, n° 04-41228 FD).

Pas de démission, ni de licenciement. - À défaut pour le salarié de reprendre le travail ou de démissionner, l'employeur n'est pas tenu de le licençier. Dans cette hypothèse, le contrat n'étant pas rompu, le salarié ne peut réclamer aucune indemnité (cass. soc. 10 juillet 1996, BC V n° 278).

> **À NOTER** Le comité d'entreprise est obligatoirement informé et consulté lorsque les modifications envisagées des conditions de travail sont importantes et ne revêtent pas un caractère ponctuel ou individuel (c. trav. art. L. 432-1).

Changer en toute « bonne foi »

Exécution du contrat de travail de bonne foi. - Il existe un principe général selon lequel le contrat de travail doit être exécuté de bonne foi (c. civ. art. 1134 et c. trav. art. L. 120-4). Cette exigence de bonne foi s'applique en particulier dans la mise en œuvre d'un changement des conditions de travail (cass. soc. 4 avril 2006, n° 937 FPB).

✉ NOTIFICATION D'UN AMÉNAGEMENT DE POSTE

À ……., le …….

LETTRE RECOMMANDÉE AVEC AR

Objet : aménagement de votre poste

M. …….,

Nous vous informons que, compte tenu de ……et dans le cadre de notre pouvoir de direction, nous aménageons votre poste de la façon suivante ……

Cet aménagement ne saurait être assimilé à une modification d'un élément essentiel de votre contrat de travail.

En conséquence, nous attirons votre attention sur le fait qu'un refus de votre part pourrait constituer un acte d'insubordination susceptible de justifier votre licenciement .

Nous vous prions d'agréer, M. ….., nos sincères salutations.

Signature

(1) Cette notification est une formalité souvent prévue par la convention collective ou le contrat de travail.
À défaut, elle est conseillée. Il est également conseillé de la notifier par lettre recommandée avec accusé de réception.
(2) Préciser le motif de l'aménagement.
(3) Préciser en quoi consiste l'aménagement.
(4) Lorsque la modification n'affecte pas un élément essentiel du contrat de travail mais constitue un simple changement des modalités d'exécution du travail, l'accord du salarié n'est pas requis et son refus peut justifier son licenciement (pour cause réelle et sérieuse).

Si l'employeur met en œuvre un changement des conditions de travail dans des conditions exclusives de la bonne foi contractuelle, il peut être condamné à verser des dommages et intérêts en réparation du préjudice subi par le salarié (cass. soc. 4 avril 2006, n° 937 FPB). Cela peut aussi priver de cause réelle et sérieuse le licenciement du salarié qui refuse ce changement (cass. soc. 28 mars 2006, n° 898 FSPRBI).

Exemple Le contrat de travail d'une salariée comportait une clause mentionnant que ses fonctions s'exerceraient à Antony. À la suite d'un plan de cession, son contrat de travail avait été repris par une autre société qui avait décidé de transférer son siège social dans une autre ville du département, Chaville. L'intéressée ayant refusé de travailler dans ces nouveaux locaux, la société l'a licenciée pour faute grave. L'employeur a été condamné au paiement de dommages et intérêts dans la mesure où il n'a pas respecté son obligation de bonne foi contractuelle dans la mise en œuvre du changement des conditions de travail. En effet, il avait prévenu la salariée seulement un mois avant le déménagement par une lettre circulaire, alors que sa décision avait été prise plusieurs mois auparavant. Or, ce bref délai n'avait pas permis à la salariée de prendre sa décision dans les meilleures conditions. Ceci étant, le refus de la salariée de poursuivre l'exécution du contrat en raison d'un simple changement des conditions de travail décidé par l'employeur dans l'exercice de son pouvoir de direction rendait la salariée responsable de l'inexécution du préavis qu'elle refusait d'exécuter aux nouvelles conditions. En conséquence, son licenciement pour faute grave restait licite (cass. soc. 4 avril 2006, n° 937 FPB).

La bonne foi de l'employeur est présumée. - L'employeur n'a pas à justifier sa décision de changer les conditions de travail. Le juge n'a pas à rechercher si sa décision est conforme à l'intérêt de l'entreprise. C'est au salarié que revient la charge de prouver que la décision de l'employeur a en réalité été prise pour des raisons étrangères à l'intérêt de l'entreprise ou bien qu'elle a été mise en œuvre dans des conditions exclusives de la bonne foi contractuelle (cass. soc. 23 février 2005, BC V n° 64).

Situations pratiques : les cas les plus courants

Rémunération

Salaire contractuel. - La rémunération du salarié résulte en principe du contrat de travail, sous réserve, d'une part, du SMIC et, d'autre part, des avantages des accords collectifs, des usages de l'entreprise ou des engagements unilatéraux de l'employeur.

Le salaire doit donc résulter d'un accord contractuel : dans le cas où la rémunération résulte exclusivement d'un usage, la dénonciation de celui-ci ne permet pas à l'employeur de fixer unilatéralement la rémunération (cass. soc. 20 octobre 1998, BC V n° 435).

Accord du salarié. - La rémunération ou son mode de calcul, prévus au contrat, ne peuvent pas être modifiés par l'employeur sans l'accord du salarié et ce, peu important que la modification soit minime, plus avantageuse pour le salarié, compensée par divers avantages ou encore sans incidence sur le niveau global du salaire (cass. soc. 19 mai 1998, BC V n° 265 ; cass. soc. 28 janvier 1998, BC V n° 40 ; cass. soc. 7 mai 2002, n° 1530 FD ; cass. soc. 30 mai 2000, BC V n° 206), ou qu'elle ne porte que sur la partie variable du salaire.

Attention. Les avantages salariaux accessoires du salaire de base ou encore la structure de la rémunération peuvent résulter d'accords collectifs ou d'usages. Dans ces cas, il y a lieu de se reporter au régime applicable à la révision ou la dénonciation des accords et usages.

Durée du travail

Durée du travail mentionnée dans le contrat de travail. - La durée du travail, telle que mentionnée au contrat de travail, constitue, en principe, un élément du contrat qui ne peut être modifié sans l'accord du salarié concerné (cass. soc. 20 octobre 1998, BC V n° 433).

Si le contrat renvoie à la durée légale du travail sans plus de précisions, la solution dépendra des circonstances et de l'interprétation que feront les juges de l'intention des parties. La durée légale pourrait ainsi être considérée comme une clause de style si celle-ci se répète dans les contrats de l'ensemble des salariés.

Incidences sur les autres éléments du contrat de travail. - En tout état de cause, le changement de la durée du travail s'accompagnant le plus souvent d'une modification de la rémunération, le contrat est dans ce cas nécessairement modifié. Un salarié qui accepte de voir sa durée mensuelle forfaitaire de travail passer de 178 h à 200 h n'accepte pas pour autant la réduction du taux horaire de sa rémunération. En pratique, cela signifie que l'avenant portant modification du contrat doit être clair sur ce point (cass. soc. 7 juillet 2004, n° 02-43.606 D).

Heures supplémentaires. - L'accomplissement d'heures supplémentaires à la demande de l'employeur, dans la limite du contingent et en raison des nécessités de l'entreprise, constitue un simple changement des modalités d'exécution du travail si le contrat ne garantit pas un nombre précis d'heures supplémentaires (cass. soc. 9 mars 1999, BC V n° 103; cass. soc. 2 novembre 2005, n° 2322 FD).

À NOTER La mise au chômage partiel ne constitue pas une modification du contrat de travail (cass. soc. 18 juin 1996, BC V n° 252).

Réduction du temps de travail en application d'un accord collectif. La seule diminution du nombre d'heures stipulé au contrat de travail, en application d'un accord de réduction du temps de travail, ne constitue pas une modification du contrat de travail.

Il en va toutefois différemment si la réduction négociée du temps de travail affecte aussi un autre élément essentiel du contrat comme la rémunération (c. trav. art. L. 212-3). Cependant, il n'y a pas de modification du contrat de travail si le montant de la rémunération est maintenu et ce, même si la structure de la rémunération a été modifié par l'octroi d'une indemnité différentielle pour compenser la perte de rémunération induite par la RTT mise en place via un accord collectif (cass. soc. 5 avril 2006, n° 978 FSPB).

RTT par décision unilatérale. - La réduction du salaire, lorsque la durée du travail effectif est ramenée à la durée légale, par décision unilatérale de l'employeur, est une modification du contrat de travail qui ne peut pas intervenir sans l'accord préalable du salarié (cass. soc. 24 mars 2004, BC V n° 98).

Horaires de travail

Horaires inscrits dans le contrat de travail. - Concernant les horaires, dès lors que ceux-ci sont prévus au contrat, ils ne peuvent pas être modifiés sans l'accord du salarié.

EXEMPLE Si le contrat de travail indique « vos horaires de travail seront conformément à votre demande du lundi au vendredi 8 h 30 / 17 h et le vendredi 8 h 30 / 16 h », l'employeur ne peut pas modifier ces horaires sans l'accord du salarié (cass. soc. 10 juillet 2001, BC V n° 261 ; cass. soc. 9 mars 2005, n° 549 FD).

En revanche, si le contrat renvoie aux horaires habituellement pratiqués dans l'entreprise, les horaires obligatoirement affichés dans l'entreprise ne devraient pas pouvoir être compris comme un élément du contrat dans la mesure où leur détermination relève du pouvoir de direction de l'employeur (il s'agit dans ce cas d'une clause « informative »). L'accord du salarié n'est donc pas indispensable dans ce cas, sauf, toutefois, en cas de réaménagement important.

Réaménagements importants. - Dans certains cas, il y a bien une modification du contrat de travail et pas seulement un simple changement des conditions de travail :
- réorganisation de la répartition du travail sur la semaine (cass. soc. 10 mai 1990, BC V n° 208) ;
- changement de la répartition des horaires de travail imposant à une salariée de travailler deux dimanches sur trois et non plus un dimanche sur deux (cass. soc. 17 novembre 2004, BC V n° 292) ;
- passage d'un horaire fixe à un horaire variable (cass. soc. 14 novembre 2000, BC V n° 365) ;
- passage d'un horaire continu à un horaire discontinu (cass. soc. 18 décembre 2000, BC V n° 423) ;
- passage d'un horaire de jour à un horaire de nuit (cass. soc. 27 février 2001, BC V n° 61 ; 18 décembre 2001, BC V n° 388) et ce, même en cas de passage partiel d'un horaire de jour à un horaire de nuit (passage d'un travail sur cinq jours de 7 heures à 16 heures à des horaires comportant des nocturnes jusqu'à 22 heures ; cass. soc. 7 avril 2004, BC V n° 107) ;
- passage d'un horaire libre à un horaire fixe (cass. soc. 12 décembre 2000, BC V n° 417).

Cas particulier des salariés à temps partiel

Temps complet / temps partiel. - La transformation d'un emploi à temps complet en temps partiel s'analyse comme une modification du contrat de travail. L'accord du salarié est alors requis (cass. soc. 23 février 2000, n° 937 D), même en cas de clause contractuelle prévoyant une telle transformation (cass. soc. 29 juin 1999, BC V n° 306).

Le refus d'un salarié de passer d'un horaire de travail à temps complet à un horaire à temps partiel ne constitue ni une faute ni un motif de licenciement (c. trav. art. L. 212-4-2). Mais cette règle ne fait pas obstacle à un licenciement motivé, non par le refus du salarié mais par un motif économique (cass. soc. 24 novembre 1998, BC V n° 512 ; cass. soc. 23 février 2000, n° 937 D).

Modification de l'horaire de travail et de la répartition des horaires.
voir p. 254.

Exemples de modification des horaires et de la durée du travail			
Situations concernées	**Situation avant le changement**	**Demande de l'employeur**	**Modification du contrat**
Cadre dirigeant	Directeur administratif et financier embauché pour un horaire de 38 h 50 réparties du lundi 7 h 30 au vendredi 12 h.	Présence le vendredi après-midi.	**NON** - Un cadre dirigeant qui refuse ce changement commet une faute (cass. soc. 16 mai 2000, BC V n° 181).
Chômage partiel	Travail selon l'horaire collectif de l'entreprise.	Mise en chômage partiel des salariés avec réduction de l'horaire collectif.	**NON** - Pour les salariés (cass. soc. 9 mars 1999, BC V n° 103). **OUI** - Pour les représentants du personnel (cass. soc. 18 juin 1996, BC V n° 248).
Changement d'horaires	Travail d'un agent de propreté à Marseille au Provençal du lundi au samedi de 4 h à 7 h 30. Le contrat prévoyait le droit pour l'employeur de modifier, en fonction de son organisation, l'horaire et le lieu de travail.	Travail du lundi au vendredi sur les chantiers : parking préfecture 5 h 15 à 6 h 15, un journal 16 h à 16 h 30, une banque Worms 7 h à 9 h 30 et le samedi un parking 5 h 15 à 6 h 15.	**NON** - Malgré la clause de mobilité, l'employeur a abusé de son pouvoir de direction car la salariée se trouvait dans l'impossibilité, en l'absence de transport en commun, de se rendre à 5 h 15 sur l'un des nouveaux lieux de travail (cass. soc. 10 janvier 2001, BC V n° 3).
	Travail au domicile selon un horaire que la salariée détermine librement.	Exécution du travail au siège de l'entreprise selon un horaire fixe.	**OUI** (cass. soc. 12 décembre 2000, BC V n° 417).
	Un salarié ne travaille pas tous les mercredis.	L'employeur impose au salarié de travailler un mercredi sur deux.	**OUI** - Le salarié, divorcé, avait la garde de ses deux enfants. L'employeur a commis un abus de pouvoir car le changement pouvait être imposé à un autre salarié n'ayant pas les mêmes contraintes (cass. soc. 12 mars 2002, n° 974 FSD).
		Modification des horaires de travail reposant sur la nécessité de réorganiser le service de la clinique pour, notamment, favoriser l'accueil des patients et des familles.	**NON** - Cause réelle et sérieuse pour motif économique (cass. soc. 16 octobre 2002, n° 2916 FD).

Exemples de modification des horaires et de la durée du travail			
Situations concernées	**Situation avant le changement**	**Demande de l'employeur**	**Modification du contrat**
	Salariée travaillant de 10 h 30 à 13 h 30 au nettoyage des locaux.	Refus d'accepter des horaires compris entre 18 h 30 ou 19 h et 22 h motivé par des obligations familiales impérieuses.	**NON** - Absence de licenciement pour faute grave (cass. soc. 15 décembre 2004, BC V n° 335).
Dimanche	Travail un dimanche sur 3.	Changement de la répartition de l'horaire de travail imposant à une salariée de travailler 2 dimanches sur 3.	**OUI** (cass. soc. 17 novembre 2004, BC V n° 292).
Heures supplémentaires	Travail 39 heures par semaine.	L'entreprise demande au salarié de travailler 42 h 30 par semaine.	**NON** - Les heures supplémentaires dans la limite du contingent n'entraînent pas une modification du contrat (cass. soc. 9 mars 1999, BC V n° 103).
	Selon le contrat de travail, le salarié effectue 39 h de travail par semaine.	Proposition refusée par le salarié de travailler 41 h par semaine accompagnée d'une augmentation de salaire.	**OUI** - La durée du travail mentionnée au contrat ne peut pas être modifiée (cass. soc. 20 octobre 1998, BC V n° 433).
	Salarié travaillant 45 h par semaine.	Durée du travail ramenée à 42 heures alors que les termes du contrat ne sont ni clairs ni précis.	**NON** (cass. soc. 20 mars 1998, BC V n° 124 ; cass. soc. 10 mars 1998, BC V n° 124).
	Un mécanicien d'entretien est rémunéré avec un salaire forfaitaire intégrant 23,45 heures supplémentaires.	Le forfait mensuel passe à 32,04 heures supplémentaires sans l'accord du salarié.	**OUI** (cass. soc. 6 juillet 1999, BC V n° 323).
	Chauffeur routier rémunéré forfaitairement 1 082 € pour une durée de travail effectif de 175 h par mois.	Horaire de travail mensuel porté à 179 h 83 pour un même salaire.	**OUI** (cass. soc. 7 février 2001, n° 532 FD).
Horaires variables	Travail d'une femme de service de 7 h à 15 h.	Clause de mobilité pour le temps et le lieu de travail selon les horaires suivants : 8 h à 12 h 30 et 18 h à 20 h 30.	**OUI** - Le passage d'un horaire fixe à un horaire variable constitue une modification du contrat (cass. soc. 14 novembre 2000, BC V n° 365).

Exemples de modification des horaires et de la durée du travail			
Situations concernées	**Situation avant le changement**	**Demande de l'employeur**	**Modification du contrat**
Pause déjeuner	Une secrétaire s'occupait de ses enfants d'âge scolaire pendant l'heure du déjeuner.	Changement de l'horaire avec travail pendant l'heure du déjeuner.	**NON** - Mais ce refus n'est pas constitutif d'une faute grave (cass. soc. 17 octobre 2000, BC V n° 328).
Réduction du temps de travail	Infirmière à temps plein.	Travail à temps partiel selon un horaire de 20 h.	**OUI** (cass. soc. 16 janvier 2001, BC V n° 5).
	Agent de propreté sous contrat à durée indéterminée à temps plein.	Réduction du temps de travail de 4 h 75 par jour avec perte de salaire.	**OUI** (cass. soc. 2 mai 2000, n° 1965 D).
Répartition de l'horaire	Travail d'un ouvrier d'entretien du lundi au samedi de 4 h 30 à 11 h 30, avec une pause d'une demi-heure.	Travailler en deux périodes distinctes de 4 h 30 à 8 h 30, d'une part, et de 14 h 30 à 17 h, d'autre part.	**OUI** - Le passage d'un horaire continu à un horaire discontinu entraîne une modification (cass. soc. 18 décembre 2000, BC V n° 423).
Travail par cycles	Horaires répartis du lundi au vendredi de 7 h à 12 h et de 14h à 17 h 30.	Horaire continu par cycle de 2 semaines, une le matin, une l'après-midi avec un service à assurer 1 samedi sur 4.	**OUI** (cass. soc. 6 juillet 2004, n° 1488 FD).
	Réorganisation d'un cabinet médical dont l'effectif est passé de 2 à 3 secrétaires.	Nouvelle répartition de l'horaire au sein de la journée, alors que la durée du travail et le salaire restent identiques.	**NON** (cass. soc. 22 février 2000, BC V n° 67).
	Travail jusqu'à 16, 17, 18 ou 18 h 30.	Travail certains jours jusqu'à 19 h.	**NON** - Le changement avait abouti à traiter de manière égale deux salariées (cass. soc. 13 décembre 2000, n° 5002 FD).
	Travail par cycles de 2 semaines : une semaine de 3 jours et une semaine de 4 jours.	Travail chaque semaine 5 jours, avec en outre un service à assurer les samedi et dimanche.	**OUI** (cass. soc. 10 mai 1999, BC V n° 208).
Travail un jour de plus	Travail pendant 4 jours de la semaine.	Travail pendant 5 jours de la semaine.	**OUI** (cass. soc. 23 janvier 2001, BC V n° 19).
Travail de nuit		Changement des horaires en imposant deux nocturnes hebdomadaires jusqu'à 21 h 30 ou 22 h.	**OUI** - La modification n'était justifiée par aucun motif économique (cass. soc. 19 février 1997, BC V n° 74).

Exemples de modification des horaires et de la durée du travail			
Situations concernées	**Situation avant le changement**	**Demande de l'employeur**	**Modification du contrat**
	Travail par roulement sans horaire fixe dans une station-service ouverte 24 heures sur 24.	Passage à un horaire de jour.	**NON** (cass. soc. 12 juillet 1999, BC V n° 345).
	Travail selon un horaire de jour.	Travail selon un horaire de nuit.	**OUI** (cass. soc. 9 avril 2002, n° 1331 FD; cass. soc. 27 février 2001, BC V n° 61).
	Travail de 14 h 20 à 20 h 30.	Travail de 16 h à 22 h 30.	**OUI** (cass. soc. 2 juillet 1997, n° 2866 D).
	Travail de 5 h à 13 h.	Travail de 16 h à 0 h.	OUI (cass. soc. 18 décembre 2001, BC V n° 388).
	Travail de 16 h 30 à 1 h 15.	Accroissement de l'amplitude des horaires de nuit de 19 h à 5 h 15 avec un repos de 0 h 45 à 1 h 30.	**OUI** - L'abandon de poste du salarié qui refuse cet accroissement ne constitue pas une faute grave justifiant une rupture anticipé du CDD (cass. soc. 7 septembre 2004, BC V n° 223).
Travail le samedi	Travail de 7 h à 16 h.	Nouveaux horaires comportant des nocturnes jusqu'à 22 h.	**OUI** (cass. soc. 7 avril 2004, BC V n° 107).
	–	Travail un samedi sur deux par roulement.	**NON** - Le refus de la salariée, qui a disposé de son samedi pendant 19 ans, ne constitue pas une faute grave (cass. soc. 17 octobre 2000, BC V n° 327).
	–	Participation à une permanence le samedi.	**NON** (cass. soc. 11 juin 1998, n° 2972 D).

Aménagement du temps de travail

Les dispositifs d'aménagement du temps de travail, nécessitant un accord collectif, ne peuvent pas être imposés aux salariés en l'absence d'un tel accord. En effet, dans ce cas, il y a modification du contrat de travail. L'employeur est alors tenu de solliciter l'accord des salariés concernés (ex. : en cas d'annualisation) (cass. soc. 11 octobre 2005, BC V n° 283).

Lieu de travail

Mention du lieu de travail. - La mention du lieu de travail dans le contrat de travail a valeur d'information, à moins qu'il ne soit stipulé par une clause claire et précise que le salarié exécutera son travail exclusivement dans ce lieu (cass. soc. 3 juin 2003, BC V n° 185, 2 arrêts; cass. soc. 15 mars 2006, n° 02-46496 FPB).

> **Exemple** La clause qui mentionne que le lieu de travail se situe « 102 route de Noisy à Romainville » a simple valeur d'information (cass. soc. 21 janvier 2004, BC V n° 26).

En présence d'une clause n'ayant qu'une valeur d'information et dès lors que le changement de localisation intervient dans le même secteur géographique, il y a simple changement des conditions de travail (lequel s'impose au salarié) et non une modification du contrat de travail (laquelle requiert l'accord du salarié).

Le secteur géographique, c'est quoi ? - Il n'existe pas « une » définition du secteur géographique. En cas de contentieux, ce sont les juges du fond qui doivent en faire une appréciation objective.

Pour déterminer l'identité ou non de secteur géographique, les juges se réfèrent notamment aux critères suivants: la distance séparant les deux secteurs géographiques de l'ancien et du nouveau lieu de travail, l'état de développement des transports en commun, l'existence ou non d'un bassin d'emploi homogène (pour des exemples, voir p. 57).

> **Exemple** L'affectation d'un salarié d'un magasin situé rue du Havre à Paris (9e arrondissement) à un centre à Roissy (95) constitue une modification du contrat de travail dans la mesure où le réseau de transport en commun ne permettait ni un échange direct, ni un déplacement aisé. Peu important donc que les deux lieux se situent dans la région parisienne (cass. soc. 15 juin 2004, n° 1028 FPD).

Appréciation objective du changement. - La situation des parties n'est pas à prendre en compte dans l'appréciation du changement du lieu de travail. « Tout changement du lieu de travail doit s'apprécier de façon objective » (cass. soc. 4 mai 1999, BC V n° 186).

> **Exemple** Une salariée ne pouvait pas invoquer une modification de son contrat de travail en raison de l'aggravation de ses conditions de

vie à la suite du changement intervenu dans l'exécution de son travail (cass. soc. 16 juillet 1997, BC V n° 272).

Appréciation du secteur géographique en cas de mutations successives. En cas de mutations géographiques successives, le dernier transfert du lieu de travail doit être apprécié par rapport au lieu de travail résultant du transfert immédiatement précédent et non par rapport au lieu de travail initial mentionné dans le contrat de travail à titre seulement informatif (cass. soc. 3 mai 2006, n° 1094 FPB).

Travail au domicile / travail dans l'entreprise. - Un employeur qui souhaite qu'un salarié travaille à son domicile modifie ainsi son contrat de travail.

> **EXEMPLE** Un salarié n'est pas tenu d'accepter de travailler à son domicile ni d'y installer ses dossiers et ses instruments de travail (cass. soc. 2 octobre 2001, BC V n° 292).

Un employeur qui envisage qu'un salarié qui travaillait à son domicile exécute sa prestation dans l'entreprise modifie aussi le contrat de travail de ce salarié. Et ce, y compris dans les cas où une clause de mobilité aurait été insérée dans le contrat de travail de ce salarié (cass. soc. 31 mai 2006, n° 04-43596 FSPBRI).

> **EXEMPLES** Le fait pour un employeur d'imposer à un salarié effectuant son travail administratif à son domicile de se rendre désormais deux jours par semaine au siège de la société situé à plus de 200 km pour exécuter ce travail constitue une modification du contrat que le salarié est en droit de refuser sans commettre de faute grave (cass. soc. 13 avril 2005 BC V n° 137). Lorsqu'un salarié a accepté de travailler à temps partiel ou complet à son domicile, l'employeur ne peut pas modifier cette modalité sans l'accord préalable du salarié concerné puisqu'il s'agit alors d'une modification de son contrat de travail et ce, y compris dans les cas où une clause de mobilité aurait été insérée dans le contrat de travail de ce salarié (cass. soc. 31 mai 2006, n° 04-43596 FSPBRI).

Il faut par ailleurs signaler le cas particulier des télétravailleurs dont le statut est régi par l'accord national interprofessionnel du 19 juillet 2005 (étendu par arrêté du 30 mai 2006, JO du 9 juin).

MUTATION ET LIBRE CHOIX DU DOMICILE

La mutation géographique ne constitue pas, en elle-même, une atteinte à la liberté fondamentale du salarié quant au libre choix de son domicile. Elle ne peut donc pas justifier la nullité d'un licenciement. En revanche, une mutation géographique peut priver le licenciement, du salarié qui la refuse, de cause réelle et sérieuse dès lors que l'employeur y a procédé dans des conditions exclusives de sa bonne foi contractuelle (cass. soc. 28 mars 2006, n° 898 FSPBI).

Déplacements temporaires. - Pour certaines professions dont l'exercice est pas essence mobile (ex.: secteur du BTP), et à un certain niveau de responsabilité (ex.: chef de chantier), l'employeur a la possibilité d'imposer occasionnellement, en l'absence de clause de mobilité, une affectation temporaire en dehors du secteur géographique habituel d'exercice de la profession dès lors que la mission est justifiée par l'intérêt de l'entreprise (cass. soc. 23 janvier 2003, BC V n° 15; cass. soc. 31 janvier 2006, n° 233 FD). **Dans ce cadre, un délai de prévenance doit de tout de même être respecté** (cass. soc. 15 mars 2006, n° 04-47368 FP).

Fonctions et qualification

Incidences sur la qualification. - Le changement de tâches assorti du maintien de la même qualification, des mêmes conditions de rémunération et de travail avec un niveau de responsabilités équivalent ne constitue pas, en principe, une modification du contrat de travail (cass. soc. 24 avril 2001, BC V n° 128).

À NOTER Si des éléments essentiels du contrat sont modifiés à l'occasion du changement de fonctions, il y a bien de ce fait une modification du contrat et non un simple changement des conditions de travail (ex.: en cas de pertes d'avantages, tel qu'un logement de fonction) .

En revanche, le changement de qualification professionnelle est une modification du contrat de travail que le salarié n'est pas tenu d'accepter (cass. soc. 23 janvier 2001, BC V n° 18) **et ce, y compris en cas de promotion** (cass. soc. 16 décembre 1998, BC V n° 557).

Nouveau lieu de travail (exemples)	
Mutation	**Affectation dans un même secteur géographique ?**
De Malakoff à Courbevoie (dans le même département des Hauts-de-Seine)	Oui (cass. soc. 20 octobre 1998, BC V n° 431)
D'Antony à Chaville (dans le même département des Hauts-de-Seine)	Oui (cass. soc. 3 juin 2003, BC V n° 185, arrêt 1)
De Rosny-sous-Bois à Mitry-Mory (du département de Seine-Saint-Denis à celui de Seine-et-Marne)	Non (1) (CA Paris 24 février 2000, 21e ch. C)
D'Ivry-sur-Seine à Villejuif (dans le même département du Val-de-Marne)	Oui (cass. soc. 26 octobre 1999, n° 4046 D)
De Royan à Saint-Palais-sur-Mer (distance de 5 km)	Oui (cass. soc. 3 juin 2003, BC V n° 185, arrêt 2)
De Lyon à Paris	Non (cass. soc. 27 mai 1998, BC V n° 282)
De Blancafort à Amilly (à 58 km de distance, dans le département de la Corrèze)	Non (2) (cass. soc. 4 janvier 2000, n° 27 D)
Dans un atelier situé dans un village voisin	Oui (cass. soc. 21 mars 2000, BC V n° 114)
Dans la même agglomération urbaine	Oui (cass. soc. 17 juin 1998, n° 3119 D)
Du 9e arrondissement de Paris à Roissy	Non (3) (cass. soc. 15 juin 2004, n° 1028 FPD)

(1) Dans cette affaire, les juges avaient souligné qu'il n'y avait pas de liaisons directes et de moyens de transports aisés entre ces deux villes (trois moyens de transports en commun étaient nécessaires pour les relier, il n'y avait pas non plus d'autoroute ni de route nationale entre elles). Partant, les deux sites ne relevaient pas d'un même secteur géographique.
(2) Dans cette espèce, les juges faisaient aussi valoir la faiblesse des moyens de transports existants.
(3) L'ensemble des voies de communication qui reliaient les deux lieux de travail ne permettait ni échange direct ni déplacement aisé.

Cas dans lesquels il y a modification du contrat de travail. - Le changement d'attributions constitue une modification du contrat de travail dès lors qu'il s'accompagne d'une baisse de la rémunération, d'un déclassement de fait - retrait de toute fonction de responsabilité même, dans ce cas, avec maintien de la rémunération - ou de sujétions nouvelles. Le changement d'attributions constitue une modification du contrat de travail (voir, par exemple, cass. soc. 23 janvier 2001, BC V n° 18 ; cass. soc. 28 janvier 2005, BC V n° 35). Il en est de même en cas d'accroissement des responsabilités du salarié (cass. soc. 2 février 2000, n° 709 D).

Exemples La proposition faite à un salarié chef cuisinier de devenir magasinier en produits alimentaires modifie son contrat de travail (cass. soc. 2 octobre 2002, n° 2772 FD). Le fait de vouloir confier à un salarié des tâches administratives complémentaires de documentation technique, ne relevant pas de sa qualification et étrangères à son emploi de dessinateur-projeteur « DAO » constitue une modification de son contrat de travail (cass. soc. 17 janvier 2006, n° 04-40965 FD).

Cas dans lesquels il y a simple changement des conditions de travail. De simples aménagements de fonction avec maintien de la qualification et des avantages salariaux s'analysent en aménagement des conditions de travail et non pas en modification du contrat de travail.

Par exemple, quand l'employeur demande au salarié de reprendre sa fonction initiale après une mission provisoire (cass. soc. 10 juillet 1996, BC V n° 278) ou après une mission à l'étranger (cass. soc. 16 décembre 1998, BC V n° 414).

De même, ne constitue pas une modification du contrat de travail la mutation d'un salarié qui introduit deux échelons intermédiaires entre lui et la direction générale, dès lors :
- qu'elle est conforme aux dispositions de son statut,
- qu'elle ne modifie pas sa qualification, ni son niveau de responsabilité et sa rémunération,
- et qu'elle correspond à son profil professionnel (cass. soc. 12 janvier 2005, n° 41 FD).

Par ailleurs, un changement d'affectation d'un salarié à un autre poste constitue un simple changement des conditions de travail, dès lors que la qualification de l'intéressé n'est pas modifiée (cass. soc. 24 avril 2001, BC V n° 128). Même si les tâches à effectuer sont différentes, dès lors qu'il y a maintien de la qualification, il n'y a pas de modification du contrat de travail (cass. soc. 4 février 2004, n° 305 FD ; cass. soc. 24 février 2004, n° 400 FD).

Changement de fonctions en cas de remplacement temporaire en interne. - Si le remplacement n'entraîne qu'un simple changement des conditions de travail du futur remplaçant, l'employeur n'a pas à solliciter son accord préalable (ex. : remplacement sur un poste correspondant à des fonctions identiques dans le cadre de la même qualification avec des horaires équivalents). Le salarié pressenti pour le remplacement ne peut pas s'y opposer. Un tel refus justifierait son licenciement.

Si le remplacement entraîne une modification du contrat de travail du remplaçant choisi (ex. : passage d'un temps complet à un temps partiel ou inversement), l'employeur doit obtenir son accord à deux reprises :

- dans un premier temps, avant le remplacement effectif ;
- dans un deuxième temps, avant la réintégration dans le poste initial (cass. soc. 11 janvier 2006, n° 100 FSPB).

Le salarié concerné peut légitimement refuser le remplacement ou, s'il l'avait accepté, de réintégrer son poste. Dans un cas comme dans l'autre, son refus ne justifierait pas, en lui-même, son licenciement.

> **À NOTER** L'employeur peut se trouver dans une situation délicate si le remplaçant a accepté le remplacement mais refuse ensuite de réintégrer son propre poste. La solution serait de prévoir, via un avenant, que le remplaçant accepte, expressément et concomitamment, le remplacement temporaire et, par avance, son retour à ses anciennes fonctions. Reste à savoir si les juges valideront une telle démarche.

Cas particulier des représentants du personnel

Aucune modification du contrat de travail ou aucun changement de ses conditions de travail ne peut être imposé à un salarié protégé contre son gré (cass. soc. 6 avril 1999, BC V n° 159). En cas de refus par le salarié protégé de cette modification ou de ce changement, l'employeur doit poursuivre le contrat de travail aux conditions antérieures ou engager la procédure de licenciement en saisissant au préalable l'inspection du travail d'une demande d'autorisation de licenciement.

> **À NOTER** C'est au salarié d'apporter les preuves du trouble apporté dans l'exercice de ses fonctions de représentant du personnel (CE 1er février 1995, n° 140329).

Si l'employeur met en œuvre le changement des conditions de travail ou la modification du contrat malgré le refus du salarié, il crée un trouble manifestement illicite, auquel le juge des référés doit mettre fin en ordonnant la réintégration du salarié dans ses fonctions ou dans son emploi initial (cass. soc. 29 janvier 1992, BC V n° 55 ; cass. soc. 30 novembre 1995, n° 4736 D). Dans ce cas, le salarié concerné peut aussi demander la résiliation de son contrat de travail : celle-ci est nécessairement justifiée (cass. soc. 15 février 2006, n° 454 FSPB). Par ailleurs, cet employeur s'expose à une condamnation pour délit d'entrave aux fonctions des représentants du personnel.

Essai et exécution du contrat

5 Clause relative à la période d'essai

La période d'essai permet au salarié de vérifier que l'emploi correspond à ses aspirations, et à l'employeur que le candidat à l'embauche retenu satisfait effectivement au profil professionnel recherché.

Inscrire la période d'essai dans le contrat de travail

Période de libre rupture. - Pendant la période d'essai le contrat de travail peut, en principe, être rompu par l'une ou l'autre des parties, sans préavis ni formalité, sans motif et sans indemnité (c. trav. art. L. 122-4).

L'essai est à prévoir. - La période d'essai ne peut être prévue que par la convention collective ou le contrat de travail. Elle ne peut pas résulter d'un usage ou d'un document interne à l'entreprise (cass. soc. 6 juin 2001, n° 2664 FD).

Lorsqu'elle est prévue au contrat de travail, elle doit être fixée dans son principe et dans sa durée dès l'engagement du salarié (cass. soc. 28 juin 2000, n° 3128 FD ; cass. soc. 28 juin 2005, n° 03-44.347 FD).

Bien lire sa convention collective

Différentes situations. - Avant toute autre démarche, il convient de déterminer les dispositions conventionnelles applicables en la matière. Plusieurs situations peuvent se présenter.

Absence de dispositions conventionnelles. - En cas d'absence de convention collective ou de silence de la convention collective applicable sur la période d'essai, l'employeur qui souhaite soumettre un salarié à un essai n'a pas d'autre possibilité que de l'inscrire dans son contrat de travail.

Interdiction par la convention collective. - Il n'est pas possible de mentionner une période d'essai dans le contrat de travail si la convention collective l'interdit. Une telle clause serait en effet inopérante puisque moins favorable que cette convention collective (cass. soc. 15 avril 1983, BC V n° 197).

Dispositions facultatives. - Si la convention collective évoque seulement la possibilité d'organiser un essai, c'est à l'employeur de prendre le relais *via* le contrat de travail en définissant précisément les modalités de la période d'essai (un simple renvoi à cette convention ne suffirait pas). À défaut, l'embauche est immédiatement définitive.

> **Exemple** Si la convention collective applicable n'institue qu'une simple possibilité de prévoir une période d'essai dont la durée doit faire l'objet de stipulations contractuelles, un salarié ne peut pas se voir opposer la période d'essai visée dans sa lettre d'engagement dès lors que celle-ci n'en fixe pas la durée (cass. soc. 30 octobre 2000, n° 4083 FD).

Dispositions directement obligatoires. - Si la convention prévoit expressément qu'une période d'essai est obligatoire et n'impose pas qu'il en soit fait mention dans le contrat de travail, celle-ci s'applique de plein droit (sauf clause plus favorable dans le contrat).

Toutefois, pour que cette période d'essai s'impose au salarié, sans reprise dans son contrat de travail, l'employeur doit l'avoir informé au moment de son engagement de l'existence de cette convention et mis en mesure d'en prendre connaissance (cass. soc. 18 juillet 2001, n° 3786 FD).

> **Attention.** L'employeur qui n'a pas affiché, sur les lieux de travail, l'avis indiquant qu'il tenait à la disposition du personnel un exemplaire de la convention collective ne peut pas se prévaloir des dispositions de celle-ci concernant la période d'essai (cass. soc. 6 juillet 1994, BC V n° 225), sous réserve d'autres modalités d'informations sur les dispositions conventionnelles prévues par la convention de branche ou l'accord professionnel (c. trav. art. L. 135-7).

Dispositions à reprendre dans le contrat. - Certaines conventions collectives organisent un essai obligatoire mais subordonnent l'application de

✉ MODÈLE DE CLAUSE DE PÉRIODE D'ESSAI

La première période de … mois de travail effectif sera considérée comme période d'essai au cours de laquelle chacune des parties pourra rompre le contrat sans formalité et sans indemnité.

celui-ci à la rédaction d'un écrit. Dans ce cas, il est impératif d'inscrire une clause spécifique dans le contrat de travail, sans quoi la période d'essai n'est pas opposable au salarié (cass. soc. 28 juin 2005, n° 1464 FD). Il ne suffit pas de renvoyer de façon générale à la convention collective (cass. soc. 2 mars 1994, n° 1020 FD).

Consacrer une clause à la période d'essai. - En pratique, compte tenu de la rédaction imprécise de certaines conventions collectives, il est conseillé de consacrer une clause du contrat de travail à la période d'essai, et ce dans le souci d'éviter tout contentieux, en cas de rupture du contrat, sur l'existence ou non de l'essai.

> **Attention.** En cas de contentieux, c'est à celui qui revendique l'existence d'une période d'essai, employeur ou salarié, d'en apporter la preuve (cass. soc. 5 juin 1990, n° 2539 FD).

Cette période d'essai pourra être renouvelée une fois si les parties le jugent nécessaire et d'un commun accord entre elles (voir p. 67). Toute suspension du contrat de travail qui affecterait ces périodes les prolongerait d'une durée équivalente (voir p. 70).

Définir la bonne durée

Principe général. - Si le contrat est à durée indéterminée, la durée de l'essai peut être librement définie, sous réserve :
- de respecter les dispositions de la convention collective (ou des usages), la période d'essai contractuelle ne pouvant être d'une durée supérieure à celle prévue par la convention collective (cass. soc. 30 juin 1999, BC V n° 317 ; cass. soc. 31 janvier 2006, BC V n° 41) ;
- de fixer une durée adaptée à l'emploi occupé ; cette durée doit en effet correspondre au temps normalement nécessaire pour apprécier les capacités du salarié.

EXEMPLES Une période d'essai de 6 mois appliquée à une salariée sténo-dactylo est excessive, car hors de proportion avec le temps nécessaire pour tester une employée occupant ce type de poste (cass. soc. 21 décembre 1977, BC V n° 727). Il en est de même pour une salariée affectée au service accueil, réception et secrétariat engagée avec une période d'essai de six mois (cass. soc. 7 janvier 1992, n° 147 D).

Durées spécifiques. - La durée de l'essai est expressément fixée pour certains contrats et/ou certains salariés :
- la durée maximale de l'essai est de trois mois pour les VRP (c. trav. art. L. 751-6) ;
- pour les salariés sous contrat à durée déterminée, à défaut d'usage ou de convention collective prévoyant des durées moindres, la durée de l'essai est calculée par rapport à la durée initialement prévue du contrat à raison d'un jour par semaine, dans la limite de deux semaines, si la durée du contrat ne dépasse pas six mois, et d'un mois dans les autres cas (c. trav. art. L. 122-3-2) ;
- la durée de l'essai est de deux mois pour les apprentis (c. trav. art. L. 117-17) ;
- pour les salariés à temps partiel, la période d'essai ne peut avoir une durée calendaire supérieure à celle des salariés à temps complet (c. trav. art. L. 212-4-5).

Calculer la durée de l'essai

Date de début de l'essai. - Les dispositions propres à la computation des délais de procédure (NCPC art. 641, al. 2), ne s'appliquent pas au calcul de la durée d'une période d'essai. En principe, la période d'essai commence le jour même de la conclusion du contrat de travail (cass. soc. 15 mars 2006, n° 786 FPB).

EXEMPLE Le contrat de travail d'une salariée engagée le 14 mai 2001 prévoyait une période d'essai d'un mois renouvelable une fois, pour une durée équivalente, après accord des parties. Le 14 juillet au matin, l'intéressée avait été avisée verbalement de la volonté de l'employeur de ne pas poursuivre la relation de travail. Cette notification est intervenue après la fin de l'essai. En effet, la période d'essai d'un mois, renouvelée une fois pour une durée équivalente, avait commencé à courir le 14 mai 2001 et avait expiré le 13 juillet 2001 à minuit. La rupture du contrat s'analysait donc en un licenciement sans cause réelle et sérieuse (cass. soc. 15 mars 2006, n° 786 FPB).

Employeur et salarié ne peuvent pas convenir d'en différer le début car ce serait par avance renoncer au droit de se prévaloir des règles relatives au licenciement, ce que les juges ne permettent pas (cass. soc. 25 février 1997, BC V n° 84; cass. soc. 28 juin 2000, BC V n° 255).

> **Exemple** Pour un salarié amené à travailler à l'étranger, il n'est pas possible de prévoir dans le contrat de travail que les six premiers mois sur le lieu de travail sont considérés comme une période d'adaptation, suivie d'une période d'essai de trois mois. Dans ce cas, la rupture de l'essai décidée sept mois après l'arrivée du salarié sur le site ne constitue pas une rupture de l'essai mais un licenciement sans cause réelle et sérieuse (cass. soc. 5 juillet 2005, n° 03-47038 FD).

Toutefois, si la date d'entrée en fonctions est postérieure à la date de conclusion du contrat, le point de départ de la période d'essai est la date d'entrée en fonctions (cass. soc. 15 février 1983, BC V n° 187).

Période d'essai exprimée en jours. - Lorsqu'elle est exprimée en jours, la période d'essai se décompte en jours calendaires et non en jours travaillés (cass. soc. 29 juin 2005, BC V n° 220).

> **Exemple** Pour une période d'essai de 30 jours, à supposer que le salarié n'ait jamais été absent, une fois les 30 jours calendaires passés, l'employeur ne peut pas considérer que la période d'essai se poursuit automatiquement au motif, par exemple, que les 30 jours comprenaient des samedis et des dimanches habituellement non travaillés.

Période d'essai exprimée en semaines ou en mois. - La durée de l'essai exprimée en semaines ou en mois est, sauf accord contraire entre l'employeur et le salarié, calculée en semaines civiles (à savoir de 7 jours consécutifs) ou en mois calendaire (cass. soc. 10 juin 1992, BC V n° 378; cass. soc. 29 novembre 2000, n° 4765 D).

> **Exemple** Une période d'essai de 3 mois commencée le 3 juin se termine le 2 septembre à minuit.

Terme de l'essai. - Tout essai qui expire normalement un samedi, un dimanche ou un jour férié ou chômé n'est pas prorogé jusqu'au premier jour ouvrable suivant (cass. soc. 10 juin 1992, BC V n° 378).

Renouveler l'essai

Prévoir le renouvellement dans le contrat et vérifier la convention collective. - Le renouvellement de la période d'essai est possible sous réserve de respecter toutes les conditions suivantes. Le renouvellement doit être prévu expressément par le contrat de travail ou la convention collective (cass. soc. 10 novembre 1998, BC V n° 483).

Vérifier la convention collective applicable. - Lorsqu'une convention collective est applicable, le renouvellement sera possible ou non suivant les termes de la convention à ce sujet.

• La convention interdit expressément ou implicitement le renouvellement de la période d'essai. Le renouvellement est alors impossible, même si le salarié accepte ce renouvellement (cass. soc. 27 février 1980, BC V n° 193 ; cass. soc. 30 mars 1995, BC V n° 117).

• La convention fixe la durée de la période d'essai sans prévoir ni interdire son renouvellement. La durée de la période d'essai est alors une durée maximale. Cette durée ne peut pas être prolongée.

• La convention autorise le renouvellement de la période d'essai. Le renouvellement est alors possible mais dans les limites prévues par la convention (cass. soc. 23 janvier 1992, BC V n° 38). L'employeur n'a pas pour autant le droit d'insérer dans le contrat de travail une clause stipulant d'emblée que la période d'essai est d'une durée englobant la période initiale et/ou le renouvellement (cass. soc. 19 juillet 1994, BC V n° 245). En tout état de cause, le renouvellement de la période d'essai ne peut pas être décidé après l'expiration de la première période d'essai, mais pendant celle-ci (cass. soc. 16 novembre 1995, n° 4464 D).

• La convention collective peut également prévoir l'obligation de respecter un délai de prévenance en cas de renouvellement de la période d'essai. Si ce délai n'est pas respecté, le renouvellement n'est pas jugé valable et l'engagement est considéré définitif dès la fin de la période initiale (cass. soc. 7 mars 1990, n° 87-40359 FD).

• La convention peut aussi prévoir des durées maximales pour la période d'essai et le renouvellement de cette période. Ainsi, le renouvellement de trois mois de la période d'essai, même d'un commun accord des parties, est illicite dès lors que la convention collective ne prévoit un renouvellement que d'un mois (cass. soc. 23 janvier 1992, n° 258 D). Il en est de même d'un renouvellement ayant pour effet de porter la durée totale de la période d'essai au-delà de la durée maximale prévue par la convention collective.

Si la convention collective conditionne la validité du renouvellement à une notification au salarié des motifs de celui-ci, l'employeur qui ne satisfait pas à cette obligation ne peut pas se prévaloir du renouvellement de l'essai (cass. soc. 19 janvier 1994, BC V n° 15 ; 31 janvier 1995, BC V n° 44).

Accord du salarié. - L'employeur ne peut renouveler l'essai que s'il recueille l'accord exprès du salarié au cours de la période initiale (cass. soc. 23 janvier 1997, BC V n° 33 ; cass. soc. 16 octobre 2002, n° 2910 D). Cet accord ne peut notamment pas résulter de la seule poursuite du travail par l'intéressé. L'accord du salarié ne peut non plus être considéré comme acquis quand il a signé une note d'appréciation élaborée au terme de l'essai.

> **EXEMPLES** Le simple émargement par un salarié d'une lettre notifiant une prolongation de la période d'essai et la poursuite du travail sans protestation n'établissent pas l'accord du salarié à ce sujet. Ainsi, la rupture intervenue pendant cette période doit s'analyser en un licenciement (cass. soc. 11 mai 1994, n° 2123 D).
>
> Le contrat de travail d'une salariée prévoyait une période d'essai de trois mois, renouvelable une fois avec l'accord exprès des deux parties conformément à la convention collective applicable à l'entreprise. Au terme de la première période d'essai, un évaluateur a établi une note d'appréciation comportant diverses remarques sur le travail de la salariée et a proposé à l'employeur un renouvellement de la période d'essai. L'évaluateur, la salariée et l'employeur ont signé cette note d'appréciation qui prévoyait le renouvellement de la période d'essai. L'employeur a ensuite rompu la période d'essai pour lacunes dans la technicité bancaire. Or, la signature apposée sur le document d'évaluation adressé par l'évaluateur à l'employeur ne pouvait pas valoir accord exprès de la salariée sur le renouvellement de la période d'essai. La rupture du contrat de travail ne constituait donc pas une rupture en cours de renouvellement de l'essai mais un licenciement sans cause réelle et sérieuse (cass. soc. 15 mars 2006, n° 659 FPB).

En pratique, il est conseillé de formaliser l'accord du salarié au renouvellement de la période d'essai, expressément prévu par son contrat de travail ou la convention collective applicable, dans un écrit spécifique.

Renouvellement nécessaire. - Le renouvellement doit être nécessaire pour apprécier les qualités du salarié.

Attention. Si le contrat de travail n'autorise qu'un seul renouvellement de la période d'essai, un second renouvellement est impossible même avec l'accord du salarié (cass. soc. 6 avril 1999, BC V n° 158).

Prolongation de l'essai

En cas de suspension du contrat de travail. - La prolongation consiste à retarder la fin de la période d'essai en cas de suspension du contrat de

✉ RENOUVELLEMENT DE LA PÉRIODE D'ESSAI

À ..., le ...

LETTRE RECOMMANDÉE AVEC AR

Objet : renouvellement de votre période d'essai

M...,

Pour les motifs que nous vous avons exposés lors de notre entretien du ...(1), la période d'essai de ... mois prévue par l'article ... de votre contrat *(variante : de la convention collective nationale de ....)*, qui viendra à expiration le ..., ne nous a pas permis de conclure avec certitude à votre aptitude à remplir les fonctions envisagées.

Nous vous confirmons par la présente qu'en application de votre contrat *(variante : de l'article ... de la convention collective nationale de ...)*, nous envisageons de renouveler la période d'essai pour une nouvelle période de ... aux conditions prévues pour l'essai initial.

Nous vous remercions de bien vouloir nous donner votre accord exprès sur ce renouvellement en nous retournant la copie ci-jointe sur laquelle vous aurez porté la mention « lu et approuvé » suivie de votre signature et ce, avant le ..., date d'expiration de la période d'essai initiale.

Nous vous prions d'agréer, M. ..., nos sincères salutations.

Signature

(1) Éventuellement, préciser les raisons pour lesquelles l'essai n'est pas concluant. Attention : certaines conventions collectives l'impose.

travail pendant l'exécution de l'essai. La période d'essai doit en effet correspondre à un temps de travail effectif. La maladie suspend donc le cours de l'essai et le prolonge d'autant. Il en est de même s'agissant des congés ou d'une période de fermeture de l'entreprise, à condition, dans ce dernier cas, que le salarié soit lui-même en congé (cass. soc. 5 mars 1997, BC V n° 94).

En pratique, même si cela n'est pas, en principe, indispensable, il est tout de même préférable d'envisager dans la clause relative à l'essai l'éventualité d'une suspension du contrat et son incidence sur la durée de l'essai.

Décompte. - En cas d'absence du salarié pendant une période d'essai, celle-ci est prolongée d'une durée égale à celle de l'absence, sans que la prolongation soit limitée aux seuls jours ouvrables inclus dans la période de suspension.

> **Exemple** S'agissant d'une période d'essai devant prendre fin le 30 septembre, cette fin a pu être reportée au 7 octobre, dans la mesure où le salarié avait pris une semaine de congé pendant l'essai (cass. soc. 31 mars 1994, n° 1633 D).

La prolongation s'effectue dans la limite de l'essai restant à courir.

> **Exemple** Un salarié embauché avec 3 mois d'essai a un arrêt maladie de deux semaines. La maladie a débuté une semaine avant la fin de l'essai. L'essai ne pourra être prolongé que d'une semaine puisqu'il ne restait à effectuer plus qu'une semaine d'essai.

Nouveau contrat ou nouvelles fonctions : pas de nouvel essai

Connaissance antérieure des capacités du salarié

Il n'est pas possible de soumettre à une période d'essai un salarié ayant déjà occupé la même fonction chez le même employeur (cass. soc. 26 février 2002, BC V n° 78 ; cass. soc. 28 septembre 2005, BC V n° 273).

> **Exemple** Une société, agissant en qualité de mandataire de gestion de différents hôtels, avait signé plusieurs contrats de travail avec un salarié en qualité de directeur de ces hôtels. Le salarié était donc lié

hiérarchiquement à cette société. En conséquence, le maintien d'une période d'essai dans le dernier contrat était abusif compte tenu de l'ancienneté du salarié et de la connaissance que le mandataire avait de ses aptitudes. L'employeur devait être condamné à payer au salarié des dommages-intérêts pour rupture abusive du contrat durant la période d'essai (cass. soc. 7 mars 2000, BC V n° 87).

Changement de fonctions

Période probatoire. - Les fonctions d'un salarié sont parfois amenées à changer fondamentalement au cours de sa carrière (ex.: nouveau poste, promotion). Il apparaît alors souvent nécessaire:
- à l'employeur d'évaluer les compétences du salarié dans ses nouvelles fonctions,
- au salarié d'apprécier si le nouveau poste qui lui est confié lui convient.

Pour apprécier les aptitudes professionnelles d'un salarié à ces nouvelles fonctions, il n'est possible de prévoir qu'une période probatoire. Il n'est pas possible de le soumettre à un nouvel essai (cass. soc. 30 mars 2005, BC V n° 107, 108 et 109).

Clause du contrat ou avenant au contrat initial. - Afin de formaliser cette période de probation, il est nécessaire d'insérer une clause ad hoc dans le contrat de travail du salarié, ou le cas échéant dans un avenant au contrat initial. De telles possibilités sont parfois encadrées par la convention collective applicable dans l'entreprise (ex.: durée maximale fixée pour la période probatoire, conditions de rémunération ou de rupture), l'employeur est alors tenu de la respecter.

Rupture de la période probatoire: retour dans les fonctions précédentes. - L'employeur qui met fin à la période « probatoire » doit replacer le salarié dans ses fonctions antérieures (cass. soc. 30 mars 2005, BC V n° 107, 108 et 109).

> **À NOTER** À la différence de la rupture de la période d'essai, la rupture de la période probatoire ne doit pas se traduire par une rupture du contrat de travail: le salarié concerné doit être réintégré dans ses anciennes fonctions.

Il est inutile de faire signer au salarié une clause par laquelle celui-ci accepte par avance que la rupture d'une phase probatoire (même si elle est injustement qualifiée de période d'essai dans le contrat de travail) entraîne la rupture de son contrat de travail, sans délai ni indemnité. En effet, un salarié ne peut valablement renoncer pendant la durée de son contrat au droit de se prévaloir des règles légales du licenciement (cass. soc. 30 mars 2005, BC V n° 107, 108 et 109).

Possibilité de licencier. - En pratique, l'employeur qui souhaite se séparer d'un salarié et qui ne peut pas ou ne veut pas le rétablir dans ses anciennes fonctions, n'a donc d'autre choix que de suivre l'ensemble des règles du licenciement (motif réel et sérieux, procédure etc.).

Rupture de l'essai

En principe sans formalités ni préavis

Rupture libre. - Employeur et salarié peuvent mettre fin à la période d'essai à tout moment, sans formalité et sans préavis, sauf dispositions contractuelles ou conventionnelles contraires (ex. : la convention collective applicable peut prévoir que le salarié ou l'employeur qui entend rompre la période d'essai préviendra l'autre partie quelques jours avant que la rupture ne soit effective). L'employeur et le salarié ne sont pas tenus d'alléguer les raisons qui les conduisent à mettre fin à la période d'essai.

Pas d'indemnité de rupture. - Aucune indemnité de rupture n'est due, à l'exception de l'indemnité compensatrice de congés payés si la période d'emploi à l'essai a duré au moins un mois pour les salariés embauchés avec un contrat à durée indéterminée, sans condition de durée pour les salariés sous contrat à durée déterminée.

Attention à l'abus de droit. - Si employeur et salarié peuvent chacun mettre fin à la période d'essai de façon discrétionnaire, c'est sous réserve de ne pas faire dégénérer ce droit en abus. La rupture pendant l'essai peut être jugée fautive s'il apparaît que les motifs de la rupture sont sans relation avec le but de l'essai (ex. : constitution d'un « stock » de salariés afin de répondre à d'éventuels besoins) ou que l'employeur a agi avec malveillance ou légèreté blâmable (cass. soc. 18 juin 1996, BC V n° 247 ; CA Grenoble, ch. soc., 19 mai 2003, BICC 581 n° 935 ; cass. soc. 5 mai 2004, BC V n° 123). Dans un tel cas, l'employeur peut être condamné à verser des dommages-intérêts au salarié.

EXEMPLES Un employeur avait mis fin à la période d'essai d'un directeur général adjoint moins de deux semaines après le début des relations contractuelles. Or, ce salarié qui venait de démissionner de son emploi précédent, avait été engagé après de longues négociations avec le président directeur général. Il n'avait pas été mis en mesure de donner la preuve de ses véritables qualités et de sa capacité professionnelle compte tenu notamment de l'importance de ses fonctions. Dès lors, l'employeur avait agi avec une légèreté blâmable et abusé de son droit de résiliation (cass. soc. 15 novembre 2005, n° 03-47546 FD). Une rupture fondée sur de simples soupçons de vol dont l'auteur n'avait pas été identifié caractérise une légèreté blâmable de l'employeur (cass. soc. 23 novembre 2005, n° 03-46.668 FD).

Rupture discriminatoire : nullité. - L'interdiction des discriminations est applicable à la période d'essai (c. trav. art. L. 122-45). Il en résulte que, dans le cas où un employeur, qui a rompu une période d'essai, a manifestement souhaité écarter un salarié en raison de ses récents problèmes de santé, la rupture est nulle (cass. soc. 16 février 2005, BC V n° 52). En pratique, cela signifie qu'en principe le salarié devrait être réintégré. Celui-ci peut néanmoins choisir l'indemnisation de son préjudice plutôt que la réintégration.

Rupture pour faute : procédure disciplinaire

L'employeur doit, lorsqu'il invoque un motif disciplinaire, respecter la procédure disciplinaire. Il doit donc notamment convoquer le salarié concerné à un entretien préalable (c. trav. art. L. 122-41 ; cass. soc. 10 mars 2004, BC V n° 80).

> **Attention.** La rupture du contrat de travail avant tout commencement d'exécution ne s'analyse pas comme une rupture de la période d'essai, la qualité du travail fourni n'ayant pu être appréciée, mais comme un licenciement. Le salarié peut alors obtenir les droits qui y sont attachés (licenciement sans cause réelle et sérieuse en l'absence de motif notifié par LRAR, etc.) (cass. soc. 12 juillet 2006, n° 04-48182 FP). Dans le cas d'un CDD, l'employeur a été condamné à verser au salarié la totalité des salaires qu'il aurait perçus jusqu'au terme du contrat (cass. soc. 26 septembre 2002, BC V n° 281).

Rupture de l'essai d'un salarié protégé : procédure protectrice

Les dispositions légales qui assurent une protection à certains salariés, en raison du mandat ou des fonctions qu'ils exercent dans l'intérêt de l'ensemble des travailleurs (ex. : un conseiller du salarié), s'appliquent à la rupture du contrat de travail à l'initiative de l'employeur pendant la période d'essai (cass. soc. 26 octobre 2005, BC V n° 306). Cela signifie notamment que l'employeur doit demander l'autorisation à l'administration de rompre le contrat d'un salarié protégé pendant sa période d'essai. À défaut, la rupture de l'essai serait nulle.

Rupture de l'essai et accident du travail

Protection du salarié victime d'un accident du travail ou d'une maladie professionnelle. - Au cours des périodes de suspension du contrat de travail, l'employeur ne peut résilier le contrat de travail à durée indéterminée que s'il justifie soit d'une faute grave de l'intéressé, soit de l'impossibilité où il se trouve, pour un motif non lié à l'accident du travail ou à la maladie professionnelle, de maintenir ledit contrat. Une résiliation du contrat de travail prononcée en méconnaissance de cette protection est nulle (c. trav. art. L. 122-32-2).

Application à la rupture du contrat de travail pendant l'essai. - Cette règle s'applique à la rupture de la période d'essai d'un salarié qui a été victime d'un accident du travail (ou d'une maladie professionnelle). La rupture de l'essai peut donc, le cas échéant, être annulée (cass. soc. 12 mai 2004, BC V n° 132). Dans ce cas, le salarié dont la rupture du contrat de travail est nulle et qui demande sa réintégration a droit au paiement d'une somme correspondant à la réparation de la totalité du préjudice subi au cours de la période qui s'est écoulée entre la rupture et sa réintégration, dans la limite du montant des salaires dont il a été privé. Les juges estiment qu'il y a nécessairement un préjudice (cass. soc. 25 janvier 2006, BC V n° 27).

> **EXEMPLE** Une salariée a été engagée le 4 septembre en CDI prévoyant une période d'essai d'un mois renouvelable. Elle a été victime le 5 septembre d'un accident du travail, à la suite duquel elle s'est trouvée en arrêt de travail jusqu'au 9 octobre. Le 10 octobre, alors que la salariée n'avait pas subi de visite de reprise, l'employeur a mis fin à la période d'essai. La salariée a saisi la juridiction prud'homale. Cette rupture était nulle car prononcée en cours de suspension du contrat de travail (c. trav. art. L. 122-32-2). La salariée a demandé sa réintégration. De plus, elle avait droit au paiement d'une somme correspondant à la réparation de la totalité du préjudice subi au cours de

la période qui s'est écoulée entre la rupture et sa réintégration, dans la limite du montant des salaires dont il a été privé (cass. soc. 25 janvier 2006, BC V n° 27).

Rupture de l'essai et femme enceinte

L'employeur ne doit pas prendre en considération l'état de grossesse d'une femme pour résilier son contrat de travail au cours d'une période d'essai (c. trav. art. L. 122-25 ; cass. soc. 15 janvier 1997, BC V n° 17). **Si la rupture du contrat en violation de ce principe ouvre droit pour la salariée à des dommages-intérêts** (c. trav. art. L. 122-30), **celle-ci ne peut pas, en revanche, prétendre au paiement des salaires prévus à l'article L. 122-30 du code du travail** (al. 2) **qui ne sanctionne que la violation des règles protectrices de la rupture du contrat de travail d'une femme enceinte, non applicables en période d'essai** (c. trav. art. L. 122-25-2 et suivants).

Date de la rupture de l'essai

La rupture d'un contrat de travail se situe à la date où l'employeur a manifesté sa volonté d'y mettre fin, c'est-à-dire au jour de l'envoi de la LRAR notifiant la rupture de la période d'essai (cass. soc. 11 mai 2005, BC V n° 159). **Il doit néanmoins être tenu compte d'un éventuel préavis conventionnel.**

À NOTER L'employeur ne peut pas, à notre sens, se contenter de notifier au salarié la rupture du contrat, sans autre information préalable ou concomitante, en envoyant la LRAR juste avant la fin de la période d'essai : si aucune remarque n'a jamais été faite, le salarié pourrait tenter d'arguer d'un abus de droit de l'employeur. Par ailleurs, l'employeur qui n'aurait pas mis en garde le salarié sur son défaut de compétences, ne l'aurait pas averti de la rupture de la période d'essai et expédierait la LRAR notifiant la rupture au dernier moment pourrait rencontrer des difficultés. En effet, le salarié auquel le courrier n'a pas encore été présenté pourrait, de bonne foi, revenir à son poste de travail en pensant que sa période d'essai était concluante.

Fiche pratique

Vraies ou fausses périodes d'essai ?

Tests professionnels, stages de formation ou encore périodes dites d'adaptation... Faut-il les considérer comme des périodes d'essai qui n'en portent pas le nom?

Répondre à cette question revient à déterminer la date réelle du début de l'essai. Or, de ce point de départ dépend la définition de la période pendant laquelle le contrat peut être librement rompu, sachant qu'une rupture tardive s'analyse en un licenciement sans cause réelle et sérieuse.

Tests professionnels

Le test professionnel est utilisé dans les entreprises ou par les cabinets de recrutement pour sélectionner des candidats à un emploi. Il consiste le plus souvent en une épreuve ou un examen permettant de vérifier la qualification professionnelle du candidat et son aptitude à occuper le poste à pourvoir. Il se distingue de la période d'essai dans la mesure où il a lieu avant même la conclusion du contrat de travail. Il s'agit d'une période de courte durée durant laquelle le candidat n'est pas, en principe, dans un état de subordination puisque il n'est pas placé dans des conditions normales d'emploi (cass. soc. 4 janvier 2000, BC V n° 4). À titre d'exemple, le fait de demander à une candidate de conduire un car, vide de passagers, destiné au transport d'élèves, en présence du chauffeur habituel pendant quelques heures, constitue bien un test professionnel (cass. soc. 4 janvier 2000, BC V n° 4). Pour mémoire, les tests professionnels peuvent être indemnisés.

Stages de formation

Certaines conventions collectives prévoient des stages préalables à une admission définitive dans l'entreprise (ex.: CCN des réseaux de transports urbains). Elles en règlent aussi les modalités de rupture à respecter par l'employeur, sous peine d'être condamné pour rupture abusive (cass. soc. 5 mai 2004, BC V nos 127 et 128). En dehors de ce cadre très spécifique où le stage de formation est validé en tant que tel par les

juges, c'est au cas par cas qu'il faut vérifier si la période, dite de formation, doit ou non être assimilée à une période d'essai. À titre d'exemple, il avait été imposé à un salarié de participer à un séminaire de formation pendant lequel il était soumis aux obligations de son contrat de travail : sa période d'essai avait en fait déjà commencé (cass. soc. 25 février 1997, BC V n° 84).
À l'inverse, un candidat était véritablement en stage de formation et non en période d'essai pendant des périodes de sélection et de préformation : il s'était rendu volontairement et en toute liberté aux sessions de formation pendant lesquelles il n'était soumis à aucune directive (cass. soc. 24 octobre 2001, n° 4372 FD).

Période d'adaptation

Il n'est pas possible de prévoir pour un salarié amené à travailler à l'étranger que les premiers mois à compter de son arrivée soient une période d'adaptation (ex. : les six premiers mois) suivie ensuite d'une période d'essai (ex. : les trois mois suivants). L'essai commence en fait dès l'arrivée de ce salarié sur son lieu de travail (cass. soc. 5 juillet 2005, n° 1553 FD).

Faux CDD

L'employeur ne peut pas conclure un CDD pour motif de préembauchage dans le but d'allonger artificiellement une période d'essai dont la durée est limitée. Dans ce cas, le salarié peut obtenir une requalification en CDI pour conclusion d'un CDD en dehors des cas de recours autorisés (c. trav. art. L. 122-3-13).

6 Clause d'exclusivité

Comme toutes les clauses apportant des restrictions à une liberté, une clause d'exclusivité n'est valable que dans la mesure où elle est indispensable à la protection des intérêts légitimes de l'entreprise, justifiée par la nature de la tâche à accomplir par le salarié et proportionnée au but recherché.

Garantir la fidélité du salarié

Obligation de loyauté. - En application du principe de loyale exécution de toute obligation contractuelle (c. civ. art. 1134), tout salarié est tenu pendant l'exécution de son contrat de travail à une obligation générale de fidélité à l'égard de son employeur et ce, indépendamment de toute clause contractuelle. Cette obligation se traduit, notamment, pour le salarié par l'interdiction d'exercer une activité directement concurrente de celle de son employeur.

Obligation inscrite dans le contrat de travail. - Pour s'assurer de cette loyauté, il est de pratique courante pour les employeurs d'introduire dans les contrats de travail une clause selon laquelle l'intéressé s'interdit d'exercer toute activité parallèle qu'elle soit concurrente ou non de l'entreprise – pour son compte ou pour celui d'un autre employeur – tant que durera l'exécution du contrat.

À NOTER Il convient de bien différencier la clause d'exclusivité de celle de non-concurrence (voir p. 174). La clause d'exclusivité s'applique pendant l'exécution du contrat alors que la clause de non-concurrence a vocation à être mise en œuvre après la rupture de celui-ci.

Conditions de validité

Trois conditions. - Une clause d'exclusivité n'est licite que si elle est (cass. soc. 11 juillet 2000, BC V n° 276) :
- indispensable à la protection des intérêts légitimes de l'entreprise;
- justifiée par la nature de la tâche à accomplir;
- proportionnée au but recherché.

> **Exemple** La clause suivante a été jugée licite : un directeur des ventes était lié par une clause d'exclusivité selon laquelle tant qu'il serait au service de la société, il ne pourrait pas, sans le consentement écrit de celle-ci, avoir une participation, un intérêt quelconque ou un emploi dans aucun commerce, activité ou profession, à quelque titre que ce soit, directement ou indirectement, sauf en tant qu'actionnaire. Cette clause concernait en effet un cadre chargé de diriger une équipe comprenant plus de 100 personnes. L'employeur était donc fondé à exiger qu'il s'investisse totalement dans son activité professionnelle, sans qu'aucune part de son temps de travail, de son énergie et de ses préoccupations ne soit déviée vers une autre entreprise, même non concurrente. La rémunération octroyée était par ailleurs à la mesure des contraintes ainsi imposées. Partant, la clause était bien indispensable à la protection des intérêts légitimes de l'employeur et justifiée par la nature des tâches dévolues au salarié (CA Paris 22e ch. B, 29 avril 2003, n° 01-37750, RJS 8-9/03 n° 1098).

Application au cas particulier des contrats de travail à temps partiel. - Une telle clause peut aussi être inscrite dans le contrat de travail d'un salarié à temps partiel si les conditions de validité ci-avant décrites sont remplies, ce qui, en pratique, sera quasi impossible. À défaut, une telle clause est nulle.

Cette nullité n'a cependant pas pour effet d'entraîner la requalification du contrat de travail à temps partiel en contrat de travail à temps complet. Elle permet toutefois au salarié concerné d'obtenir réparation du préjudice résultant pour lui de cette clause illicite (cass. soc. 25 février 2004, BC V n° 64).

Prudence dans la rédaction. - Les conditions ainsi posées pour la validité des clauses d'exclusivité doivent conduire à une vigilance accrue quant aux catégories de salariés susceptibles d'être concernées et quant à la rédaction de telles clauses.

Salariés visés. Les clauses d'exclusivité ont vocation à s'appliquer à certains cadres de direction ou dans quelques cas particuliers (commerciaux, VRP, etc.) mais risquent de s'avérer plus dangereuses qu'utiles dans la majorité des cas. Il faut de toute façon toujours avoir présent à l'esprit qu'avec ou sans clause d'exclusivité, le salarié demeure tenu par son obligation de loyauté.

Proscrire les clauses trop générales. Il paraît nécessaire de toujours motiver la présence d'une clause de ce type dans un contrat. On veillera ensuite à proportionner l'interdiction et à l'adapter précisément à la nature des fonctions de l'intéressé. Les clauses rédigées en termes trop généraux doivent être proscrites dans la mesure où elles édictent des interdictions absolues, inopposables au salarié.

> **Attention.** L'insertion dans le contrat de travail d'une clause d'exclusivité, à l'occasion d'une promotion, constitue une modification du contrat de travail que l'employeur doit soumettre à l'accord du salarié concerné (cass. soc. 7 juin 2005, BC V n° 189).

Pas applicable au salarié créateur ou repreneur d'entreprise

Suspension de la clause pendant un an. - Aucune clause d'exclusivité ne peut être opposée par son employeur au salarié qui crée ou reprend une entreprise, pendant une durée de un an à compter soit de son inscription au registre du commerce et des sociétés ou au répertoire des métiers, soit de sa déclaration de début d'activité professionnelle agricole ou indépendante. Toute stipulation contractuelle ou conventionnelle contraire serait inopérante, sauf s'il s'agit de la clause d'exclusivité inscrite dans les contrats de travail des VRP en application de l'article L. 751-3 du code du travail (c. trav. art. L. 121-9).

> **À noter** Cette inopposabilité d'une clause d'exclusivité est d'ordre public. Elle vaut pour les relations de travail préexistantes à l'entrée en vigueur de la loi comme pour celles nouées postérieurement (rapport Assemblée nationale, n° 572).

La durée de cette période de non-opposabilité est, le cas échéant, allongée jusqu'au terme de la prolongation du congé pour la création ou la reprise d'entreprise (c. trav. art. L. 122-32-14).

✉ CLAUSE D'EXCLUSIVITÉ

• **Pour un ingénieur de recherche**

Compte tenu des fonctions spécifiques confiées à M. ..., fonctions qui l'amèneront - par définition - à disposer d'informations confidentielles sur les technologies exclusives employées par la société et sur les projets de cette dernière, les parties au présent contrat conviennent que toute activité similaire pour le compte d'une société concurrente est inconcevable dans la mesure où une telle activité :
- pourrait conduire M. ... à utiliser les informations exclusives dont il aura connaissance dans le cadre de ses fonctions, ce qui pourrait mettre en péril les perspectives de développement de l'entreprise ;
- serait en contradiction avec la nécessaire loyauté inhérente à l'exécution des fonctions d'un ingénieur de recherche.

Pour les mêmes raisons, M. ... s'engage à n'assurer aucun enseignement ou aucune formation en dehors de son contrat de travail sans l'autorisation écrite et préalable de la direction.

Maintien de l'obligation de loyauté. - Afin de prévenir toute concurrence déloyale, le salarié créateur ou repreneur d'entreprise reste néanmoins soumis à l'obligation de loyauté à l'égard de son employeur pendant toute cette période d'un an, éventuellement prolongée. Ainsi, le salarié créateur ou repreneur d'entreprise n'est délié de la clause d'exclusivité que pour les activités non concurrentes de celles de l'entreprise. Pour celles qui le sont, l'obligation de loyauté, qui se traduit par une obligation de non-concurrence pendant toute la durée du contrat de travail, continue de s'imposer.

■ Et si le salarié ne respecte pas l'exclusivité ?

Faute contractuelle. - Dans les hypothèses où la présence d'une clause d'exclusivité est justifiée dans un contrat de travail, si le salarié concerné passe outre et exerce une autre activité professionnelle, il commet une faute.

Généralement, cette dernière justifiera alors la rupture du contrat et la violation de la clause peut être qualifiée de cause réelle et sérieuse de licenciement ou, en fonction des circonstances, de faute grave (cass. soc. 21 mai 1986, BC V n° 240).

Procédure de licenciement applicable. - Si l'employeur estime que le comportement du salarié peut être qualifié de cause réelle et sérieuse de rupture du contrat, il devra veiller a ne pas laisser s'écouler plus de deux mois entre le moment ou il a eu connaissance des faits et l'engagement de la procédure de licenciement. En effet, dans ce cas, la procédure applicable est celle du licenciement disciplinaire.

S'il estime que le salarié a commis une faute grave, il est même nécessaire qu'il réagisse immédiatement : en effet, la faute grave ne permet pas la poursuite des relations contractuelles, même pendant une durée limitée.

✉ CLAUSE D'EXCLUSIVITÉ

• Pour un salarié exerçant des responsabilités dans la fonction commerciale

Compte tenu des responsabilités qui lui sont confiées, M. … sera régulièrement amené à représenter notre société dans ses contacts avec les clients de l'entreprise. Dès lors, les parties au présent contrat conviennent que le fait, pour M …, d'exercer parallèlement des activités similaires pour une autre entreprise risque d'être diversement interprété dans le milieu professionnel.

Pour éviter tout préjudice qui pourrait en résulter en terme d'image pour notre société, M. … s'engage à n'accepter aucune collaboration extérieure qui pourrait être en relation avec la nature des fonctions exercées en application du présent contrat sans l'autorisation écrite et préalable de la société.

7

Clause d'invention des salariés

L'intérêt d'une clause d'invention est de préciser le caractère inventif des fonctions du salarié et le montant de la rémunération supplémentaire à lui verser du fait des inventions demeurant la propriété de l'employeur, sous réserve du respect des dispositions des conventions collectives.

Les inventions de mission

Inventions concernées

Inventions appartenant à l'employeur. - À défaut de stipulations contractuelles plus favorables au salarié, appartiennent à l'employeur (c. propr. intell. art. L. 611-7) :
- les inventions réalisées lors de l'exécution d'un contrat de travail comportant une mission inventive correspondant aux fonctions effectives de l'intéressé (ex. : les inventions d'un ingénieur travaillant exclusivement pour la recherche) ;
- les inventions réalisées dans le cadre d'études et de recherches explicitement confiées au cadre par l'employeur (ex. : les inventions d'un ingénieur de fabrication dans le cadre d'une étude ponctuelle qui lui a été confiée par l'employeur.

Mission d'inventions inscrite dans le contrat de travail. - Quand la mission du salarié consiste, en tout ou partie, dans la réalisation d'inventions, il est pertinent de la mentionner dans le contrat de travail.

En cas de litige, la preuve de l'existence d'une mission inventive sera ainsi facilitée. En tout état de cause, la qualification d'invention de mission ou d'invention hors mission, revient, en cas de contentieux, au juge.

Rémunérer les inventions

Montant de la rémunération supplémentaire. - Les conditions dans lesquelles le salarié auteur d'une invention de mission bénéficie d'une rémunération supplémentaire sont déterminées par les conventions collectives, les accords d'entreprise et les contrats de travail (c. propr. intell. art. L. 611-7).

Le montant de cette rémunération dépend donc des critères fixés par la convention collective applicable ou le contrat de travail.

> **Attention.** Une convention collective ne peut pas exclure la rémunération supplémentaire pour les inventions du salarié ne présentant pas pour l'entreprise un intérêt exceptionnel dont l'importance serait sans commune mesure avec le salaire de l'inventeur (cass. com. 22 février 2005, n° 03-11027, BC I n° 35).

Rémunération déterminée par la convention collective. - Parmi les conventions fixant les critères d'évaluation de la rémunération supplémentaire, certaines prévoient le versement d'une somme forfaitaire, sans rapport avec la valeur économique de l'invention. D'autres, au contraire, établissent un rapport entre cette valeur et la rémunération supplémentaire du cadre.

> **Attention.** Un salarié, auteur d'une invention, réalisée dans le cadre de son contrat de travail, comportant une mission inventive, ne peut pas considérer qu'il a un avantage individuellement acquis sur les modalités de calcul de la rémunération supplémentaire non incluses dans son contrat de travail mais résultant exclusivement des stipulations d'un accord d'entreprise (cass. com. 22 février 2005, n° 02-18790, BC IV n° 29).

Évaluation de la rémunération complémentaire en l'absence de convention collective. - Le montant de la rémunération supplémentaire est habituellement évaluer en fonction du salaire de l'inventeur.

> **À NOTER** Cette rémunération représente en moyenne 2 ou 3 mois de salaire de l'inventeur (rép. min. 16171, JO 3 octobre 1994, Déb. AN quest p. 4911).

Toutefois, le salaire n'est pas le seul élément qui doive être pris en compte. D'autres critères tels que, par exemple, celui de l'intérêt commercial de l'invention ou encore, la valeur économique de l'invention, sont déterminants. Indépendamment d'une convention collective, aucun texte légal ne prévoit en effet que la rémunération supplémentaire soit déterminée uniquement en fonction du salaire de l'inventeur salarié (cass. com. 21 novembre 2000, BC IV n° 179).

En l'absence de convention collective applicable, dans le silence ou l'imprécision de celle-ci, il est donc prudent de déterminer très clairement dans le contrat de travail les critères servant à la détermination de la rémunération supplémentaire.

Règlement des litiges en l'absence de convention collective. - Si l'employeur n'est pas soumis à une convention collective de branche, tout litige relatif à la rémunération supplémentaire peut être soumis a la commission de conciliation paritaire créée auprès de l'Institut national de la propriété industrielle (INPI) ou au tribunal de grande instance (c. propr. intell. art. L. 611-7 et L. 615-21).

À NOTER Institut National de la Propriété Industrielle (INPI): 26 bis rue de Saint-Pétersbourg, 75008 Paris Cedex 08. Tél. 01 53 04 53 04. Internet: www.inpi.fr

Les inventions hors mission

Demande d'attribution de l'employeur. - Les inventions autres que celles visées ci-dessus appartiennent au salarié. Toutefois, l'employeur a le droit de se faire attribuer la propriété ou la jouissance de tout ou partie des droits attachés au brevet protégeant l'invention de son salarié quand elle présente un lien avec l'entreprise (c. propr. intell. art. L. 611-7):
- soit qu'elle entre dans son domaine d'activités,
- soit qu'elle ait été faite par le salarié « dans le cours de l'exécution de ses fonctions » ou « par la connaissance ou l'utilisation de techniques ou de moyens spécifiques à l'entreprise ou de données procurées par elle ».

L'employeur doit alors en payer un « juste prix ».

Évaluation du juste prix dans le contrat de travail. - Ce « juste prix » doit faire l'objet d'un accord entre l'employeur et le salarié concerné. Cet accord peut être matérialisé par une clause d'invention insérée dans le contrat de travail.

En cas de litige, la commission de conciliation (instituée auprès de l'INPI) ou le tribunal de grande instance prendra en considération tous les éléments qui pourront lui être fournis, notamment par l'employeur et le salarié, pour calculer ce juste prix, tant en fonction des apports initiaux de l'un et de l'autre que de l'utilité industrielle et commerciale de l'invention.

Le salarié informe l'employeur

Déclaration d'invention obligatoire. - Le salarié auteur d'une invention doit en informer son employeur qui en accuse réception (c. propr. intell. art. L. 611-7 et R. 611-1).

> **À NOTER** Le formulaire de « déclaration d'invention de salarié » est disponible sur le site Internet de l'INPI (www.inpi.fr). Ce formulaire permet au salarié auteur d'une invention d'en faire la déclaration à l'employeur. Il doit être adressée à l'employeur, soit directement, soit par l'intermédiaire de l'INPI (c. propr. intell. art. D. 611-2, R. 611-3 et R. 611-9 ; arrêté du 29 avril 1985).

Quatre mois pour revendiquer les droits attachés a l'invention. - Sauf accord entre les parties, l'employeur dispose d'un délai de quatre mois, courant a compter de la date de la déclaration de l'invention qui a du lui être faite par le salarié, pour revendiquer les droits (de propriété ou de jouissance) attachés à l'invention.

Notification au salarié. - La revendication du droit d'attribution doit être notifiée par écrit au salarié et préciser la nature et l'étendue des droits que l'employeur entend se réserver.

Suspension du délai de quatre mois en cas de contentieux. - Le délai de quatre mois est suspendu en cas d'engagement d'une action contentieuse (ou de saisine de la commission paritaire de conciliation) dans le cadre d'un litige portant sur la régularité de la déclaration faite par le salarié ou sur le classement invoqué par lui pour son invention (c. propr. intell. art. R. 611-8).

Écrit nécessaire. - Tout accord entre l'inventeur et son employeur doit, a peine de nullité, être constaté par écrit.

CLAUSE D'INVENTION

M. …… ayant une mission inventive permanente consistant à …… (1), tous les travaux et les recherches effectués dans le cadre du présent contrat de travail seront la propriété de la société ……

M. …… devra immédiatement informer la société ……, par lettre recommandée avec accusé de réception, de toute invention dont il serait l'auteur ou le coauteur, même faite en dehors de l'exécution du contrat de travail. Cette déclaration devra être la plus complète possible pour permettre à la société… d'apprécier le classement de l'invention.

Pour les inventions réalisées par M. ….. dans le cadre de sa fonction définie par le présent contrat, la société …… effectuera les formalités de dépôt de brevet ou autres. Sauf opposition de sa part, le nom de M. ….. sera mentionné sur la demande de brevet et certificat de description sans que cela lui confère un droit de propriété. Une rémunération supplémentaire, fixée à …… euros, sera versée à M. ….. du fait de son invention.

Pour les inventions réalisées par M… hors le cadre de sa fonction définie par le présent contrat, la société …… se réserve la possibilité de revendiquer la propriété de tout ou partie des droits attachés au brevet lorsque les inventions auront été faites dans le domaine d'activité de l'entreprise ou grâce à la connaissance de documents ou études appartenant à l'entreprise ou à l'utilisation d'installations ou de matériels appartenant à l'entreprise.

La société ……… s'engage à verser à M. ……… un juste prix en contrepartie de cette invention.

(1) Détailler le caractère inventif des fonctions du salarié.

8 Clause de mobilité fonctionnelle

Il est possible d'insérer dans le contrat de travail une clause par laquelle le salarié accepte, par avance, d'être affecté à un autre poste de travail que celui prévu a l'origine. Son application suppose toutefois que le changement n'ait aucune conséquence sur le contrat de travail.

Pourquoi la mobilité fonctionnelle ?

Faciliter la mise en œuvre d'un changement de poste prévisible. Dans certaines hypothèses, l'employeur peut prévoir, lorsqu'il embauche un salarié, que l'intéressé pourra être ultérieurement amené a exécuter sa prestation de travail sur un autre poste que celui prévu a l'origine mais dans le cadre de la même qualification. En principe, le salarié ne peut refuser un changement de ses conditions de travail, tel qu'un simple changement de fonctions (c'est-à-dire sans modification de la qualification), mais l'employeur peut trouver intérêt à insérer une clause de mobilité fonctionnelle pour éviter toute difficulté.

Tenir compte de fonctions polyvalentes par nature. - La polyvalence peut constituer l'une des caractéristiques de certaines fonctions. Dès lors, il peut être utile pour l'employeur de demander au salarié de le reconnaître dès la conclusion du contrat de travail.

À NOTER Sur les incidences d'un changement temporaire de fonctions dans le cadre d'un remplacement, voir p. 58.

✉ CLAUSE DE MOBILITÉ FONCTIONNELLE

Dans le cadre du présent contrat de travail, M. ...... exercera les fonctions de ...... avec la qualification de ...... Ces fonctions seront en principe exercées sur le poste suivant ...... (indiquer le service, le département ou l'atelier concerné) au sein de notre établissement de ...... (indiquer l'établissement en question).

Cependant, en fonction des besoins de l'entreprise, il pourra être demandé à M. ...... d'exercer ces mêmes fonctions au sein d'autres services (départements ou ateliers) de ce même établissement. Sauf en cas d'urgence, M. ...... sera alors prévenu par la direction ...... jours à l'avance (préciser ce nombre de jours).

M. ...... reconnaît que les changements de poste qui pourront lui être demandés en application de la présente clause constitueront un simple changement des modalités d'exécution de sa prestation de travail et non une modification du présent contrat, quand bien même les changements en cause s'accompagneraient de légères modifications des tâches à accomplir. La direction s'engage pour sa part à ne pas exiger de M. ...... de tâches nouvelles qui ne relèveraient pas de la qualification précédemment définie.

Valider et appliquer la clause

Pas de modification de la qualification. - La clause de mobilité fonctionnelle implique, en principe, que les nouveaux postes susceptibles d'être occupés par le salarié ou ses nouvelles fonctions fassent toujours appel au même ensemble de compétences et de connaissances. La mobilité professionnelle prévue par une clause du contrat de travail ne peut pas en effet s'imposer au salarié si elle implique un changement de qualification (cass. soc. 18 juillet 2001, n° 3773 FD). Un tel changement nécessite dans tous les cas l'accord du salarié (cass. soc. 26 mai 1998, n° 2609 D; voir p. 56).

Mise en œuvre. - Le moment venu, lorsque l'employeur entend appliquer la clause de mobilité fonctionnelle en affectant le salarié à un autre poste de travail ou en redéfinissant ses attributions, le changement s'impose à l'intéressé. Un refus constituerait une faute contractuelle. Dès lors, l'employeur pourrait sanctionner cette faute en usant de son pouvoir disciplinaire, notamment en invoquant une cause réelle et sérieuse de licenciement.

Pas de changement d'établissement. - Le changement de poste ou la modification des attributions ne se conçoit *a priori* que dans le même établissement. Sauf si le contrat l'a formellement prévu, il ne peut être exigé du salarié qu'il aille exercer ses attributions modifiées dans une autre unité de l'entreprise.

9 Clause de mobilité géographique

Le contrat de travail peut comporter une clause de mobilité géographique. Deux types de clauses sont envisageables : l'une portant sur le lieu de travail et l'autre prévoyant des déplacements.

Clause portant sur le lieu de travail

Pourquoi une clause de mobilité ?

Vérifier la clause sur le lieu de travail. - Si le contrat mentionne clairement et précisément que le salarié exécutera son travail exclusivement dans le lieu indiqué, l'employeur ne peut modifier ce lieu qu'avec l'accord explicite de ce salarié (cass. soc. 3 juin 2003, BC V n° 185).

En l'absence d'une telle clause, le changement du lieu de travail constitue une modification du contrat proprement dit (et non un simple changement de ses conditions d'exécution) toutes les fois que le salarié est affecté dans un « secteur géographique différent » de celui ou il travaillait précédemment (cass. soc. 4 mai 1999, BC V n° 186) (sur la notion de « secteur géographique », voir p. 54).

Intérêt d'une clause de mobilité. - Pour éviter toute difficulté, l'employeur peut avoir intérêt à prévoir l'insertion, dans le contrat, d'une clause de mobilité géographique toutes les fois qu'un changement du lieu de travail est envisageable au moment ou il embauche un salarié (en raison de l'existence d'établissements multiples, d'un projet de déménagement de l'entreprise, des fonctions du salarié, etc.).

Conditions de validité

Zone géographique d'application à définir précisément. - Une clause de mobilité doit définir de façon précise sa zone géographique d'application. Une telle clause doit donc être formulée d'une manière suffisamment claire et précise pour permettre au salarié de connaître le périmètre ou l'étendue de son obligation de mobilité. À défaut, la clause de mobilité est nulle et donc sans effet (cass. soc. 7 juin 2006, n° 04-45846 FSPB; cass. soc. 12 juillet 2006, n° 04-45396 FPD).

> **Exemples** • Une clause, inscrite dans le contrat de travail d'une salariée, qui disposait « les évolutions dans l'organisation de l'entreprise pourront amener cette dernière à modifier tant l'établissement que le bureau de rattachement » est trop imprécise. Dès lors, le licenciement pour faute grave de cette salariée, au motif qu'elle avait refusé sa mutation alors que celle-ci était prévue par son contrat, n'avait pas de cause réelle et sérieuse (cass. soc. 12 juillet 2006, n° 04-45396 FPB).
>
> • Le contrat de travail d'un attaché de direction, contenait la clause suivante: « la nature commerciale de votre fonction implique la mobilité géographique de votre poste, dans la zone d'activité de l'AIAC Alsace Lorraine et qui pourra, le cas échéant, être étendue en cas d'extension d'activité ». Une telle clause n'est pas valable. En conséquence, le licenciement de ce salarié en raison de son refus d'une mutation en application de cette clause de mobilité était sans cause réelle et sérieuse (cass. soc. 7 juin 2006, n° 04-45844 FSPB).
>
> • Une clause de mobilité géographique qui se bornait à énoncer que l'employeur pouvait modifier le lieu où le salarié aurait à exercer ses fonctions n'est pas licite et donc inopposable au salarié.
>
> • L'acte d'engagement d'une salariée disposait: « votre lieu de travail sera fixé à La Rochelle (17). Il pourra être modifié en raison des circonstances et de l'évolution de votre carrière au sein du groupe C... ». Or, il ne ressortait pas que la moindre indication ou le moindre document ait été remis à la salariée pour lui permettre de connaître la délimitation de ce groupe C..., la liste des entreprises qui en font partie et leur localisation. La clause en question n'était donc pas valable (CA Poitiers, ch. soc., 4 avril 2006 et 21 juin 2005, RG 03/03128 et RG 04/02793; BICC 642, n° 1332 et 1333).

Pas de modification unilatérale de la zone géographique. - L'employeur ne peut pas se réserver le droit dans la clause de mobilité d'en étendre unilatéralement la portée. Une telle précision est inopérante (cass.

soc. 7 juin 2006, n° 04-45846 FSPB). **Dès lors, l'employeur qui souhaite modifier l'étendue géographique d'une clause de mobilité déjà inscrite dans le contrat de travail d'un salarié doit, au préalable, obtenir l'accord de ce salarié. Il s'agit en effet dans ce cas d'une modification de son contrat de travail** (voir p. 36).

Pas de rupture du contrat automatique. - Une clause de mobilité ne peut pas stipuler que tout refus du salarié de s'y soumettre emporte la rupture de son contrat de travail. Si tel est le cas, la clause est nulle (cass. soc. 19 mai 2004, n° 1024 FD). **Il peut néanmoins être rappelé que le refus du salarié de s'y soumettre constitue une cause réelle et sérieuse de licenciement sous réserve toutefois du respect de la protection dont bénéficient certains salariés** (voir pp. 44 et 59).

Respect du principe de proportionnalité. - Une clause de mobilité doit satisfaire aux conditions de finalité et de proportionnalité posées par le code du travail pour être licite, *a fortiori* quand le droit à une vie familiale normale et le libre choix du domicile sont mis en cause (c. trav. art. L. 120-2; CA Poitiers, ch. soc., 4 avril 2006 et 21 juin 2005, RG 03/03128 et RG 04/02793; BICC 642, n° 1332 et 1333).

> **À NOTER** Rappelons que selon ces dispositions « nul ne peut apporter aux droits des personnes et aux libertés individuelles et collectives de restrictions qui ne seraient pas justifiées par la nature de la tâche à accomplir ni proportionnées au but recherché » (c. trav. art. L. 120-2).

Respect de la convention collective. - En tout état de cause, comme pour toute clause du contrat de travail, la convention collective doit être respectée dans la mesure où elle est plus favorable au salarié.

> **EXEMPLES** Si la convention collective prévoit que l'accord du salarié doit être recueilli pour changer son lieu de travail (ex. : CCN Industrie pharmaceutique), la clause de mobilité inscrite au contrat de travail est inopérante dans la mesure où la convention collective est plus favorable (cass. soc. 4 février 2003, BC V n° 40). De même, l'employeur qui souhaite mettre en œuvre une clause de mobilité doit respecter au préalable la procédure de concertation prévue par la convention collective. À défaut, la rupture du contrat lui sera imputable (cass. soc. 13 octobre 2004, BC V n° 260).

✉ CLAUSE DE MOBILITÉ GÉOGRAPHIQUE (CHANGEMENT DU LIEU DE TRAVAIL)

M. … exercera ses fonctions à … . Toutefois, conformément à l'article … de la convention collective de …, pour des raisons touchant à l'organisation et au bon fonctionnement de l'entreprise … et compte tenu des fonctions de M …, la société se réserve la possibilité de le muter dans tout autre établissement de l'entreprise situé … M. … disposera d'un délai de … mois pour rejoindre sa nouvelle affectation. Le refus de M. … de rejoindre son nouveau poste s'analyserait en une inexécution de ses obligations contractuelles pouvant justifier son licenciement pour cause réelle et sérieuse.

Prévoir aussi un changement de domicile du salarié

Conditions à respecter. - ***A priori*, une telle stipulation est contraire au droit de chacun au libre choix de son domicile** (Convention européenne de sauvegarde des Droits de l'Homme, art 8)**. Dès lors, une restriction à cette liberté ne pourrait être valable que dans la mesure où elle se révélerait indispensable à la protection des intérêts légitimes de l'entreprise et proportionnée, compte tenu de l'emploi occupé et du travail demandé, au but recherché** (cass. soc. 12 janvier 1999, BC V n° 7)**.**

Exemples • Un employeur ne justifiait :
- ni du caractère indispensable pour la société d'un transfert à Montpellier du domicile familial d'un salarié habitant Paris, alors que celui-ci proposait d'avoir une autre résidence à Montpellier,
- ni du caractère proportionné au but recherché de cette atteinte à la liberté de choix du domicile, faute de démontrer en quoi les attributions du salarié exigeaient réellement une présence permanente à Montpellier (et non une simple résidence) (cass. soc. 12 janvier 1999, BC V n° 7).

• Malgré la clause de mobilité insérée dans le contrat de travail, un employeur ne pouvait pas exiger de son salarié, chef de chantier, un transfert de son domicile pour le seul motif de n'avoir pas à lui régler des indemnités de grand déplacement. Cette économie n'était, en effet, nullement indispensable à la protection des intérêts légitimes de l'entreprise, ni proportionnée au but recherché compte tenu de l'emploi occupé et du travail demandé, c'est-à-dire une meilleure gestion des coûts salariaux. De plus, l'employeur ne pouvait ignorer les conséquences pécuniaires pour le salarié d'un domicile secondaire et la diminution de sa rémunération suite à la suppression des indemnités de grand déplacement (CA Versailles, 11e ch., 4 septembre 2002, n° 01-717).

• La clause de mobilité inscrite dans le contrat de travail d'un salarié engagé en qualité de gardien prévoyait qu'il pouvait être muté dans un autre ensemble immobilier appartenant à la société ou dont elle assumait la gestion, et situé dans le même département que celui où il exerçait ses fonctions ou dans un département limitrophe. La mise en œuvre de cette clause de mobilité entraînant un changement de domicile du salarié, appelé, en raison de ses fonctions de gardien, à être domicilié sur le nouveau site, était justifiée par l'intérêt de l'entreprise. Elle ne présentait donc aucun caractère abusif (cass. soc. 13 juillet 2004, n° 1645 FD).

Respect de la convention collective. - Certaines conventions collectives prévoient la nécessité d'un accord préalable des salariés en cas de mutation rendant obligatoire un changement de domicile (cass. soc. 3 mars 2004, n° 492 FD).

Avenant au contrat de travail ou application de la convention collective

Insertion dans le contrat de travail d'une clause de mobilité. - L'employeur et le salarié peuvent convenir, en cours d'exécution du contrat, d'y insérer un avenant prévoyant la mobilité géographique du salarié. Un tel avenant constituant une modification du contrat initial, il ne peut pas être imposé au salarié : son accord est indispensable (cass. soc. 24 novembre 1999, BC V n° 456).

EXEMPLE L'ajout d'une clause de mobilité au contrat de travail pour un motif économique constitue une modification du contrat de travail. Pour ce faire, l'employeur doit respecter la procédure spécifique de proposition des modifications du contrat de travail pour un motif économique. À défaut, le licenciement prononcé à la suite du refus du salarié de cette modification est sans cause réelle et sérieuse (c. trav. art. L. 321-1-2 ; cass. soc. 25 janvier 2006, n° 03-46794 FD ; voir p. 37).

Application directe de la convention collective. - En l'absence de clause de mobilité géographique insérée au contrat de travail du salarié, l'employeur ne peut se prévaloir de l'existence d'une telle mobilité instituée de façon obligatoire par la convention collective qu'à la double condition que la disposition de la convention collective se suffise à elle-même et que le salarié ait été informé de l'existence de cette convention au moment de son engagement et mis en mesure d'en prendre connaissance (cass. soc. 30 novembre 2005, n° 03-46530 FD).

En revanche, dans les cas ou l'engagement du salarié est antérieur à l'entrée en vigueur de la convention, la dite convention ne peut, sans modifier le contrat de travail du salarié, imposer a celui-ci une clause de mobilité qui n'y figurait pas. Dans ce cadre, les refus réitérés d'un salarié d'accepter sa mutation ne sont donc pas fautifs (cass. soc. 27 juin 2002, BC V n° 222).

> **Attention.** Une clause de mobilité insérée dans le règlement intérieur, même signé du salarié, est inopérante (cass. soc. 2 octobre 1997, BC V n° 383).

Obligations du salarié

Le changement de lieu de travail s'impose. - Le changement du lieu de travail demandé par l'employeur en application d'une clause de mobilité géographique s'impose au salarié, sauf abus de droit de l'employeur (voir p. 100) et sous réserve du respect par l'employeur de ses propres obligations.

> **EXEMPLE** Le refus d'un salarié de rejoindre un nouveau chantier en application de la clause de mobilité insérée à son contrat de travail n'est pas fautif dès lors que l'employeur ne lui avait pas fourni le véhicule de fonction également prévu au contrat (cass. soc. 9 janvier 2002, n° 53 FD).

Sous réserve du respect de la convention collective. - Une clause de mobilité géographique ne lie le salarié qu'en l'absence de disposition contraire (ou en l'absence de disposition plus favorable) de la convention collective applicable.

> **EXEMPLE** La convention collective de l'industrie pharmaceutique prévoit que toute modification apportée à l'un des éléments de la lettre d'embauchage ou du contrat de travail doit faire l'objet d'une notification écrite préalable explicitant la nature de la modification et être soumise à l'agrément du salarié (étant noté que le lieu de travail fait

partie de ces éléments). Dans le cas d'un refus de ce dernier d'accepter cette modification, et s'il est suivi d'un licenciement par l'employeur, la rupture sera considérée comme étant du fait de l'employeur et réglée comme telle (art. 31, 4°). Cette disposition conventionnelle est plus favorable au salarié que la clause de mobilité prévue à son contrat de travail. Cette dernière n'était donc pas applicable. En pratique, cela signifie que l'employeur aurait du demander son accord au salarié pour modifier son lieu de travail. Le refus de ce dernier ne justifiait donc pas un licenciement (cass. soc. 4 février 2003, BC V n° 37).

Par ailleurs, certaines conventions collectives prévoient la modalité de mise en œuvre de la mobilité, modalité que l'employeur devra, bien entendu, respecter.

EXEMPLE La convention collective applicable exigeait une concertation entre l'employeur et le salarié préalablement à la mise en œuvre de la clause de mobilité. Si la décision de l'employeur a été prise avant que cette concertation ait été engagée, il n'a pas respecté ces dispositions. Dès lors, la rupture consécutive du contrat de travail lui était imputable (cass. soc. 13 octobre 2004, BC V n° 260).

Sous réserve que le changement demandé corresponde à la modification prévue. - Le salarié ne peut être muté en application de la clause de mobilité que dans le cadre géographique prévue par cette clause.

EXEMPLE Si la clause prévoit seulement la possibilité d'un changement de lieu de travail en France, une mutation à l'étranger constitue une modification du contrat de travail que le salarié peut légitimement refuser.

Par ailleurs, la clause de mobilité ne devant s'apprécier qu'au jour de la conclusion du contrat de travail, elle ne concerne pas des territoires non visés a cette date.

EXEMPLE Une clause prévoit la possibilité de mutation dans un autre établissement en métropole ou dans la Communauté européenne. Elle ne prévoit pas expressément que la mobilité géographique puisse s'exercer dans des établissements ouverts postérieurement à la signature du contrat. Le salarié concerné peut donc légitimement refuser d'être muté dans un établissement ouvert après qu'il a signé son contrat de travail (cass. soc. 12 mai 2004, n° 913 FD).

Enfin, dans le cas où la clause de mobilité autorise la mutation du salarié dans une zone géographique répondant aux mêmes critères d'accessibilité, l'employeur doit s'assurer que le nouveau lieu de travail correspond bien à ces critères. Si ces critères ne sont pas définis par la clause, ce sont les juges qui, en cas de contentieux, apprécieront si la mutation en cause répond bien à ces critères au regard des moyens de transport, de la durée du transport, de la compatibilité avec les horaires de travail et des conséquences sur la vie de famille. Tel n'était pas le cas pour une mutation du Blanc-Mesnil (93) à Courbevoie (92) (cass. soc. 30 juin 2004, n° 1388 FD).

Sous peine d'être licencié pour cause réelle et sérieuse. - Le refus par le salarié d'un changement de ses conditions de travail, s'il rend son licenciement fondé sur une cause réelle et sérieuse, ne constitue pas à lui seul une faute grave (cass. soc. 23 février 2005, BC V n° 64). Or, la mise en œuvre d'une clause de mobilité s'analyse comme un simple changement des conditions de travail puisque le dit changement était prévu au contrat.

Il en résulte que le refus de se conformer à la clause de mobilité inscrite dans son contrat ne constitue pas non plus une faute grave mais une simple cause réelle et sérieuse de licenciement (cass. soc. 23 février 2005, BC V n° 64).

Toutefois, s'il y a abus de l'employeur, le refus du salarié de se soumettre à la clause est légitime. Il ne constitue donc pas une cause réelle et sérieuse de licenciement (sur la notion d'« abus », voir p. 100).

Exécuter la clause de bonne foi. - Le salarié est tenu de ne pas mettre de la mauvaise volonté à exécuter les obligations qui lui incombent.

> **EXEMPLE** Le refus délibéré d'un salarié de rejoindre sa nouvelle affectation constitue une faute grave quand l'employeur l'avait avisé en respectant un délai de prévenance supérieur à celui prévu par la clause, pour lui permettre de s'organiser (cass. soc. 28 février 2001, BC V n° 64).

Obligations de l'employeur

Prévenir le salarié à l'avance. - Même si la clause de mobilité est muette sur ce point, l'employeur est tenu de respecter un délai de prévenance suffisant lors de sa mise en œuvre (ex.: 8 jours) (cass. soc. 18 septembre 2002, BC V n° 273). À défaut, il est considéré comme ayant abusé de son droit, le salarié étant alors fondé à refuser l'application de la clause (cass. soc. 3 juin 1997, n° 2376 D). Certaines conventions collectives prévoient d'ailleurs expressément un tel délai.

Exemple Un employeur avait enjoint à une salariée, démonstratrice depuis 45 mois dans le même grand magasin, de rejoindre une nouvelle affectation – distante de 150 km – dans les 24 heures. En agissant de la sorte, l'employeur avait en réalité « marqué son désir de voir la salariée contrainte de refuser la mutation demandée ». En conséquence, en dépit de la clause de mobilité acceptée par l'intéressée, l'employeur devait assumer la responsabilité de la rupture (cass. soc. 16 février 1987, BC V n° 83).

Ne pas abuser de son droit. - **L'abus de droit de l'employeur peut résulter :**
- de son comportement, en cas de mise en œuvre précipitée de la clause de mobilité, comme on l'a noté ci-avant ou, de façon plus générale, quand la clause n'est pas mise en œuvre dans l'intérêt de l'entreprise (cass. soc. 18 septembre 2002, BC V n° 273) ;
- des incidences de la décision sur la situation personnelle du salarié.

Toutefois, la mise en œuvre d'une clause de mobilité à l'égard d'un salarié pour un motif qui ne lui est pas imputable ne suffit pas a caractériser un abus de droit de l'employeur (cass. soc. 21 janvier 2004, n° 141 FD).

Conséquence d'un abus caractérisé. - **En présence d'un abus de droit de l'employeur, le salarié est fondé à opposer un refus à la demande de mutation.**

Preuve de l'abus. - **En cas de contentieux, la bonne foi contractuelle étant présumée, les juges n'ont pas à rechercher si la décision de l'employeur de modifier les conditions de travail d'un salarié est conforme à l'intérêt de l'entreprise. C'est au contraire au salarié de démontrer que cette décision a en réalité été prise pour des raisons étrangères à cet intérêt, ou bien qu'elle a été mise en œuvre dans des conditions exclusives de la bonne foi contractuelle** (cass. soc. 23 février 2005, BC V n° 64).

Exemple Une salariée dont le contrat de travail contenait une clause de mobilité a été licenciée pour faute grave à la suite de son refus d'être mutée dans une autre ville. Le licenciement a été jugé sans cause réelle et sérieuse car il est apparu que les conditions dans lesquelles la décision de mutation avait été prise procédaient d'une précipitation suspecte vis-à-vis de cette salariée qui avait de l'ancienneté et qui, peu de temps auparavant, avait fait l'objet de deux avertissements fondés sur des griefs non établis (cass. soc. 23 février 2005, BC V n° 64).

Abus dans l'application d'une clause de mobilité (exemples)	
Situations	**Abus de l'employeur**
Un employeur impose à un salarié se trouvant dans une situation familiale critique (son épouse étant enceinte de sept mois) un déplacement immédiat .	**OUI** (cass. soc. 18 mai 1999, BC V n° 219).
Un employeur demande à une salariée, agent de propreté, de se rendre sur de nouveaux chantiers de nettoyage alors que l'intéressée se trouve dans l'impossibilité de se rendre à l'heure prévue sur l'un d'entre eux, faute de transports en commun.	**OUI** L'employeur, à défaut d'assurer à l'intéressée des moyens pour se rendre sur son lieu de travail, a abusé de son droit (cass. soc. 10 janvier 2001, BC V n° 3).
Un employeur qui n'a pas respecté un délai de prévenance suffisant eu égard notamment à la qualité de mère de la salariée ayant un enfant en bas âge.	**OUI** (cass. soc. 19 mars 2003, n° 870 D).
Un employeur connaissant les difficultés matérielles du salarié concerné et l'ayant auparavant employé dans des lieux peu éloignés de son domicile, l'avait affecté sur un site distant de plus de 150 km sans rechercher d'autres possibilités d'emploi et en dépit des observations de l'intéressé qui avait signalé le mauvais état de son véhicule	**OUI** (cass. soc. 20 juillet 2003, n° 1860 FD).
La lettre d'engagement d'une reporter contenait la clause suivante : « Vous serez affectée à la rédaction toulousaine (...). Toutefois cette affectation n'est pas définitive et nous pourrons être amenés, conformément aux usages de la profession et à notre règlement intérieur, à vous muter dans une autre rédaction, soit au siège, soit dans une de nos agences départementales si les besoins de service l'exigeaient. » Le salarié concerné a été licenciée pour faute grave en raison de son refus d'être mutée à la rédaction de l'agence de Labège (31). Ce licenciement était sans cause réelle et sérieuse, car, après le refus de mutation de l'intéressée, le poste de Labège n'avait pas été pourvu.	**OUI** (cass. soc. 22 février 2006, n° 04-42658 FD).
Un salarié, qui exerçait les fonctions de responsable commercial régional de la direction régionale centre d'un GIE, est muté au poste de responsable du département commercial dans une agence de faible importance alors que la mutation pouvait constituer une étape pour sa promotion future et s'accompagner d'avantages.	**NON** (cass. soc. 29 janvier 2002, BC V n° 39).
Un employeur a respecté un délai de prévenance et laissé au salarié un temps suffisant pour s'organiser et se procurer un moyen de locomotion adapté au déplacement demandé.	**NON** (cass. soc. 14 décembre 2005, n° 03-46054 FD).

Procédures spécifiques à respecter

Cas de la mutation disciplinaire. - Si l'employeur décide de muter un salarié en raison du comportement de celui-ci qu'il estime fautif, la clause de mobilité prévue au contrat ne suffit pas a elle seule, encore faudra-t-il que le fait fautif existe et que la sanction soit proportionnée a la gravité de la faute (cass. soc. 15 janvier 2002, BC V n° 12). À notre avis, il doit également respecter la procédure disciplinaire (c. trav. art. L. 122-41).

Cas des représentants du personnel. - Même en présence d'une clause de mobilité géographique dans son contrat, un représentant du personnel ou un délégué syndical ne peut pas se voir imposer un changement de son lieu de travail tant que dure la protection spéciale attachée à sa qualité de salarié protégé (cass. soc. 17 mars 1993, BC V n° 93). L'employeur doit donc solliciter son accord avant de mettre en œuvre cette clause de mobilité. En cas de refus du salarié protégé, soit l'employeur renonce à sa décision, soit il demande l'autorisation de le licencier auprès de l'inspecteur du travail.

Cas où l'application de la clause entraîne la modification du contrat

Modification d'un élément essentiel du contrat. - Si la clause de mobilité permet de modifier le lieu de travail du salarié sans que celui-ci puisse, en principe, s'y opposer, toute modification d'un autre élément essentiel du contrat induite par l'application de cette clause nécessite l'accord de l'intéressé. À défaut d'un tel accord, l'employeur ne peut pas imposer la mutation. Pas plus qu'il ne peut considérer le refus du salarié comme fautif et le licencier pour ce motif. Un tel licenciement serait dépourvu de cause réelle et sérieuse (cass. soc. 15 décembre 2004, BC V n° 336 ; cass. soc. 15 février 2006, n° 423 FD).

> **EXEMPLES** • La mise en œuvre de la clause de mobilité peut entraîner une baisse de la rémunération quand le salarié, rémunéré en fonction du chiffre d'affaires, est muté dans un établissement moins performant. Dans ce cas, l'employeur doit demander son accord au salarié concerné au titre de la modification de sa rémunération (cass. soc. 18 mai 2005, n° 03-42585 FD ; cass. soc. 15 février 2006, n° 04-45584 FD).
>
> • La proposition de mutation qui avait été faite à un salarié en application de la clause de mobilité inscrite dans son contrat de travail, avait pour effet de conférer à une partie de la rémunération qu'il percevait un caractère provisoire dont le maintien était laissé à la discrétion de l'employeur. Dès lors, le refus opposé par l'intéressé à sa mutation n'était pas fautif, en sorte que son licenciement était sans cause réelle et sérieuse (cass. soc. 3 mai 2006, n° 04-46141 FPB).
>
> • Il y a aussi modification du contrat de travail si la mutation, en application d'une clause de mobilité, s'accompagne en fait d'une rétrogradation du salarié concerné (cass. soc. 16 décembre 2005, n° 2781 FD).

Travail à domicile / Travail dans l'entreprise. - Un employeur qui envisage qu'un salarié qui travaillait à son domicile exécute sa prestation dans l'entreprise modifie aussi le contrat de travail de ce salarié et ce, y compris dans les cas où une clause de mobilité aurait été insérée dans le contrat de travail de ce salarié (cass. soc. 31 mai 2006, n° 04-43596 FSPBRI; voir p. 55).

Clause organisant des déplacements

Anticiper les déplacements. - Il s'agit simplement de prévoir que le salarié pourra être amené à effectuer des déplacements ponctuels, en dehors du lieu principal d'exécution de la prestation de travail. Dans la rédaction de la clause, il est conseillé de définir précisément l'étendue des obligations du salarié concerné, afin d'éviter les contestations ultérieures.

Une clause n'empêche pas l'autre. - La clause qui fixe le lieu de travail d'un salarié (ex.: engagé en qualité d'ingénieur), ne prive pas d'effet celle qui, conformément à la nature même des fonctions exercées par ce salarié, prévoit des déplacements (ex.: chez différents clients tant en France qu'à l'étranger) (cass. soc. 22 janvier 2003, BC V n° 14).

Application de la clause. - En présence d'une telle clause, le salarié est tenu d'accepter les déplacements prévus, mais ceux-là uniquement. Il n'est pas non plus tenu d'accepter un changement de résidence (cass. soc. 27 mai 1998, BC V n° 282).

Une clause est-elle toujours nécessaire? - Pour certaines professions dont l'exercice est par nature mobile (ex.: secteur du BTP), et a un certain niveau de responsabilité (ex.: chef de chantier), l'employeur a la possibilité d'imposer occasionnellement, en l'absence même d'une clause de mobilité, une affectation temporaire en dehors du secteur géographique habituel de la profession, dans la mesure où la mission est justifiée par l'intérêt de l'entreprise (cass. soc. 23 janvier 2003, BC V n° 15). Dans ce cadre, l'employeur doit respecter un délai de prévenance suffisant. À titre d'exemple, un délai de 15 jours pour informer un cadre du BTP d'un prochain déplacement sur un chantier pour une durée de 2 mois a été jugé raisonnable (cass. soc. 15 mars 2006, n° 04-47368 FP).

✉ CLAUSE DE MOBILITÉ GÉOGRAPHIQUE (DÉPLACEMENTS PRÉVUS)

M. .... exercera ses fonctions à ....

Toutefois, il pourra être amené pour les besoins de son activité à effectuer des déplacements dans les villes ou les régions suivantes .... (préciser les villes ou les régions en cause) ou dans les pays suivants .... (préciser les pays étrangers concernés).

Tous les frais liés à ces déplacements seront remboursés par l'entreprise sur justificatif.

10 Clause d'objectifs (ou de quotas)

Il est possible d'insérer dans un contrat de travail une clause fixant des objectifs ou des quotas à atteindre par le salarié. Les objectifs ainsi fixés doivent être raisonnables et compatibles avec le marché.

Les conditions à respecter

Respecter la convention collective applicable. - L'employeur peut insérer dans les contrats de travail de ses salariés une clause d'objectifs, sous réserve, comme toute autre clause du contrat de travail, de respecter la convention collective applicable à son entreprise.

Fixer des objectifs réalisables. - La clause doit fixer des objectifs raisonnables, réalistes et compatibles avec le marché (cass. soc. 30 mars 1999, BC V n° 143; cass. soc. 13 décembre 1995, n° 5062 D).

Ces objectifs doivent prendre en compte la situation économique du secteur professionnel dans lequel intervient le salarié. La conjoncture économique est un critère d'examen de l'effectivité d'une clause d'objectifs.

> **À NOTER** Une période probatoire peut être inscrite dans la clause d'objectifs. Ainsi, par exemple, si dans le cadre d'une clause existante, les objectifs à atteindre sont revus à la hausse, il peut être accordé au salarié un certain délai pour réaliser ces nouveaux objectifs. Si le salarié est absent pour maladie pendant cette période, l'employeur ne pas lui reprocher de ne pas avoir atteint les dits objectifs à l'issue du terme ainsi fixé (cass. soc. 3 novembre 1993, n° 92-40365 FD).

✉ CLAUSE D'OBJECTIFS

> M. ...... est tenu de réaliser un chiffre d'affaires minimal d'un montant de ...... euros, hors taxes. Ce chiffre sera révisé chaque année, en fonction de l'évolution des prix et après accord de l'employeur et du salarié. Si M. ...... n'atteint pas cet objectif, contractuellement fixé sur ..... mois, il pourra, le cas échéant, être procédé à son licenciement.

Ne pas préconstituer une cause de rupture. - Une telle clause ne peut valablement prévoir que le seul fait de ne pas atteindre les résultats contractuels constituera une cause réelle et sérieuse de licenciement (cass. soc. 14 novembre 2000, BC V n° 367).

Seul le juge a en effet le pouvoir de décider si le fait incriminé constitue ou non une cause réelle et sérieuse de licenciement (c. trav. art. L. 122-14-3).

■ Modifier une clause d'objectifs

Accord du salarié indispensable. - Une telle modification suppose l'accord du salarié concerné et ce, y compris dans les cas où la clause aurait prévu une révision annuelle (ou selon une autre fréquence) par l'employeur dans la mesure où la révision ainsi prévue accorderait à l'employeur un pouvoir purement discrétionnaire (cass. soc. 27 février 2001, BC V n° 60).

Incidences sur la rémunération. - L'accord du salarié est, *a fortiori*, requis quand la clause d'objectifs présente un lien avec la détermination de la rémunération du salarié.

> **EXEMPLES** L'instauration par l'employeur d'un quota non prévu au contrat de travail et susceptible d'avoir une incidence sur la rémunération du salarié constitue une modification du contrat de travail (cass. soc. 18 juillet 2000, BC V n° 288).

Un employeur qui impose à un salarié une forte augmentation de ses objectifs (augmentation de près de 80 % des objectifs de commandes à atteindre par rapport à l'année précédente) modifie le contrat de travail de ce salarié dès lors que la part variable de sa rémunération était fonction des objectifs atteints (cass. soc. 11 septembre 2005, n° 03-46.661 FD).

Et si le salarié ne remplit pas ses objectifs ?

L'insuffisance de résultats n'est pas à elle seule une cause de licenciement. - La simple comparaison des objectifs contractuels et des résultats obtenus ne suffit pas à justifier la rupture des relations contractuelles. La non-exécution de l'obligation contractuelle, consistant dans l'incapacité à atteindre l'objectif fixé, ne justifie donc pas à elle seule le licenciement du salarié (cass. soc. 30 mars 1999, BC V n° 143).

En cas de contentieux, il appartient aux juges de vérifier en premier lieu que les objectifs fixés sont raisonnables et en second lieu d'apprécier si le fait pour le salarié de ne pas les avoir atteints constitue ou pas une insuffisance professionnelle ou une faute.

Les objectifs sont-ils raisonnables et compatibles avec le marché ? Pour apprécier l'existence d'une cause réelle et sérieuse de licenciement, les juges, saisis par le salarié, seront tenus de vérifier si les objectifs contractuels sont raisonnables (cass. soc. 3 février 1999, BC V n° 56) et compatibles avec le marché (cass. soc. 30 mars 1999, BC V n° 143).

En pratique, la méthode comparative est fréquemment utilisée pour déterminer si les objectifs sont réalisables : si les objectifs fixés à un salarié sont ceux réalisés par un autre salarié de la même entreprise, voire par le prédécesseur dans le poste, c'est qu'ils sont raisonnables.

Insuffisance professionnelle ou faute imputable au salarié. - Si les objectifs sont raisonnables, le licenciement consécutif à leur non-atteinte n'en est pas pour autant automatiquement justifié. C'est seulement si le fait de ne pas avoir atteint les objectifs résulte d'une insuffisance professionnelle ou d'une faute imputable au salarié que le licenciement peut être valablement prononcé (cass. soc. 12 février 2002, BC V n° 65 ; cass. soc. 13 janvier 2004, BC V n° 3).

> **Exemples** Un salarié avait fait preuve de négligence dans la prospection, cette négligence ayant entraîné l'insuffisance de ses résultats. Le licenciement de ce salarié avait bien une cause réelle et sérieuse (cass. soc. 26 octobre 1999, BC V n° 408).

Le licenciement d'un salarié licencié pour non-respect des objectifs mensuels est justifié dans la mesure où, d'une part, les objectifs contractuels étaient raisonnables et, d'autre part, l'insuffisance de résultats était imputable à une insuffisance d'activité de ce salarié (cass. soc. 18 janvier 2006, n° 04-42782 FD).

Si l'insuffisance de résultat est imputable à l'employeur, le licenciement prononcé par ce dernier est injustifié.

Exemples La non-atteinte des objectifs est imputable à l'employeur quand :
- l'employeur n'avait pas livré en temps utile leurs commandes aux clients (cass. soc. 23 février 2000, n° 925 D) ;
- le comportement de l'employeur, par ses instructions multiples et contradictoires, avait empêché le salarié d'atteindre les objectifs contractuels (cass. soc. 9 mars 1994, n° 1 199 D) ;
- la non-réalisation des objectifs contractuels résultait des difficultés de l'entreprise (cass. soc. 8 avril 1998, n° 1934 D).

LES CLAUSES D'OBJECTIFS ONT-ELLES ENCORE UN INTÉRÊT ?

La question de l'intérêt d'une telle clause se pose dans la mesure où il est admis qu'à défaut de clause dans le contrat de travail, les objectifs peuvent être définis unilatéralement par l'employeur dans le cadre de son pouvoir de direction (cass. soc. 22 mai 2001, BC V n° 180 ; cass. soc. 17 décembre 2003, n° 2679 FD). Dans cette hypothèse, l'employeur qui souhaite licencier un salarié n'ayant pas atteint les objectifs fixés unilatéralement devra démontrer une carence du salarié dans l'exécution de son travail (cass. soc. 15 mai 2001, n° 2087 FSD). Démonstration à laquelle n'échappe pas l'employeur quand une clause d'objectifs est inscrite au contrat (une clause d'objectifs ne permet pas en effet à l'employeur de justifier un licenciement par la seule non-atteinte des objectifs fixés ; cass. soc. 12 février 2002, BC V n° 65). Il est donc inutile de définir les objectifs dans le contrat dans le seul but d'en faciliter la rupture.

11

Exécution du travail : autres clauses

D'autres clauses ayant vocation à régir l'exécution du contrat de travail peuvent être utilement inscrites dans le contrat: convention collective applicable, reprise d'ancienneté, obligation de confidentialité, délégation de pouvoirs... Certaines sont parfois insérées dans un contrat de travail alors que le contrat n'est pas nécessairement le support le plus adapté. Telle est le cas des clauses relatives à l'utilisation d'Internet.

Désigner la convention collective applicable

Incidences de la référence à une convention collective. - La référence à une convention collective dans le contrat de travail implique l'engagement de l'employeur à appliquer cette convention. Il faut cependant signaler que l'indication d'une convention collective A dans le contrat de travail ne saurait interdire au salarié d'exiger l'application d'une convention B à laquelle l'employeur est assujetti compte tenu de son activité principale, dès lors que celle-ci lui est plus favorable (cass. soc. 18 juillet 2000, BC V n° 297).

Portée limitée. - La mention dans le contrat de travail de l'application d'une disposition d'une convention collective dont ne relève pas l'employeur est limitée aux dispositions transposables dans l'entreprise considérée (cass. soc. 16 décembre 2005, n° 03-40888 FSPB). De plus, l'application volontaire par un employeur d'une convention collective résultant de la mention dans le contrat de travail n'implique pas à elle seule l'engagement d'appliquer à l'avenir les dispositions de ses avenants, même lorsque cette mention est reproduite sur les bulletins de salaire ultérieurs (cass. soc. 2 avril 2003, BC V n° 135).

À NOTER Rappelons que l'employeur est tenu de porter à la connaissance du salarié la convention collective applicable sur le bulletin de paie (c. trav. art. R. 143-2). Si, dans les relations collectives de travail, une seule convention est applicable (laquelle est déterminée par l'activité principale de l'entreprise) dans les relations individuelles, le salarié, à défaut de se prévaloir de cette convention, peut demander l'application de la convention collective mentionnée sur son bulletin de paie. Cette mention vaut, en effet, reconnaissance de l'application de la convention à son égard (cass. soc. 18 juillet 2000, BC V n° 295).

Encadrer l'utilisation d'Internet

Le contrat de travail n'est pas le support le plus adapté. - Certains employeurs intègrent les règles applicables à l'usage des différents outils informatiques dans le contrat de travail ou dans un document annexé à ce contrat que le salarié est invité à cosigner avec son employeur. Le contrat de travail ne semble cependant pas être le support le plus adapté, sauf dans le cas où le poste du salarié concerné nécessite le respect de règles spécifiques distinctes de celles applicables au reste des salariés.

Hormis ce cas particulier, la solution la plus pertinente est celle du rappel dans le contrat de travail au respect du règlement intérieur et/ou de la charte informatique. En effet, si l'employeur souhaite édicter des règles de conduite, relatives notamment à l'utilisation d'internet, ayant force obligatoire dont le non-respect est passible de sanctions disciplinaires, il ne peut le faire que *via* le règlement intérieur (c. trav. art. L. 122-39 ; TGI Nanterre, ord. du 6 octobre 2004, n° 04/02865).

Contenu d'une charte. - Toute restriction aux droits des personnes et aux libertés individuelles doit être justifiée par la nature de la tâche à accomplir et proportionnée au but recherché (c. trav. art. L. 120-2). La CNIL déconseille une interdiction générale et absolue d'un usage à titre privé d'Internet et de la messagerie professionnelle par les salariés : une telle interdiction paraît irréaliste et disproportionnée. Par ailleurs, elle rappelle qu'en tout état de cause, il appartient au juge de procéder au traditionnel contrôle de proportionnalité :

- entre le manquement reproché au salarié et la sanction prononcée,
- entre la surveillance exercée et le respect de la vie privée (rapport de la CNIL du 28 mars 2001).

Négocier une reprise d'ancienneté

La reprise d'ancienneté à l'embauche constitue un avantage pour le salarié. Certains droits ou avantages ne sont en effet accordés aux salariés qu'après un certain nombre de mois ou d'années d'ancienneté dans l'entreprise ou la profession. Elle peut résulter de la convention collective ou d'une clause du contrat de travail. L'ancienneté reprise peut concerner le temps passé chez un ou plusieurs employeurs ou dans des fonctions ou un secteur professionnel.

Inscrire la confidentialité dans les contrats

Protéger des informations stratégiques. - Dans le cadre de leur obligation de loyauté, et indépendamment de toute clause contractuelle, les salariés sont tenus à une obligation de discrétion concernant des informations dont ils ont connaissance du fait de leurs fonctions et dont la divulgation à des tiers serait préjudiciable à l'entreprise. L'employeur peut cependant souhaiter insérer une clause de confidentialité dans le contrat de salariés dont les fonctions impliquent la connaissance d'informations stratégiques. De telles clauses sont licites dans la mesure où elles sont justifiées par la nature de la tâche à accomplir et proportionnées au but recherché (c. trav. art. L. 120-2).

✉ CLAUSE DE REPRISE D'ANCIENNETÉ

Il est convenu avec M. …….. qui a été engagé le ……… de reprendre ………… années d'ancienneté au service de la Société …….. (ou dans la profession).

La reprise d'ancienneté est applicable à la totalité des dispositions légales ou conventionnelles (ou préciser les domaines concernés).

✉ CLAUSE DE DISCRÉTION

Durant l'exécution du présent contrat, M... est tenu, indépendamment d'une obligation de réserve générale et du secret professionnel, à une discrétion absolue à l'égard de tous les faits dont il pourrait prendre connaissance, en raison de ses fonctions ou de son appartenance à l'entreprise, et qui concerneraient tant la gestion et le fonctionnement de cette dernière que sa situation et ses projets.

Cette obligation de discrétion joue tant à l'égard du tiers que des salariés de l'entreprise.

Ne pas confondre avec la clause de non-concurrence. - La clause de confidentialité, ne doit pas être confondue avec la clause de non-concurrence. Seule cette dernière peut interdire au salarié de s'engager au service d'une entreprise concurrente après avoir quitté l'entreprise (cass. soc. 2 octobre 2001, BC V n° 291 ; voir p. 112).

■ Clause de résidence

Pourquoi une clause de résidence ? - La clause d'obligation de résidence, ou clause de domicile, est une clause du contrat de travail selon laquelle le salarié s'oblige à être domicilié, selon le cas, dans une région, une ville ou un quartier particulier, en général proche de son lieu de travail, afin d'être rapidement disponible. Elle se distingue donc, par son objet, de la clause par laquelle l'employeur accorde un logement de fonction.

Conditions de validité. - La possibilité, pour l'employeur, d'insérer dans le contrat de travail une clause d'obligation de résidence, est limitée car une telle clause porte atteinte à la vie personnelle du salarié en restreignant la liberté de choix de son domicile. Or, nul ne peut apporter aux droits des personnes et aux libertés individuelles et collectives des restrictions qui ne seraient pas justifiées par la nature de la tâche à accomplir et proportionnées au but recherché (c. trav. art. L. 120-2).

Ainsi, l'obligation de résidence ne sera justifiée que si elle est indispensable à l'accomplissement du travail demandé, autrement dit si les attributions de l'intéressé nécessitent une présence permanente (cass. soc. 13 avril 2005, BC V n° 134). À défaut, une telle clause est nulle.

Exemples • Des employés d'immeubles avaient pour fonction d'assurer l'entretien des espaces verts, des espaces libres et des parties communes, du service des ordures ménagères, de l'exécution de petites réparations, de la surveillance des ensembles immobiliers et des installations de chauffage et de tâches administratives à raison de 42 heures par semaine. Les contrats de travail des intéressés prévoyaient que, pour l'exécution de leurs fonctions, ils devaient obligatoirement résider sur place dans l'ensemble immobilier. Cette clause a été annulée car les salariés pouvaient exécuter les tâches qui leur étaient confiées, tout en résidant à l'extérieur des lieux de travail (cass. soc. 13 avril 2005, BC V n° 134).

• La clause d'un contrat de travail imposant à un avocat salarié de fixer son domicile au lieu d'implantation du cabinet n'est pas valable dans la mesure où elle est fondée sur la seule nécessité d'une « bonne intégration de l'avocat dans l'environnement local » et qu'un tel objectif ne peut pas justifier l'atteinte portée à la liberté individuelle de cet avocat salarié (cass. soc. 12 juillet 2005 BC V n° 241 ; cass. 1re civ. 7 février 2006, n° 05-12113 FPB).

Délégation de pouvoirs

Pourquoi une délégation de pouvoirs?

La responsabilité pénale est, en principe, encourue par la personne qui assume au plus haut niveau la direction de l'entreprise. Le chef d'entreprise peut s'exonérer de cette responsabilité lorsqu'il a délégué son pouvoir de direction à une autre personne, le délégataire, qui engagera sa propre responsabilité. L'employeur doit respecter certaines règles s'il veut que sa délégation soit efficace. Ces prérequis s'imposent quel que soit le domaine de la délégation de pouvoirs (ex. : pour gérer les ressources humaines et les relations sociales ou encore en matière d'hygiène et de sécurité dans l'entreprise).

Attention. Lorsque la taille ou l'organisation de l'entreprise ne lui permettent pas d'assurer lui-même le contrôle et la surveillance de l'application de la réglementation sur l'hygiène et la sécurité, les juges considèrent que le chef d'entreprise commet une faute en ne procédant pas à une délégation de pouvoirs (cass. crim. 4 janvier 1986, Juri-social 1986, n° 3, SJ 67). Le chef d'entreprise doit, dans tous les cas, s'assurer de la consultation du CHSCT (cass. crim. 15 mars 1994, B. crim. n° 100).

À qui déléguer?

Compétence, autorité et moyens. - Le délégataire doit être pourvu de la compétence, de l'autorité et des moyens nécessaires pour assumer la délégation de pouvoirs (cass. crim. 17 juin 1997, B. crim. n° 237).

Principe: un salarié de la société. - Le délégataire doit, sauf exception, être un salarié de l'entreprise. Il a néanmoins été admis que le chef d'un groupe de sociétés délègue ses pouvoirs en matière d'hygiène et de sécurité au dirigeant d'une société du groupe, sur lequel il exerçait son autorité hiérarchique (cass. crim. 26 mai 1994, B. crim. n° 208).

Compétence. - La compétence du délégataire s'entend de son aptitude professionnelle et de ses connaissances techniques, lesquelles doivent correspondre aux prescriptions qu'il est chargé de faire appliquer. La compétence ne peut faire l'objet d'une définition abstraite: elle résulte des qualités personnelles du salarié concerné, de sa formation et de son expérience dans l'entreprise et dans la profession.

Le niveau hiérarchique du délégataire importe peu, en principe. Il s'agit cependant souvent d'un cadre (ou assimilé), compte tenu de l'exigence de compétence et d'autorité.

Autorité. - L'autorité suppose le pouvoir de donner des ordres et de les faire exécuter. Le délégataire doit donc être suffisamment autonome pour détenir la faculté de diriger: ce n'est pas le cas d'un simple intermédiaire hiérarchique dont le rôle essentiel consiste à transmettre les directives émanant du P-DG ou si la délégation de pouvoirs est vague et générale quant à la délimitation de pouvoirs et qu'au final, le délégataire n'a qu'un minimum d'indépendance (cass. crim. 29 mai 1990, n° 89-84177).

Par ailleurs, la délégation de pouvoirs reste sans effet si le délégataire est privé de son autonomie d'initiative.

> **EXEMPLE** Un salarié titulaire d'une délégation de pouvoirs ne peut se voir reprocher une faute dans l'accomplissement de la mission qui lui a été confiée lorsque l'un de ses supérieurs hiérarchiques, ou le chef d'entreprise, s'est immiscé dans le déroulement des tâches en rapport avec cette mission, supprimant ainsi l'autonomie d'initiative inhérente à une délégation effective (cass. soc. 21 novembre 2000, BC V n° 384).

Moyens. - Le délégataire doit disposer des moyens matériels et financiers nécessaires pour assurer l'application effective de la réglementation dont il assure la mise en œuvre. Il doit, par exemple, pouvoir se procurer le matériel de sécurité prévu par les textes et qui s'avère nécessaire à la protection des salariés.

Cohérence de la délégation avec les fonctions exercées par le délégataire. - La délégation doit impérativement correspondre à la réalité des fonctions exercées par le délégataire. Il est donc exclu de confier la charge d'assurer le respect de la réglementation sur un chantier à un chef d'atelier qui ne quitte pas son atelier ou à un chef de chantier dont la fonction est uniquement d'exécuter un travail sur le plan technique (cass. crim. 21 février 1968, B. crim. n° 57).

Exclusivité et subdélégation

Une délégation et une seule. - Donner une même délégation à plusieurs salariés n'a aucun sens et la prive de tout effet. L'employeur ne peut pas déléguer des pouvoirs à plusieurs personnes pour l'exécution d'un même travail, un tel cumul étant susceptible de restreindre l'autorité et d'entraver les initiatives de chacun des prétendus délégataires (cass. crim. 23 novembre 2004, B. crim. n° 295). En revanche, si les délégations sont données à des personnes ayant des niveaux différents, les juges peuvent admettre la validité de celle qui a été donnée au délégataire dont le rang hiérarchique est le plus élevé (cass. soc. 3 avril 2002, B. crim. n° 77).

Recourir à un subdélégataire. - Le salarié délégataire peut, à son tour, déléguer tout ou partie des pouvoirs qui lui ont été confiés à un subdélégataire dès lors que celui-ci est pourvu de la compétence et investi de l'autorité nécessaire. Une subdélégation est valable quand bien même elle n'aurait pas été autorisée par le dirigeant (cass. crim. 30 octobre 1996, B. crim. n° 389). Le chef d'entreprise qui souhaite contrecarrer cette pratique doit préciser dans l'acte de délégation initial soit qu'il interdit les subdélégations, soit que celles-ci ne peuvent être mises en place qu'avec son autorisation expresse.

Pour les périodes de congés ou d'absence du délégataire, il paraît impératif que soit le dirigeant donne une seconde délégation, soit le délégataire organise une subdélégation.

PROUVER LA DÉLÉGATION DE POUVOIRS

La preuve de la délégation de pouvoirs n'est soumise à aucune forme particulière (cass. crim. 16 mars 1999, n° 98-80.878). L'employeur peut l'apporter par la production du contrat de travail, d'une lettre, d'une note de service ou de tout autre document écrit. Cette preuve peut aussi être implicite à la condition d'être précise, certaine et dépourvue d'ambiguïté (cass. crim. 30 mai 2000, n° 99-86.695). Il ne peut, en revanche, s'agir de la seule déclaration d'un salarié qui reconnaît avoir reçu une délégation de pouvoirs, alors que cette dernière a été faite seulement à l'occasion des poursuites engagées contre son employeur (cass. crim. 2 février 1993, n° 92-80.672).

Forme de la délégation

De préférence par écrit. - La délégation de pouvoirs doit être expresse, certaine et précise. Pour des raisons de clarté, un écrit est préférable (clause du contrat de travail initial ou avenant ultérieur). C'est une simple précaution puisque les juges estiment qu'aucune disposition légale n'exige que la délégation de pouvoirs (en l'espèce, le pouvoir de licencier) soit donnée par écrit (cass. soc. 18 novembre 2003, BC V n° 287).

Zéro ambiguïté. - L'employeur doit être précis dans les pouvoirs délégués. Ainsi, il ne peut s'agir d'un document sans intitulé et rédigé en termes généraux (cass. crim. 2 février 1993, n° 92-80.672) ou d'un écrit laconique quant à la mission générale confiée sans justifier ni de consignes précises, ni des moyens donnés pour faire respecter ces consignes (cass. crim. 21 août 1995, B. crim. n° 160).

> **EXEMPLE** Une délégation de pouvoirs ne saurait résulter d'un document particulièrement laconique quant à la surveillance du chantier et à la mission générale de l'organisation des mesures de sécurité où il n'est justifié ni de consignes précises, ni des moyens donnés au préposé pour faire respecter ces consignes (cass. crim. 21 août 1995, n° T 94-80.915 D).

Limitée mais pérenne. - L'employeur ne peut pas déléguer tous ses pouvoirs, ce serait une « démission ». Par ailleurs, la délégation de pouvoirs doit présenter une certaine permanence et ne peut être donnée pour une journée, sauf circonstances particulières (ex. : absence du délégataire habituel).

Modification de l'étendue de la délégation de pouvoirs. - La modification par l'employeur de l'étendue d'une délégation de pouvoir qu'il a consentie à un salarié ne constitue forcément pas une modification du contrat de travail (cass. soc. 28 mars 2006, n° 04-43963 FD).

> **EXEMPLE** Un salarié, chef de département du service maintenance, d'une entreprise de BTP disposait d'une délégation de pouvoirs pour conclure des marchés. La réduction du montant des marchés n'a pas été analysée comme une modification du contrat de travail de ce salarié. Les fonctions du salarié étaient restées identiques (cass. soc. 28 mars 2006, n° 04-43963 FD).

Communiquer. - L'employeur peut avoir intérêt à reprendre la délégation de pouvoirs dans une note de service qu'il affiche dans l'entreprise. En effet, la délégation ne doit pas être officieuse : elle doit être connue des salariés.

Efficacité de la délégation

Accord du délégataire indispensable. - Le délégataire doit avoir accepté implicitement ou, mieux, explicitement la délégation de pouvoirs car celle-ci constitue une modification de son contrat de travail. Ce transfert de compétences doit intervenir avant la survenance du fait répréhensible. Une délégation de pouvoirs signée le jour où le chef d'entreprise a eu connaissance de l'infraction et que le délégataire a reçue postérieurement au procès-verbal de l'inspecteur du travail n'est pas valable (cass. crim. 10 juin 1980, B. crim. n° 184).

Exonération de responsabilité limitée. - La délégation de pouvoirs permet à l'employeur d'écarter sa responsabilité en cas de dysfonctionnement ou de faute dans l'entreprise. Cette exonération concerne exclusivement la responsabilité pénale et reste limitée. En effet, la délégation de pouvoirs ne joue que sur les thèmes qu'elle englobe. Par ailleurs, l'employeur ne peut pas être exonéré de sa responsabilité pénale dès lors qu'il a participé à la réalisation de l'infraction (cass. crim. 11 mars 1993, B. crim. n° 237 ; cass. soc. 16 septembre 2003, B. crim. n° 164).

À NOTER L'employeur peut se trouver engagé sans avoir donné de délégation de pouvoirs. Il est ainsi tenu par une transaction signée, en dehors de toute délégation de pouvoirs, par le DRH qui s'était comporté vis-à-vis du salarié comme le représentant de l'entreprise alors que cette négociation excédait ses pouvoirs (cass. soc. 12 juillet 1995, n° 93-46.734 D).

En tout état de cause, le chef d'entreprise conserve pleinement sa responsabilité civile (c. civ. art. 1384; cass. crim. 23 janvier 2001, B. crim. n° 21).

✉ DÉLÉGATION DE POUVOIRS EN MATIÈRE DE GESTION DU PERSONNEL À UN DIRECTEUR D'ÉTABLISSEMENT

Madame, Monsieur,

Agissant en qualité de … et dans la limite de l'objet social, je vous délègue mes pouvoirs en matière de gestion du personnel dans l'établissement dont vous assurez la direction

À cet effet:

Article I

Vous avez la responsabilité d'assurer le respect de l'ensemble de la réglementation du travail, dans tous ses aspects et, notamment, le bon fonctionnement des institutions représentatives du personnel. Vous recevrez les délégués du personnel et présiderez les réunions du comité d'établissement. Vous assurerez le suivi des réunions tenues avec les élus.

Vous procéderez, sous votre responsabilité, aux embauches, au suivi des contrats de travail et aux licenciements nécessaires.

Toutefois, pour tout personnel d'un niveau hiérarchique égal à …, vous devrez, avant toute embauche ou tout licenciement, obtenir mon autorisation.

Article II

Vous assurerez le respect de la réglementation relative à l'hygiène et la sécurité dans tous ses aspects, à savoir:
- la conception des mesures d'hygiène et de sécurité collectives ou individuelles;

- la mise en place, le maintien, l'entretien, l'utilisation et le contrôle de ces mesures ;
- l'acquisition et le maintien en bon état d'utilisation et en conformité à la réglementation de l'ensemble du matériel utilisé par le personnel ;
- le suivi et la mise à jour du document unique d'évaluation des risques professionnels et du document relatif à la protection contre les explosions ;
- la présidence des réunions du CHSCT.

Dans ce cadre, votre mission est d'appliquer et de faire appliquer les mesures de protection et de salubrité.

Vous devez, en outre, faire afficher sur les emplacements de travail, lorsque cela est nécessaire, les consignes de sécurité propres à chaque travail, appareil ou poste.

Vous devez, enfin, faire observer les consignes de sécurité au moyen de l'ensemble des mesures pouvant aller de l'avertissement au licenciement, étant ici expressément noté que vous devez appliquer rigoureusement la réglementation en cette matière.

Article III

Vous avez, à raison de la nature et du nombre des mesures à prendre, la faculté de subdéléguer, dans les mêmes termes, les pouvoirs nécessaires à celui ou ceux de vos subordonnés dont vous aurez reconnu l'autorité, les qualités et la compétence les qualifiant pour recevoir semblable délégation.

Vous mettrez à leur disposition les moyens nécessaires, à l'accomplissement de la mission que vous leur confierez.

Cette délégation devra être donnée par écrit, en y annexant copie de la présente note.

Vous devez enfin m'informer de toutes les difficultés rencontrées dans l'exécution de la mission qui vous est ici donnée.

Indiquer la qualité de l'auteur de cette délégation de pouvoirs : président, directeur général de la société ... ou président du directoire de la société ..., par exemple.

Indiquer le nom et le lieu de l'établissement, de la succursale ou de l'agence dont le délégataire est directeur.

La délégation n'est admise que dans le cas où elle a été confiée à des personnes compétentes et dotées des moyens et de l'autorité suffisants pour veiller efficacement au respect des dispositions en vigueur et ce, quel que soit leur niveau dans la hiérarchie de l'entreprise.

L'employeur ne peut être exonéré de sa responsabilité que s'il a donné au préposé, à qui il a confié une part de ses responsabilités, des instructions précises. L'hygiène-sécurité est le domaine privilégié de la délégation de pouvoirs.

Rémunération

12

Contractualiser les avantages en nature

L'employeur peut être amené, en application d'une convention collective ou d'un contrat de travail, à assurer le logement de ses salariés, à mettre un véhicule à leur disposition ou encore à leur fournir du matériel. Sous certaines conditions, ces avantages constituent des avantages en nature. Afin d'éviter toute ambiguïté sur la nature de l'avantage fourni ou tout litige quant à son utilisation, il est important de définir, dans le contrat de travail, les droits et obligations de chacun.

Mise à disposition d'un logement

Le logement: accessoire au contrat de travail ou élément distinct?

Contrat de bail ou accessoire au contrat de travail? - L'employeur peut mettre un logement à la disposition du salarié en vertu:
- d'un contrat de bail d'habitation indépendant de l'exécution du contrat de travail,
- ou en vertu du contrat de travail.

Dans ce dernier cas, le logement dit « de fonction » constitue un accessoire au contrat de travail.

À NOTER La fourniture d'un logement aux salariés n'est pas une obligation pour l'employeur, sauf si la convention collective ou le contrat de travail le prévoit. Les concierges d'immeubles à usage d'habitation et des travailleurs étrangers introduits en France à la demande des employeurs bénéficient toutefois d'un droit au logement.

Réglementation applicable. - La réglementation applicable est différente selon que le logement est accessoire au contrat de travail ou qu'il a fait l'objet d'un contrat de bail. Dès lors que l'occupation du local est liée à un emploi ou à une fonction, le régime juridique des baux d'habitation est inapplicable. La législation sur les baux d'habitation exclut en effet de son champ d'application les logements attribués ou loués en raison de l'exercice d'une fonction ou de l'occupation d'un emploi. Ainsi, les dispositions relatives aux congés existants en matière de rupture du contrat de bail ne sont pas applicables.

S'il s'agit d'un logement de fonction, l'employeur est soumis à la réglementation du code civil sur le louage de choses, ainsi qu'à celle du code du travail.

Tribunal compétent. - Si la location est consentie en vertu d'un bail indépendant de l'exécution du contrat, le tribunal d'instance est compétent pour statuer sur tous les litiges concernant cette location (c. organ. jud. art. L. 321-2).

À NOTER Lorsque le logement n'est pas un accessoire au contrat de travail, l'employeur ne peut, en cas de loyers impayés, se rembourser de sa propre initiative en procédant à des retenues sur la rémunération du salarié (cass. soc. 13 octobre 1998, n° 3910 D).

En revanche, si l'attribution du logement est accessoire au contrat de travail, le conseil de prud'hommes a une compétence exclusive pendant l'exécution dudit contrat (c. trav. art. L. 511-1).

Conséquences en cas de rupture du contrat de travail. - Lorsque la mise à disposition du logement est liée à l'exécution du contrat de travail, l'avantage en nature suit le sort du contrat. Si ce dernier est rompu, le droit au logement disparaît et le salarié doit quitter les lieux.

En revanche, si le contrat de location et le contrat de travail sont distincts, l'employeur doit respecter le droit au maintien dans les lieux dont est susceptible de bénéficier le salarié.

PROCÉDURE D'EXPROPRIATION : TRIBUNAL COMPÉTENT

Quand le logement était accessoire au contrat de travail et que le contrat de travail est rompu définitivement, le conseil de prud'hommes n'est plus compétent pour connaître des demandes portant sur l'occupation sans droit ni titre du logement par l'ancien salarié et sur une éventuelle demande d'indemnisation de l'employeur. Le juge des référés (président du tribunal de grande instance) peut statuer.

Quand le contrat de location était distinct du contrat de travail, le tribunal d'instance est compétent.

Insertion d'une clause spéciale dans le contrat de travail. - Si l'employeur entend donner au logement un caractère accessoire au contrat de travail, il est conseillé d'y insérer une clause spéciale (ou d'y annexer un avenant) précisant notamment la nature de la remise du logement, les charges incombant au salarié ainsi que les conditions de départ en cas de rupture du contrat de travail.

L'insertion d'une telle clause ne fait toutefois pas obstacle à l'application de dispositions plus favorables prévues, par exemple, par une convention collective ou encore par un usage.

Exemple Un syndicat de copropriétaires a été amené à rembourser la taxe d'habitation afférente à la loge de fonction d'une gardienne-concierge alors que le contrat de travail de cette dernière excluait expressément le paiement de cette taxe par l'employeur. Un usage local professionnel applicable dans le Rhône prévoyait, en effet, que cette taxe devait être payée intégralement par l'employeur (cass. soc. 27 mars 2001, n° 1353 FSD).

Logements toujours occupés en vertu d'un contrat de location de droit commun. - Certains logements ne peuvent être occupés à titre d'accessoire au contrat de travail. Tel est le cas, par exemple, des logements donnant lieu au versement de primes à la construction d'immeubles à usage principal d'habitation (c. constr. et hab. art. L. 311-1).

Logements toujours considérés comme accessoires au contrat. - La convention collective des concierges et employés d'immeubles dispose que le contrat de travail peut prévoir une clause d'attribution d'un logement de fonction. Dans ce cas, le logement est considéré comme accessoire au contrat de travail.

Il en est de même pour les employés de maison (rép. QE, JO 17 mai 1972, Déb. Sén. p. 409).

Recherche de la commune intention de l'employeur et du salarié. - En l'absence d'accord explicite entre l'employeur et le salarié, les juges recherchent leur commune intention.

Logement attribué pour faciliter l'exercice d'une fonction. - Le logement est accessoire au contrat de travail s'il a été concédé au salarié « en raison de ses fonctions et pour en faciliter l'exercice ».

En revanche, un logement attribué à un salarié à titre de préférence, et non pour faciliter l'exécution de son travail, ne constitue pas l'accessoire du contrat de travail.

✉ CLAUSE DE MISE À DISPOSITION D'UN LOGEMENT

I. Un logement est mis à la disposition de M. ... à titre d'accessoire du contrat de travail.

En cas de rupture du contrat, quel qu'en soit le motif, M. ... devra quitter le logement à la date d'expiration du préavis.

En cas de rupture sans préavis, M. ... disposera d'un délai de... semaines pour quitter ce logement.

II. La mise à disposition de ce logement constitue un avantage en nature dont il est tenu compte pour déterminer le montant de la rémunération versée à M. ... pour le calcul des cotisations sociales et des charges fiscales.

III. M. ... est tenu de payer les charges locatives (téléphone, électricité...) et les taxes fiscales locatives afférentes à l'occupation de ce logement.

Paiement d'un loyer par le salarié. - Lorsque le logement est un accessoire du contrat de travail, l'occupation est souvent consentie gratuitement ou pour une somme forfaitaire minime.

Toutefois, le paiement d'une redevance ou d'une indemnité d'occupation n'exclut pas le caractère d'accessoire au contrat de travail (cass. soc. 10 juin 1954, BC IV n° 387 ; cass. soc. 29 octobre 1957, BC IV n° 1022).

Dans l'hypothèse où le loyer exigé correspond au prix réel de la valeur de la location du logement, la fourniture du logement ne peut pas être considérée comme un élément de salaire.

Embauche postérieure à l'occupation du logement. - Interprétant la volonté des parties, les juges du fond peuvent estimer qu'à partir de la date d'embauche d'un salarié en tant que jardinier et garde-chasse, la maison d'habitation qu'il occupait déjà depuis un an est devenue l'accessoire du contrat de travail (cass. soc. 5 juin 1985, n° 2190 S).

Embauche antérieure à l'occupation du logement. - Le logement attribué à des salariés par leur employeur alors qu'ils étaient déjà employés depuis plusieurs années lors de leur installation dans ce logement situé à deux kilomètres du lieu de travail, ne peut être accessoire au contrat de travail (cass. soc. 28 février 1962, BC IV n° 230). En l'espèce, l'employeur n'avait pas demandé l'expulsion des bénéficiaires lors de leur licenciement mais seulement ultérieurement.

Suppression de l'avantage logement : conséquences

Modification du contrat de travail. - La suppression du logement, s'il est un accessoire du contrat, constitue une modification du contrat de travail. En effet, l'attribution d'un logement de fonction apparaît presque toujours,

REFUS DU SALARIÉ D'OCCUPER LE LOGEMENT DE FONCTION

Si le salarié refuse d'occuper le logement mis à sa disposition par l'employeur et décide pour des raisons d'ordre personnel d'occuper un autre logement, il ne peut demander le bénéfice d'une indemnité compensatrice. Il ne peut, en effet, faire supporter à l'employeur les inconvénients d'une situation qu'il a lui-même créée (cass. soc. 16 décembre 1968, BC V n° 592).

compte tenu de sa valeur financière, comme un élément essentiel du contrat, dont la suppression peut conduire à une rupture imputable à l'employeur et ce, a fortiori quand la fourniture du logement avait fait l'objet d'une clause du contrat de travail (cass. soc. 31 octobre 1989, n° 3977 D ; cass. soc. 6 février 1996, n° 437 D).

Exemple L'employeur qui substitue à un logement de fonction dont la jouissance était prévue au contrat de travail une indemnité égale à 10 % du salaire modifie le contrat du salarié concerné (cass. soc. 30 octobre 2000, n° 4076 FD).

Modification justifiée dans l'intérêt de l'entreprise. - Comme toutes les autres modifications du contrat de travail, la suppression d'avantages matériels est justifiée si elle répond à l'intérêt de l'entreprise : réorganisation des services, mesure d'économie nécessitée par des difficultés économiques, etc. La cause réelle et sérieuse du licenciement consécutif à un refus du salarié dépend de cette justification de la modification (cass. soc. 17 février 1994, n° 821 D).

Suspension ou rupture du contrat de travail : conséquences

Suspension du contrat de travail. - La fourniture du logement est en principe suspendue de même que le sont les autres obligations nées du contrat de travail. Dans les cas où la suspension comporte maintien de la totalité ou d'une partie du salaire (maladie, accident du travail...), la fourniture du logement doit être maintenue.

En pratique, il est difficilement imaginable que l'employeur demande l'expulsion du salarié pendant la période de suspension de son contrat de travail.

Rupture du contrat de travail. - L'avantage en nature logement, accessoire du contrat de travail, suit le sort de ce dernier. En conséquence, dès

ÉVALUATION DE L'AVANTAGE EN NATURE LOGEMENT

La fourniture d'un logement par l'employeur gratuitement, ou pour un prix modique, est en principe un avantage en nature pour le salarié. Elle constitue, dans ce cas, un élément de salaire soumis à cotisations.

lors que le contrat est rompu, le salarié perd son droit au logement de fonction qu'il est tenu de restituer.

Fin du droit à l'occupation à l'expiration du préavis. - Lorsque le logement est accessoire au contrat de travail, le salarié perd son droit au logement dès lors que le contrat est rompu, c'est-à-dire à l'expiration du délai de préavis légal ou conventionnel.

> **À NOTER** Une protection particulière est accordée aux concierges et employés d'immeuble à usage d'habitation qui disposent d'un délai minimum de trois mois pour quitter leur logement.

Peu importe que le salarié soit resté dans le logement. - Le fait que le salarié reste dans le logement au-delà de la période d'expiration du préavis, sans que l'employeur demande son expulsion, n'est pas créateur d'un nouveau droit pour le salarié. Celui-ci ne peut donc prétendre, de ce seul fait, que le contrat initial s'est transformé en un contrat de location distinct car la novation d'un contrat ne se présume pas.

Peu importe également que la rupture soit contestée. Le salarié licencié est obligé de quitter les lieux, y compris si la rupture est dépourvue de cause réelle et sérieuse. Il peut seulement demander la réparation de ce préjudice par l'octroi de dommages-intérêts au moyen d'une action formée devant le conseil de prud'hommes (cass. soc. 25 novembre 1965, BC IV n° 841).

Dispense de préavis. - Le salarié peut-il rester dans les lieux jusqu'à l'expiration du préavis s'il a été dispensé d'effectuer celui-ci ?

À cette question, il semble que l'on puisse répondre par l'affirmative, dans la mesure où, d'une part, l'avantage en nature constitué par le logement est un élément de salaire et que, d'autre part, le salarié n'a perçu aucune indemnité en contrepartie de la restitution du logement. En effet, la dispense par l'employeur de l'exécution du travail pendant le délai-congé, que celui-ci fasse suite à une démission ou un licenciement, ne doit entraîner jusqu'à l'expiration de ce délai aucune diminution des salaires et avantages que le salarié aurait reçus s'il avait accompli son travail.

Expulsion du salarié. - La fin du contrat de travail entraîne la perte du droit au logement, avec possibilité, pour l'employeur, de demander l'expulsion du salarié ou une indemnité d'occupation dans le cas où le salarié se maintiendrait dans le logement.

LOGEMENT OCCUPÉ PAR UN COUPLE DE SALARIÉS

Le licenciement de l'un des salariés justifie la rupture du contrat de l'autre lorsque les deux époux exercent une activité commune et indissociable. Si le logement a été attribué aux deux salariés, ils doivent alors quitter le logement (cass. soc. 30 novembre 1977, BC V n° 654 ; cass. soc. 7 mai 1986, BC V n° 204 ; cass. soc. 14 avril 1988, BC V n° 235).

D'une manière générale, le salarié dont le contrat de travail est résilié à l'initiative de l'employeur bénéficie de délais pour quitter son logement. Ces délais peuvent lui être accordés par l'employeur (en contrepartie d'une indemnité d'occupation, par exemple), par le juge des référés ou, dans certains cas, par la loi elle-même (c. trav. art. L. 771-3, pour les concierges et les employés d'immeuble à usage d'habitation).

Mise à disposition d'un véhicule de fonction

Utilisation du véhicule mis à disposition à des fins personnelles

Insertion d'une clause dans le contrat de travail. - L'utilisation du véhicule de fonction à titre personnel par le salarié est souvent source de contentieux. Il est donc utile, le cas échéant, d'insérer une clause spécifique dans le contrat de travail ou d'y annexer un avenant précisant les conditions d'utilisation et de restitution du véhicule ainsi que les modalités de prise en charge des frais d'entretien ou de réparation, par exemple.

Frais d'entretien et d'assurance. - Lorsque l'utilisation personnelle de la voiture est autorisée, il est conseillé de préciser dans le contrat de travail (ou dans un avenant) dans quelle limite l'entreprise prend en charge les frais d'entretien ou d'assurance.

Ainsi, l'employeur et le salarié peuvent convenir que les frais d'essence ou d'assurance ne sont remboursés que pour la part correspondant à l'utilisation professionnelle. Le salarié est alors tenu de s'assurer personnellement pour utiliser le véhicule en dehors de ses obligations professionnelles. De

> **ÉVALUATION DE L'AVANTAGE EN NATURE « VÉHICULE »**
>
> L'utilisation privée d'un véhicule mis à disposition du salarié de façon permanente constitue un avantage en nature, qu'il s'agisse d'un véhicule dont l'employeur est propriétaire ou locataire, ou d'un véhicule acquis en location avec option d'achat.

même, une participation aux frais d'entretien du véhicule peut lui être demandée.

À NOTER La légalité de ce type de clauses est reconnue (cass. soc. 23 mars 1989, n° 1340 D).

Utilisation du véhicule sans autorisation. - À défaut de clause en ce sens, l'utilisation, sans autorisation, d'un véhicule de l'entreprise par un salarié pour ses besoins personnels peut constituer une cause réelle et sérieuse de licenciement.

EXEMPLE L'utilisation par un responsable d'une école de pilotage, un jour de repos et sans autorisation, d'un véhicule destiné à rester sur le circuit de l'école, constitue une faute justifiant le licenciement (cass. soc. 22 février 1979, BC V n° 174).

Que se passe-t-il en cas de suppression du véhicule ?

Modification du contrat de travail. - La suppression du véhicule de fonction fourni en vertu du contrat de travail constitue une modification de celui-ci (cass. soc. 3 mars 1994, n° 1116 D).

EXEMPLES L'employeur qui refuse de procéder au licenciement de la salariée, alors qu'en lui retirant son véhicule de fonction il lui interdit d'accomplir son travail et qu'elle refuse le nouveau contrat, a une attitude abusive (cass. soc. 7 mars 1996, n° 1056 D). L'employeur ne peut retirer le bénéfice d'un véhicule de service à un salarié qui en bénéficiait depuis son embauchage pour accomplir des tâches de nettoyage nécessitant de sa part une grande mobilité et le transport d'un matériel conséquent (cass. soc. 12 octobre 2000, n° 3776 FD).

Sanction pécuniaire prohibée. - La suppression d'un avantage en nature à titre de sanction constitue une sanction pécuniaire prohibée (c. trav. art. L. 122-42). Ainsi, la clause du contrat de travail qui prévoit la suppression du véhicule mis à disposition en cas de non-réalisation des objectifs fixés est inopérante.

Que devient l'avantage en cas de rupture du contrat de travail ?

Restitution de la voiture. - Le salarié doit restituer la voiture à l'expiration du délai de préavis.

Dispense de préavis. - La dispense par l'employeur de l'exécution du travail pendant le délai-congé, que celui-ci fasse suite à une démission ou un licenciement, ne doit entraîner jusqu'à l'expiration de ce délai aucune dimi-

✉ CLAUSE DE MISE À DISPOSITION D'UN VÉHICULE DE FONCTION

La société … met à la disposition de M. … un véhicule d'une puissance de … CV fiscaux qu'il peut utiliser pour les besoins de son travail et à des fins personnelles.

Les frais d'essence et d'assurance sont pris en charge par la société pour la part correspondant aux obligations professionnelles.

En revanche, les frais liés à l'utilisation personnelle sont à la charge de M. …

Dans l'utilisation de ce véhicule, M. … est tenu de respecter scrupuleusement les prescriptions du code de la route.

En cas d'accident, le salarié devra prévenir la société dans les 24 heures ainsi que la compagnie d'assurances.

L'utilisation du véhicule à des fins personnelles constitue un avantage en nature pris en compte pour le calcul des cotisations sociales et charges fiscales.

En cas de rupture du contrat, le salarié devra restituer la voiture à l'expiration du préavis, ou à la fin de la période d'activité (s'il y a dispense de préavis). Dans ce dernier cas, le salarié percevra une indemnité compensatrice de … euros.

nution des salaires et avantages que le salarié aurait reçus s'il avait accompli son travail. Dès lors, le salarié n'est pas tenu de restituer, dès la dispense, l'avantage en nature constitué par la mise à disposition d'un véhicule de fonction pour un usage professionnel et personnel, qui correspond à l'application normale de son contrat de travail (cass. soc. 8 mars 2000, BC V n° 92). Si, cependant, l'employeur souhaite récupérer le véhicule mis à disposition dès la période de fin d'activité, la privation de l'avantage en nature doit alors être compensée par une indemnité (cass. soc. 4 mars 1998, BC V n° 117).

Mise à disposition de matériel

Avantages mis à disposition. - L'employeur peut fournir au salarié du matériel (ordinateur, téléphone portable...) afin qu'il puisse exercer ses fonctions.

> **À NOTER** L'usage privé des outils issus des nouvelles technologies de l'information et de la communication (NTIC) constitue en principe un avantage en nature.

Clause spécifique du contrat de travail. - Il est conseillé d'insérer une clause spécifique dans le contrat de travail ou d'y annexer un avenant lorsque le matériel (téléphone ou ordinateur) peut être utilisé à titre personnel par le salarié. La clause devra préciser, dans ce cas, les conditions d'utilisation professionnelle et personnelle, les modalités d'entretien, de réparation, de paiement des frais et en cas de restitution ou de perte.

> **EXEMPLE** Un salarié avait signé avec son employeur un contrat d'utilisation des téléphones portables. Ce contrat prévoyait les différentes situations professionnelles dans lesquelles ce téléphone devait être utilisé. Il y était expressément indiqué que le salarié avait accès à tous les numéros publics pour pouvoir parer à toutes les situations dans la limite de 100 minutes par mois. Tout dépassement de ces 100 minutes devait être justifié par un rapport auprès du chef d'équipe et seulement après consultations, avec possibilité de refacturer au salarié ses communications personnelles. L'employeur a procédé à des retenues sur salaire pour des communications téléphoniques personnelles excédant le forfait de communications fixé à 100 minutes par mois. Pour le salarié, il s'agissait d'une sanction pécuniaire illicite, tandis que pour l'employeur, il s'agissait d'une simple compensation. Or, il est

interdit d'opérer des retenues sur salaires à l'occasion de l'exercice normal du travail (c. trav. art. L. 144-3). Si l'employeur avait la possibilité, en vertu du contrat d'utilisation, de refacturer au salarié le coût de ses communications téléphoniques personnelles excédant le forfait, cela lui permettait simplement de recouvrer sa créance par les voies du droit commun. Il ne pouvait pas, en revanche, procéder à une retenue sur salaire qui est illégale (cass. soc. 18 février 2003, BC V n° 58).

Incidence d'une rupture du contrat de travail. - En cas de rupture du contrat de travail, le salarié doit restituer le matériel à l'expiration du délai de préavis. Le salarié dispensé d'exécuter son préavis ne doit restituer l'avantage en nature qu'à l'expiration de ce délai.

13 Les conventions de forfait

Certains forfaits sont réservés aux cadres. D'autres peuvent être conclus avec tous les salariés ou seulement certains d'entre eux. Selon les cas, un accord collectif est indispensable.

Forfait en heures sur une base annuelle

Comment le mettre en place ?

Nécessité d'un accord collectif. - La conclusion d'une convention de forfait en heures sur une base annuelle doit être prévue par une convention ou un accord collectif étendu ou encore par une convention ou un accord d'entreprise ou d'établissement (c. trav. art. L. 212-15-3).

Contenu de l'accord. - L'accord collectif détermine les cadres concernés, les modalités et les caractéristiques principales de ces conventions ainsi que la durée annuelle du travail sur la base duquel le forfait est établi.

Accord de chaque salarié. - La mise en place de cette convention nécessite l'accord de chaque salarié concerné, cet accord devant être matérialisé par une convention de forfait conclue avec l'employeur.

Modification du forfait. - La convention de forfait présente un caractère contractuel et sa modification ne peut résulter que de l'accord des deux parties (cass. soc. 6 juillet 1999, BC V n° 323).

Pour quels salariés ?

Cadres intermédiaires (ou « cadres autonomes » ou « cadres ni-ni »). Les conventions de forfait en heures sur une base annuelle peuvent être signées avec les cadres intermédiaires (voir Fiche pratique, p. 149).

Les cadres intermédiaires sont ceux qui ne relèvent ni de la catégorie des cadres dirigeants, ni de celle des cadres intégrés dans une collectivité de travail (étant entendu que ces derniers sont ceux dont la nature des fonctions les conduit à suivre l'horaire collectif applicable au sein de l'atelier, du service ou de l'équipe auquel ils sont intégrés) (c. trav. art. L. 212-15-2 et L. 212-15-3).

> **Attention.** Les cadres intermédiaires doivent, au même titre que les autres salariés, bénéficier de la réduction du temps de travail.

À la différence des cadres intermédiaires, les cadres intégrés dans une équipe de travail et les cadres dirigeants ne peuvent pas conclure des conventions de forfait sur une base annuelle.

> **Exemple** Ne peuvent pas se voir appliquer une convention de forfait en heures sur l'année les salariés soumis à un horaire de base correspondant aux heures d'ouverture du magasin, les heures accomplies pour les besoins de la gestion du magasin en dehors des heures d'ouverture faisant l'objet d'une récupération. Ces salariés, de par les contraintes qui leur étaient imposées, ne disposaient en effet d'aucune autonomie dans la gestion de leur emploi du temps (cass. soc. 23 juin 2004, n° 1394 FD).

Salariés itinérants non cadres. - Les conventions de forfait en heures sur l'année peuvent aussi être conclues avec les salariés itinérants non cadres dont le temps de travail ne peut être prédéterminé ou disposant d'une réelle autonomie dans l'organisation de leur emploi du temps pour l'exercice de leurs responsabilités.

Le caractère itinérant de l'activité du salarié s'apprécie par rapport à son activité habituelle. Il doit s'agir d'une composante structurelle et prédominante de son activité. L'autonomie de ces salariés doit être réelle : l'organisation de leur emploi du temps des jours travaillés ne peut résulter des seules directives de l'employeur (circ. MES/CAB 2000-003 du 3 mars 2000).

Comment rémunérer le forfait ?

Rémunération annuelle forfaitaire. - La rémunération annuelle brute forfaitaire doit correspondre à l'horaire annuel de travail indiqué dans le contrat de travail. Cette rémunération est versée par douzième.

Le forfait ne doit pas être défavorable au salarié. - La rémunération doit être au moins égale à la rémunération que le salarié recevrait compte tenu du salaire minimum conventionnel applicable dans l'entreprise et des bonifications et majorations pour heures supplémentaires (c. trav. art. L. 212-15-4, al. 1).

Paiement des heures effectuées en plus du forfait. - L'employeur est tenu de payer, en principe, lors d'une régularisation annuelle, toutes les heures travaillées au-delà de celles prévues par la convention de forfait.

« Travail choisi » au-delà du forfait en heures

Accord collectif préalable. - Une convention ou un accord collectif de branche, de groupe, d'entreprise ou d'établissement peut ouvrir la faculté au cadre qui le souhaite, en accord avec le chef d'entreprise, d'effectuer des heures au-delà de la durée annuelle de travail prévue par la convention de forfait.

Contenu de l'accord. - L'accord collectif doit préciser notamment les conditions dans lesquelles ces heures sont effectuées, la majoration de salaire à laquelle elles donnent lieu ainsi que les conditions dans lesquelles le salarié fait connaître son choix.

Appliquer les dispositions relatives à la durée du travail et au repos

Limites journalière et hebdomadaire de travail. - Les cadres soumis à un forfait annuel en heures sont concernés par les dispositions légales relatives aux limites journalière (10 heures par jour) et hebdomadaire de travail (44 heures sur 12 semaines en moyenne ou 48 heures sur une semaine), sauf disposition contraire de l'accord collectif. Dans ce cas, l'accord doit préciser les modalités de contrôle de l'application des maxima conventionnels et déterminer les conditions de suivi de l'organisation du travail ainsi que la charge de travail des salariés concernés.

Repos quotidien et hebdomadaire. - Les cadres soumis à un forfait annuel en heures bénéficient des dispositions relatives au repos quotidien (11 heures consécutives au minimum) et au repos hebdomadaire de 35 heures (24 heures de repos hebdomadaire + 11 heures de repos quotidien) compte tenu de l'obligation de travailler 6 jours par semaine au plus (c. trav. art. L. 212-15-3, L. 220-1, L. 221-2 et L. 221-4).

Exclusion du champ du contingent annuel d'heures supplémentaires. Le contingent d'heures supplémentaires et, par conséquent, le repos compensateur obligatoire ne s'appliquent ni aux cadres intermédiaires, ni aux salariés itinérants non cadres liés par une convention de forfait annuel en heures (décret 2002-1257 du 15 octobre 2002, JO du 16).

Application de la journée de solidarité. - Les signataires d'une convention de forfait en heures sur l'année sont soumis à la journée de solidarité.

> **À NOTER** Les forfaits annuels en heures fixés par les conventions, accords collectifs et les contrats de travail conclus avant le 1er juillet 2004 ont automatiquement été majorés d'une durée de 7 heures par an pour tenir compte de la journée de solidarité (loi 2004-626 du 30 juin 2004, art. 5). Pour les contrats et conventions signés postérieurement au 1er juillet 2004, il appartiendra aux parties ou aux partenaires sociaux, selon le cas, de prendre en compte, dans l'équilibre conventionnel, les prescriptions relatives à la journée de solidarité.

Documents relatifs à la comptabilisation de la durée du travail. - La conclusion d'une convention de forfait en heures sur une base annuelle ne dispense pas l'employeur de justifier du nombre d'heures travaillées. Ce dernier doit être en mesure de présenter à l'inspection du travail les documents permettant de comptabiliser le temps de travail.

Toutefois, les dispositions légales relatives au décompte des horaires ne sont pas applicables aux salariés concernés par les conventions et accords collectifs prévoyant des conventions de forfait en heures lorsque ces conventions ou accords fixent les modalités de contrôle de la durée du travail (décret 2000-81 du 31 janvier 2000).

✉ FORFAIT ANNUEL EN HEURES

Il est confié à M. … la mission suivante …

Compte tenu des responsabilités qu'il exerce et du degré d'autonomie dont il dispose dans l'organisation de son emploi du temps, M. … est soumis à un forfait annuel en heures.

La durée annuelle du travail de M. … est fixée à … heures.

M. … aménagera son temps de travail dans les limites légales, journalières et hebdomadaires de travail.

M. … percevra une rémunération annuelle brute forfaitaire de … euros correspondant à l'horaire annuel de travail indiqué dans le présent contrat. Cette rémunération sera versée par douzième. Les heures effectuées au-delà de la durée annuelle du travail prévue par le présent contrat ouvriront droit à un complément de rémunération selon le régime des heures supplémentaires.

Forfait en jours sur une base annuelle

Comment le mettre en place

Nécessité d'un accord collectif. - La conclusion d'une convention de forfait en jours sur une base annuelle doit être obligatoirement prévue par une convention ou un accord collectif étendu ou encore par une convention ou un accord d'entreprise ou d'établissement (c. trav. art. L. 212-15-3).

L'accord collectif doit fixer :
- le nombre de jours travaillés, celui-ci ne pouvant dépasser le plafond annuel de 218 jours ;
- les catégories de salariés concernés ;
- les modalités de suivi de l'organisation du travail de ces derniers, de l'amplitude de leurs journées d'activité et de la charge de travail en résultant ;
- les modalités de décompte des journées et des demi-journées travaillées et de prise des journées ou demi-journées de repos ;
- les conditions de contrôle de son application (c. trav. art. L. 212-15-3, III, al. 1).

Attention. Le fait que l'accord de branche-cadre contienne les clauses exigées par la loi ne dispense pas l'accord d'entreprise de contenir lesdites clauses (CA Versailles, 14e ch., 13 février 2002, n° 100).

Accord de chaque salarié. - La mise en place de ce forfait suppose l'accord individuel de chaque salarié concerné (cadre ou non cadre), cet accord devant être matérialisé par une « convention de forfait » conclue avec l'employeur.

Pour quels salariés ?

Certains cadres intermédiaires. - Parmi les cadres intermédiaires, la convention ou l'accord collectif définit, au regard de leur autonomie dans l'organisation de leur emploi du temps, ceux avec lesquels une convention de forfait en jours sur l'année peut être conclue (c. trav. art. L. 212-15-3 ; circ. DRT du 14 avril 2003, fiche 6).

EXEMPLE Un accord de RTT prévoyant notamment la conclusion de forfaits annuels en jours a été signé dans le cadre des dispositions de l'article L. 212-15-3 antérieures à la loi Fillon. Il n'en conserve pas moins tout son intérêt dans la mesure où les contentieux relatifs à ces accords sont encore pendants. Après avoir distingué les cadres dirigeants des cadres dont l'horaire est prédéterminé, ledit accord définit les cadres autonomes qui peuvent conclure des forfaits annuels en jours. Il s'agit des cadres ne relevant ni de la catégorie des cadres dirigeants, ni de celle des cadres intégrés dont le rythme de travail ne peut, en raison de leur mission, être soumis à l'horaire collectif de travail du service qu'ils dirigent ou auquel ils sont affectés. Cette définition, qui permet d'apprécier le degré d'autonomie du personnel d'encadrement concerné, est conforme aux exigences de l'article L. 212-15-3, III, du code du travail, dans sa version en vigueur à l'époque des faits, dans la mesure où, d'une part, la convention de forfait doit faire l'objet d'un accord particulier entre l'employeur et le salarié et où, d'autre part, il appartient au juge de vérifier en cas de litige que les fonctions effectivement exercées par le cadre ne lui permettent pas d'être soumis à l'horaire collectif de travail (cass. soc. 26 mai 2004, BC V n° 143).

Certains salariés non cadres. - La convention ou l'accord collectif qui prévoit la conclusion des conventions de forfait annuel en jours peut étendre leur application à certains salariés non cadres.

Ces conventions sont réservées aux non-cadres:
- dont la durée du temps de travail ne peut être prédéterminée,
- et qui disposent d'une réelle autonomie dans l'organisation de leur emploi du temps pour l'exercice des responsabilités qui leur sont confiées (loi 2005-892 du 2 août 2005, art. 95, JO du 3; c. trav. art. L. 212-15-3, III).

Ces deux conditions sont cumulatives.

Combien de jours travaillés ?

218 jours. - Le plafond est de 218 jours pour tenir compte, notamment, de la journée de solidarité.

> **À NOTER** Les salariés ayant signé une convention de forfait annuel et jours doivent eux aussi bénéficier de la réduction du temps de travail. Dans le cadre du forfait jours, cette obligation n'est pas quantifiée, si ce n'est par la fixation du plafond maximal de 218 jours par an. Quelques jours de congés en plus devraient suffire (sous réserve des précisions de la jurisprudence). Si le point de départ se situe en dessous (ex.: déjà 212 jours travaillés avant la mise en place du forfait jours), il faut que le forfait soit forcément inférieur. En cas de litige, le cadre peut saisir la justice (c. trav. art. L. 212-15-4).

Plafond de jours de travail en cas de congés payés incomplets. - Le plafond annuel de jours de travail peut être relevé à due concurrence du nombre de jours de congés non acquis ou acquis mais non pris (circ. DRT 2000-07 du 6 décembre 2000).

Prestation de travail: jour ou demi-journée. - La comptabilisation du nombre de jours travaillés peut aboutir à retenir que l'intéressé a effectué soit une journée entière, soit une demi-journée de travail. Mais uniquement, dans ce dernier cas, si l'accord collectif a prévu cette possibilité et si l'intervention n'a pas effectivement dépassé cette durée.

Dépassement du plafond. - Lorsque le plafond annuel fixé par accord vient à être dépassé, le salarié doit bénéficier, au cours des trois mois de l'année suivante, d'un nombre de jours égal à ce dépassement (réserve faite éventuellement des jours affectés à un compte épargne-temps ou de report de congés payés). Ce nombre de jours réduit le plafond annuel de l'année durant laquelle ils sont pris, lequel ne pourra pas à son tour être dépassé.

Plafonds mensuels complémentaires. - Le forfait en jours a une base annuelle. Des plafonds mensuels complémentaires permettant de prévoir un suivi au mois du nombre de jours effectivement travaillés et non travaillés peuvent être fixés. La fixation de ces plafonds doit cependant rester compatible avec les caractéristiques du forfait en jours impliquant une autonomie des cadres concernés dans l'organisation de leur temps de travail.

Compter les jours travaillés

Comptabilité à tenir. - L'employeur doit tenir à la disposition de l'inspecteur du travail, pendant une durée de trois ans, le ou les documents existant dans l'entreprise ou l'établissement et qui permettent de comptabiliser le nombre de jours de travail effectués par les salariés au forfait jours sur une base annuelle.

Décompte annuel. - La durée du travail des salariés ayant un forfait en jours doit être décomptée chaque année, par récapitulation du nombre de journées ou demi-journées travaillées par chaque salarié.

Comment rémunérer le forfait ?

Sur la base du nombre de jours travaillés dans l'année. - Les intéressés sont rémunérés sur la base d'un nombre de jours travaillés dans l'année, étant entendu que ce nombre est fixé par les dispositions conventionnelles sur une base annuelle. Ils doivent percevoir une rémunération annuelle brute forfaitaire versée par douzième indépendamment du nombre de jours de travail dans le mois.

Une rémunération en rapport avec les contraintes. - La rémunération afférente au forfait jours doit être en rapport avec les sujétions particulières applicables au cadre.

Le salarié peut saisir le conseil de prud'hommes en cas de litige (c. trav. art. L. 212-15-4).

À NOTER Le bulletin de salaire mentionne la nature et le volume du forfait en fonction duquel la rémunération est calculée (c. trav. art. R. 143-2).

✉ FORFAIT ANNUEL EN JOURS

M. ... exercera les fonctions de ...

Compte tenu du degré d'autonomie dont il dispose dans l'organisation de son emploi du temps, M. ... sera soumis à un forfait annuel en jours.

M. ... organisera selon sa convenance son temps de travail dans le cadre de ce forfait annuel, sous réserve de respecter les règles relatives au repos quotidien et au repos hebdomadaire .

M ... sera rémunéré sur la base de ... jours de travail dans l'année.

M. ... percevra une rémunération annuelle brute forfaitaire de ... euros en contrepartie de la mission qui lui a été confiée .

La rémunération sera versée par douzième, indépendamment du nombre de jours de travail dans le mois.

« Travail choisi » au-delà du forfait en jours

Accord collectif préalable. - Une convention ou un accord collectif de branche, de groupe, d'entreprise ou d'établissement peut ouvrir la faculté au salarié qui le souhaite, en accord avec le chef d'entreprise, de renoncer à une partie de ses jours de repos en contrepartie d'une majoration de son salaire. Ceci signifie que le salarié travaillera plus de jours que le volume initialement prévu dans la convention de forfait.

Contenu de l'accord. - L'accord collectif doit déterminer notamment le montant de cette majoration ainsi que les conditions dans lesquelles les salariés font connaître leur choix.

Pas de référence horaire, mais droit au repos

Repos quotidien et hebdomadaire. - Les salariés soumis à une convention de forfait en jours sur une base annuelle ne sont pas soumis aux dispositions relatives à la durée légale du travail ainsi qu'aux durées maximales quotidienne et hebdomadaire de travail. Les intéressés doivent, en revanche, bénéficier des dispositions relatives au repos quotidien et au repos hebdomadaire. L'accord collectif détermine les modalités concrètes d'application de ces dernières dispositions.

Mise en œuvre de la journée de solidarité. - Les salariés ayant conclu des conventions de forfait en jours sur l'année sont soumis à la journée de solidarité. Leur rémunération étant calculée par référence à un nombre annuel de jours de travail, ils doivent être regardés comme bénéficiant déjà de la rémunération au titre de la journée de solidarité par l'effet de leur convention de forfait. Ils sont donc assujettis au principe d'une journée de solidarité sans rémunération. Cependant cette obligation s'entend, dans leur cas particulier, dans la limite de la valeur d'une journée de travail.

Salariés au « forfait jours »: fiche de décompte du temps de travail

Année 20..	Semaine 1		Semaine 2		Semaine 3		Semaine 4		Semaine 5		Total
	J. travaillés	J. de repos	J. travaillés	J. de repos	J. travaillés	J. de repos	J. travaillés	J. de repos	J. travaillés	J. de repos	
Janvier											
Février											
Mars											
Avril											
Mai											
Juin											
Juillet											
Août											
Septembre											
Octobre											
Novembre											
Décembre											
Total du nombre de jours travaillés dans l'année:											
Nombre de jours reportés sur le CET:											
Nombre de jours de congés payés reportés:											
Ce document doit être conservé au moins pendant 3 ans											

CONSULTATION DU CE SUR LA MISE EN PLACE DES FORFAITS

Le comité d'entreprise doit être consulté sur les mesures de nature à affecter la durée ou les conditions de travail (c. trav. art. L. 432-1). Il doit donc être consulté sur la mise en place des conventions de forfait.

Cette consultation doit avoir lieu concomitamment à l'ouverture de la négociation et au plus tard avant la signature de l'accord qui met en place les conventions de forfait. Un défaut de consultation constitue un délit d'entrave (cass. crim. 13 décembre 1994, B. crim. n° 405). Il n'a cependant pas pour effet d'entraîner la nullité ou l'inopposabilité de l'accord collectif en cause (cass. soc. 5 mai 1998, BC V n° 219).

Forfait en heures sur une base hebdomadaire ou mensuelle

Forfait dit « de droit commun »

Prendre en compte l'accomplissement régulier d'heures supplémentaires. - Lorsque l'horaire de travail de l'entreprise comporte l'accomplissement régulier d'heures supplémentaires, employeur et salarié peuvent s'entendre sur un salaire forfaitaire mensuel correspondant à l'horaire effectif et incluant la rémunération d'un nombre déterminé d'heures supplémentaires. La convention de forfait doit être conforme à la convention collective applicable.

À NOTER Il ne faut pas confondre les conventions ici décrites (dites « forfaits de droit commun ») dont les règles sont déterminées par la jurisprudence avec celles prévues par le code du travail concernant, notamment, les forfaits annuels en heures ou en jours.

Pour tous les salariés. - Tous les salariés peuvent signer une convention en heures sur une base hebdomadaire ou mensuelle dite « forfait de droit commun », et notamment les cadres intégrés.

Accord écrit entre l'employeur et le salarié. - Le paiement des heures supplémentaires selon un forfait ne peut résulter que d'un accord entre l'employeur et le salarié et ne peut donc pas être imposé à ce dernier du seul fait d'un usage d'entreprise (cass. soc. 6 juillet 1999, BC V n° 324; cass. soc. 16 décembre 2005, n° 03-45389 FD).

> **EXEMPLE** L'existence du forfait ne se présume pas. Un tel forfait ne peut pas résulter du seul fait que le salaire soit nettement supérieur au minimum conventionnel (cass. soc. 20 juillet 1994, n° 3364 D). La simple mention du forfait porté unilatéralement par l'employeur sur les bulletins de paie ou l'absence de mention des heures supplémentaires n'implique pas nécessairement l'existence d'un accord sur une convention de forfait (cass. soc. 4 mai 1993, n° 1707 D).

L'existence d'un écrit n'est pas expressément exigée par la jurisprudence. Cependant, l'écrit est en pratique indispensable pour apporter sans difficultés la preuve de l'existence du forfait.

> **À NOTER** Il appartient à celui qui se prévaut d'une convention de forfait, employeur ou salarié d'apporter la preuve de son existence (cass. soc. 6 juillet 1999, n° 3129 D; cass. soc. 26 janvier 2000, n° 722 D; cass. soc. 21 novembre 2000, BC V n° 382).

Préciser le nombre d'heures comprises dans le forfait. - La convention doit précisément indiquer le nombre global d'heures comprises dans le forfait. La seule fixation d'une rémunération forfaitaire sans que soit déterminé le nombre d'heures supplémentaires inclus dans la rémunération ne permet pas de caractériser une convention de forfait (cass. soc. 21 mars 2000, BC V n° 111).

> **EXEMPLES** • Il n'y a pas de convention de forfait établie lorsque:
> - la rémunération est attribuée en fonction du nombre de voyages, le nombre d'heures supplémentaires inclus dans cette rémunération n'étant pas déterminé (cass. soc. 6 avril 1999, n° 1602 D);
> - la lettre d'embauche précise seulement: « toutefois, vous pourrez être amené à effectuer certaines missions en dehors des horaires officiels mais dans le cadre de vos attributions » (cass. soc. 13 février 2001, n° 670 FD).
>
> • En l'absence de détermination du nombre d'heures supplémentaires inclus dans une rémunération forfaitaire, l'existence d'une convention de forfait peut néanmoins être admise, dès lors que:

- le contrat de travail détaille les horaires de travail,
- le salarié a eu connaissance de ces horaires,
- la rémunération qu'il perçoit est au moins égale à la rémunération qu'il aurait dû percevoir augmentée des heures supplémentaires (cass. soc. 13 juillet 2005, n° 1687 FD).

• Une convention de forfait licite est bien caractérisée lorsque le contrat de travail précise dans un article intitulé « Horaire : l'horaire est celui en usage dans la société et dont le salarié déclare avoir pris connaissance » et un article intitulé « Rémunération : votre rémunération sera de ... euros brut par mois ». Il y a bien un forfait. D'une part, le contrat de travail fixe une rémunération forfaitaire et fait référence à l'horaire de travail en vigueur dans l'entreprise. D'autre part, en l'espèce, la rémunération était au moins égale à la rémunération que le salarié dû percevoir augmentée des heures supplémentaires (cass. soc. 5 mai 2004, BC V n° 121).

Montant du salaire. - La rémunération perçue par le salarié doit être au moins égale à celle qui résulterait de l'application des majorations légales pour heures supplémentaires au salaire de base, c'est-à-dire équivalant au moins à celle qu'il recevrait en l'absence de convention de forfait pour les heures effectives de travail (cass. soc. 11 octobre 1995, n° 3622 D ; c. trav. art. L. 212-15-4).

Pour les salariés relevant d'une convention collective, la rémunération à prendre en compte pour effectuer la comparaison est le minimum conventionnel augmenté du montant des heures supplémentaires rémunérées au taux fixé, le cas échéant, par la convention collective (cass. soc. 4 mai 1999, BC V n° 188). **La comparaison se fait, s'il est plus favorable, avec le salaire réel pratiqué dans la profession** (cass. soc. 28 avril 1981, BC V n° 342).

Le caractère plus favorable ou non d'une rémunération forfaitaire ne peut s'apprécier qu'individuellement (cass. soc. 1er mars 1995, n° 1011 D).

À NOTER Pour savoir si la rémunération est plus avantageuse, les majorations conventionnelles du travail des jours fériés et des dimanches doivent le cas échéant être prises en compte (cass. soc. 31 mai 2000, n° 2590 FD).

Paiement des heures supplémentaires accomplies au-delà du forfait.
La convention de forfait ne s'applique qu'aux éléments concernés lors de sa conclusion. Il en résulte que :
- les heures supplémentaires non incluses dans le forfait doivent être rémunérées en sus du forfait (cass. soc. 26 octobre 1999, n° 4019 D) ;

- le repos compensateur doit être accordé dans les conditions habituelles ;
- les heures supplémentaires doivent s'imputer sur le contingent annuel d'heures supplémentaires.

Enfin, l'employeur n'est pas dispensé de tenir les documents obligatoires relatifs à la durée du travail (cass. crim. 14 décembre 1993, B. crim. n° 137).

Paiement par primes. - Les primes versées aux salariés ne sauraient tenir lieu de règlement forfaitaire d'heures supplémentaires. Il en a été jugé ainsi pour :
- une prime exceptionnelle pour se rendre sur les chantiers (cass. soc. 28 mai 1991, n° 2095 D) ;
- une prime d'éloignement (cass. soc. 23 juin 1994, n° 3076 D) ;
- une indemnité de découcher (cass. soc. 27 juin 2000, BC V n° 248).

Modification du forfait. - La convention de forfait présente un caractère contractuel et sa modification ne peut donc résulter que d'un accord entre l'employeur et le salarié (cass. soc. 7 février 2001, n° 532 FD).

Forfait hebdomadaire ou mensuel en heures pour les cadres intermédiaires

Cadres concernés. - Les cadres intermédiaires peuvent conclure des conventions de forfait en heures sur une base hebdomadaire ou mensuelle (c. trav. art. L. 212-15-3, I). Les cadres intégrés qui font régulièrement des heures supplémentaires peuvent aussi conclure des forfaits en heures sur une base hebdomadaire ou mensuelle dans le cadre des conventions dites de droit commun (voir p. 144).

Pas d'accord collectif nécessaire. - Les conventions de forfait en heures établies sur une base hebdomadaire ou mensuelle peuvent être conclues avec les cadres sans accord collectif préalable.

Accord des parties indispensable. - L'employeur et le cadre intermédiaire doivent définir dans le contrat de travail les modalités et les caractéristiques principales de ces conventions.

Réduction du temps de travail. - Le cadre intermédiaire qui signe une convention de forfait en heures hebdomadaire ou mensuelle doit bénéficier d'une réduction effective de son temps de travail (c. trav. art. L. 212-15-3, I et L. 212-15-4).

Salaire. - Le cadre devra bénéficier d'un salaire au moins égal à celui auquel lui aurait donné droit l'application des majorations légales pour heures supplémentaires.

Dispositions relatives à la durée du travail. - Les cadres intermédiaires ayant signé une convention de forfait en heures hebdomadaire ou mensuelle relèvent des dispositions légales et réglementaires relatives: aux heures supplémentaires (et donc aux majorations, au contingent et au repos compensateur obligatoire), au repos quotidien et hebdomadaire et aux durées maximales quotidiennes et hebdomadaires de travail. Ils sont aussi soumis à la journée de solidarité.

Décompte de la durée du travail effectif. - L'employeur n'est pas dispensé de tenir les documents obligatoires relatifs au décompte de la durée du travail effectif.

✉ CLAUSE DE CONVENTION DE FORFAIT DE DROIT COMMUN

M. ... percevra une rémunération forfaitaire de ... euros incluant les majorations pour heures supplémentaires. Elle correspond à un horaire hebdomadaire (ou mensuel) maximum de ... .

Les heures accomplies au-delà du forfait seront rémunérées selon le régime des heures supplémentaires, en sus du salaire forfaitaire.

Fiche pratique

Les cadres et les forfaits

Dans le cadre de la réglementation relative à la durée du travail et, plus spécifiquement, des dispositions relatives aux forfaits, les cadres sont classés en trois catégories.

Cadres dirigeants

Qui sont-ils ? - Les cadres dirigeants sont ceux auxquels sont confiées des responsabilités dont l'importance implique une grande indépendance dans l'organisation de leur emploi du temps, qui sont habilités à prendre des décisions de façon largement autonome et qui perçoivent une rémunération se situant dans les niveaux les plus élevés des systèmes de rémunération pratiqués dans l'entreprise. Il s'agit de trois critères cumulatifs (c. trav. art. L. 212-15-1).

Exemple Un cadre occupait divers postes de direction, dont notamment l'encadrement de plusieurs directions régionales. Il n'avait pas la qualité de cadre dirigeant, même s'il avait une grande liberté dans l'organisation de son temps de travail car il :

- ne disposait pas d'une délégation générale de l'employeur,
- n'exerçait pas les prérogatives de ce dernier sans avoir à solliciter d'autorisations préalables ;
- n'avait pas une rémunération se situant dans les niveaux les plus élevés du système de rémunération pratiqué dans l'entreprise (cass. soc. 3 novembre 2004, n° 2056 FD).

Cette définition doit être entendue de façon stricte. Un accord collectif ne pourrait pas l'étendre à d'autres catégories de personnel ne répondant pas aux critères légaux. Ainsi, est nulle la disposition d'un accord collectif qui inclut dans la catégorie des cadres dirigeants les cadres dits « confirmés » mais non situés dans la position « cadres supérieurs » et ne disposant nullement de l'autonomie requise (TGI Paris 19 décembre 2000, n° 00-13278, RJS 4/01 n° 461).

Fiche pratique

Cadres dirigeants et mandat social. - Selon l'administration, la qualification de cadre dirigeant vise les membres de l'équipe dirigeante de l'entreprise, à savoir les directeurs généraux, les personnes nommées par le conseil d'administration, les directeurs qui siègent de façon permanente au comité de direction ou qui participent à la prise de décisions stratégiques concernant la vie de l'entreprise... Il s'agit en fait des salariés qui tiennent dans l'entreprise le rôle de l'employeur en le représentant en matière sociale ou managériale et en assumant sa responsabilité pénale via une délégation de pouvoirs. Cependant, les cadres dirigeant un service ne sauraient être considérés ipso facto comme des cadres dirigeants (rapport Gorce à l'Assemblée nationale n° 1937). Les juges ont précisé qu'être cadre dirigeant n'implique pas nécessairement l'existence d'un mandat social. Cette qualité doit selon eux être attribuée aux cadres disposant d'un niveau de responsabilité élevé et d'une rémunération impliquant un pouvoir de décision largement autonome et une grande indépendance dans l'organisation de leur emploi du temps.

> **Exemple** Un directeur de SARL qui percevait une rémunération de 5 336 brut mensuelle hors prime, largement supérieure au minimum conventionnel de sa qualification et au salaire du gérant lui-même était bien un cadre dirigeant. Il assumait la responsabilité d'une trentaine de personnes. Il exerçait des attributions et des responsabilités dont l'étendue impliquait un véritable pouvoir d'initiative et de décision engageant l'entreprise vis-à-vis notamment du personnel et une grande indépendance dans son emploi du temps. Peu importe qu'il ait exercé ses fonctions sous le contrôle du gérant et qu'il ait suivi en diverses occasions ses directives (CA Besançon 16 septembre 2003, RJS 3/04 n° 369).

Exclusion des dispositions relatives à la durée du travail. - Les cadres dirigeants ne sont pas soumis aux dispositions du code du travail relatives à la durée du travail (durées maximales, heures supplémentaires, temps partiel), au travail de nuit, aux repos quotidien et hebdomadaire et aux jours fériés. Les dispositions relatives aux congés payés, aux congés spécifiques, à l'hygiène, à la sécurité et à la médecine du travail sont en revanche applicables (circ. DRT 2000-03 du 3 mars 2000).

> **Exemple** Un directeur commercial avait bien la qualité de cadre dirigeant car il bénéficiait de l'une des rémunérations les plus élevées de l'entreprise et disposait d'une large liberté d'action. Le salaire forfaitaire qu'il percevait excluait donc le paiement d'heures supplémentaires (cass. soc. 26 janvier 2005, n° 271 FD).

Forfait dit « tous horaires ». - Les cadres dirigeants n'étant pas soumis à la réglementation relative à la durée légale du travail et donc à celle relative aux heures supplémentaires (c. trav. art. L. 212-15-1), la conclusion d'une convention de forfait « tous horaires » n'est pas indispensable. La conclusion de ce type de convention semble néanmoins persister.

> **À NOTER** La validité de ce type de forfait a été admise par la jurisprudence avant que la définition des cadres dirigeants ne soit inscrite dans le code du travail.

Cadres intégrés

Qui sont-ils ? Sont des cadres intégrés les salariés ayant la qualité de cadre au sens des conventions collectives de branche ou de la convention collective nationale de retraite des cadres et de prévoyance des cadres du 14 mars 1947, dont la nature des fonctions les conduit à suivre l'horaire collectif applicable au sein de l'atelier, du service ou de l'équipe auquel ils sont intégrés (c. trav. art. L. 212-15-2).
Les cadres appartenant à cette catégorie sont ceux dont le rythme de travail peut épouser l'horaire collectif ou sont susceptibles de le suivre. Par exemple, ils peuvent en différentes occasions arriver un peu avant le reste des membres de l'atelier ou du service ou partir un peu plus tard. L'horaire collectif garde néanmoins son rôle structurant dans le rythme de travail de ces cadres (circ. DRT 06 du 14 avril 2003, fiche 6).

Application du droit commun de la durée du travail. - Les cadres intégrés relèvent de l'ensemble des règles relatives à la durée du travail et, notamment, des dispositions relatives aux heures supplémentaires et au contingent libre d'heures supplémentaires.

Cadres autonomes ou « ni-ni »

Qui sont-ils ? Il n'existe pas à proprement parler, une définition de cette catégorie de cadre aussi appelée « cadres intermédiaires ». Il s'agit de ceux qui ne sont ni dirigeants ni intégrés (c. trav. art. L. 212-15-3).

Dispositions applicables. - Ces cadres relèvent des dispositions légales relatives à la durée du travail.

Ils doivent, au même titre que les autres salariés, bénéficier de la réduction du temps de travail.

Cadres concernés par les forfaits

Forfaits	Cadres dirigeants (1)	Cadres intégrés (2)	Cadres « ni-ni » (3)
En heures, hebdomadaires ou mensuels (4)	Conventions de forfaits inutiles : cadres non soumis à la durée du travail (6)	Oui	
En heures sur l'année (4)		Non	Non
En jours sur l'année (5)		Non	Oui, pour certains

(1) C. trav. art. L. 212-15-1. (2) C. trav. art. L. 212-15-2 ; il s'agit, pour ces cadres intégrés, des conventions dites de « droit commun ». (3) C. trav. art. L. 212-15-3. (4) Le cadre relevant de ce type de forfait doit avoir une rémunération au moins égale à celle qu'il recevrait compte tenu des majorations pour heures supplémentaires. (5) La rémunération afférente à ce type de forfait doit être proportionnée aux sujétions particulières applicables au cadre concerné. (6) En pratique, les forfaits « tous horaires » sont utilisés,

14 Faire varier le salaire

Une clause du contrat de travail peut prévoir une variation de la rémunération du salarié si elle est fondée sur des éléments objectifs indépendants de la volonté de l'employeur, ne fait pas porter le risque d'entreprise sur le salarié et n'a pas pour effet de réduire la rémunération en dessous des minima légaux et conventionnels

Trois conditions pour une clause

Conditions de validité. - Une clause du contrat de travail peut prévoir une variation de la rémunération du salarié si :
- elle est fondée sur des éléments objectifs indépendants de la volonté de l'employeur,
- elle ne fait pas porter le risque d'entreprise sur le salarié,
- elle n'a pas pour effet de réduire la rémunération en dessous des minima légaux et conventionnels (cass. soc. 2 juillet 2002, BC V n° 229).

Ce principe est la suite logique de la règle selon laquelle une clause du contrat de travail ne peut valablement pas permettre à l'employeur de modifier unilatéralement la rémunération contractuelle (cass. soc. 27 février 2001, BC V n° 60 ; cass. soc. 30 mai 2000, BC V n° 206), même s'il s'agit d'une modification minime (cass. soc. 19 mai 1998, BC V n° 265).

À NOTER Toute modification de la structure de la rémunération contractuelle entraîne une modification du contrat de travail. L'insertion d'une telle clause dans un contrat de travail existant ne peut donc se faire qu'avec l'accord du salarié.

L'exigence d'objectivité. - Une clause de variation du salaire n'est valable que si elle est fondée sur des éléments objectifs indépendants de la volonté de l'employeur. Ce premier critère de validité exclut toute clause par laquelle l'employeur se réserve le pouvoir de modifier discrétionnairement le salaire. Une stipulation en ce sens serait nulle.

Les critères fixés doivent donc être suffisamment précis et reposer sur des éléments facilement vérifiables pour ne pas dépendre de la volonté de l'employeur. Autrement dit, seules sont licites les clauses de variation dont le niveau de précision permet de prévoir tous les cas où la variation interviendra ainsi que son ampleur.

Le risque de l'entreprise ne doit pas peser sur le salarié. - Une clause ne peut pas faire varier le salaire en cas de déficit de gestion ou d'inventaire.

Respect du SMIC ou du minimum conventionnel. - Il convient, à notre avis, de prévoir expressément dans la clause que si, par l'application des critères de variation, il apparaît que le salaire est inférieur au SMIC (ou au minimum conventionnel), l'employeur s'engage à maintenir le salaire au niveau de l'un ou l'autre de ces minima.

Appliquer la variation

Respecter les critères de variation de la clause. - La mise en œuvre de la clause doit intervenir en application des critères contractuellement prévus. Un employeur ne saurait donc se fonder sur cette clause pour imposer à un salarié une réduction de sa rémunération en fonction d'éléments non prévus au contrat. Le salarié est dans son droit en refusant une telle modification (cass. soc. 8 janvier 2002, BC V n° 3).

Permettre au salarié de réaliser le chiffre d'affaires convenu. - Si le contrat de travail peut prévoir une rémunération qui varie en fonction d'un chiffre d'affaires à atteindre, faut-il encore que le salarié ait les moyens de réaliser le chiffre d'affaires convenu. Si celui-ci estime que tel n'est pas le cas, ce n'est pas à lui de le prouver. C'est à l'employeur de justifier qu'il lui avait bien donné les moyens d'accomplir son travail (c. civ. art. 1315 ; cass. soc. 10 février 2004, BC V n° 44).

> **EXEMPLE** Le contrat de travail d'un cadre stipulait que sa rémunération était subordonnée à la réalisation d'un certain chiffre d'honoraires

et qu'en cas de réalisation partielle ou de dépassement de ces honoraires, elle serait réduite ou augmentée à due concurrence. Le salarié concerné a saisi les juges d'une demande en rappel de salaires car l'employeur l'aurait empêché de réaliser le chiffre d'affaires convenu en le privant d'une partie de ses dossiers. Les premiers juges ont rejeté sa demande car, selon eux, il n'apportait pas la preuve de ses allégations. La Cour de cassation a censuré leur décision. Selon elle, c'était à l'employeur de justifier de ce qu'il avait fourni au salarié les moyens d'accomplir la prestation de travail pour laquelle il était engagé (c. civ. art. 1315 ; cass. soc. 10 février 2004, BC V n° 44).

Modifier la clause. - L'employeur ne peut pas unilatéralement modifier les modalités de calcul du salaire contractuellement prévues ou encore revenir à une rémunération fixe. Peu important que la modification soit minime ou plus avantageuse, il doit requérir l'accord du salarié (cass. soc. 28 janvier 1998, BC V n° 40).

✉ CLAUSE DE PARTICIPATION AUX BÉNÉFICES DE L'ENTREPRISE

M. bénéficie d'une participation de … % sur les bénéfices nets de la société.

Il percevra cette participation chaque année au mois de … sur les bénéfices de l'année précédente.

Il est convenu d'entendre par bénéfices nets ceux figurant au bilan de la société après déduction de … (1).

✉ CLAUSE DE PARTICIPATION AU CHIFFRE D'AFFAIRES DE LA SOCIÉTÉ

Une partie de la rémunération mensuelle de M. … est variable . Elle est fixée à … % du chiffre d'affaires hors taxes traité personnellement par lui, plus … % du chiffre d'affaires hors taxes traité par les salariés commerciaux placés sous sa responsabilité (2).

(1) Énumérer précisément les sommes qui seront déduites du bénéfice pour éviter toute contestation sur la définition de l'assiette de cette participation.
(2) Cette dernière précision concerne seulement les directeurs commerciaux.

Fiche pratique

Variation du salaire : illustrations

Les contentieux suscités par l'application des clauses de variation du salaire permettent de distinguer les clauses qui peuvent être valablement inscrites dans un contrat de travail de celles qui sont à proscrire.

Les clauses pouvant être utilisées

• La clause qui prévoit que la rémunération est constituée par un pourcentage sur le chiffre d'affaires de la société est licite. Sont également envisageables les clauses indexant le salaire sur le prix des ventes ou le volume des affaires.

• Les clauses renvoyant à l'accord des parties.

> **Exemple** « Les taux et modalités de calcul des commissions seront renégociés au mois de décembre de chaque année d'un commun accord entre M. … et le directeur commercial ».

En l'absence d'accord, lors de la renégociation, c'est au juge de déterminer la rémunération applicable en fonction des critères visés au contrat et des accords conclus les années précédentes (cass. soc. 13 juillet 2004, BC V n° 208).

• S'agissant d'un VRP, est valable la clause qui prévoit que les comptes des commissions sont arrêtés le dernier jour de chaque trimestre, qu'un relevé trimestriel des commissions est remis au salarié dans le courant du mois suivant et que le défaut d'observations du salarié dans le mois de la réception est considéré comme un accord valant arrêté de comptes (cass. soc. 30 septembre 2003, BC V n° 247).

• Une clause peut prévoir le versement d'un complément de rémunération (appelé « prime de table ») lié à l'existence d'un contrat de sous-traitance passé par l'employeur avec une autre société et ce, pour la durée de ce contrat. Dans ce cas, la suppression de ce complément, intervenue suite au non renouvellement par cette société de ce contrat pour des raisons indépendantes de la volonté de l'employeur,

ne constitue pas une modification du contrat de travail de l'intéressé (cass. soc. 20 avril 2005, n° 03 43696 FD).

Les clauses à ne pas utiliser

• **La clause réservant le droit à l'employeur de modifier à tout moment ou en début d'année le taux et les modalités de commission n'est pas valable** (cass. soc. 27 février 2001, BC V n° 60).

> **Exemple** « Le taux et les modalités de calcul de votre rémunération seront fixés au début de chaque année par la direction commerciale ».

• **La clause prévoyant la modification de la partie variable du salaire en fonction de l'évolution du marché et de la marque doit être proscrite en raison de son imprécision** (cass. soc. 30 mai 2000, BC V n° 206).

> **Exemple** « Votre rémunération sera fixée chaque année par la direction commerciale en fonction de l'évolution du marché et des produits de la marque ».

• **Une clause qui réserve à une société le droit de modifier le secteur du salarié, représentant exclusif, et la possibilité de consentir directement des fournitures aux nouvelles formes de distribution de masse n'est pas valable en ce qu'elle permet à l'employeur de modifier unilatéralement la rémunération de ce salarié** (cass. soc. 16 juin 2004, BC V n° 166).

• **La clause du contrat de travail d'un salarié technico-commercial prévoit que l'employeur « se réserve la possibilité, en fonction des impératifs commerciaux et de l'organisation de l'entreprise, de modifier à tout moment la répartition des secteurs géographiques ». Cette clause, de nature à modifier la partie variable de la rémunération du salarié, en le laissant dans l'ignorance du niveau de cette modification est illicite** (CA Toulouse 11 mars 2004 n° 03-02465, 4e ch. sec. soc.).

• **Le contrat de travail d'un salarié représentant exclusif prévoit que « (...) Les droits de M. X sur le secteur ainsi défini lui sont expressément reconnus et toute modification ultérieure aux conditions de placement des produits vendus sous les marques de la société « Y » devra être acceptée d'un commun accord, à l'exception de ce qui sera dit à l'article ci après ». Cet autre l'article, auquel il est ainsi fait renvoi, dispose quant à lui que « la société « Y » se réserve expressément le droit,** dans le cas où l'évolution des modes de distribution lui en imposerait l'obligation, de consentir directement des fournitures aux magasins hypermarchés, grandes surfaces, chaînes coopératives ou toute autre organisation commerciale orientée vers la distribution de masse ». Cette clause, qui réservait à l'employeur le droit de modifier le secteur du salarié, et la possibilité de consentir directement des fournitures aux nouvelles formes de distribution de masse, n'est pas valable. L'employeur qui souhaite procéder à de telles modifications doit, dans tous les cas, obtenir l'accord du salarié concerné (cass. soc. 16 juin 2004, n° 01-43124 P, BC V n° 166).

15 Rémunération : autres clauses

En matière de rémunération, diverses clauses sont envisageables sur les primes, les indemnités, la responsabilité financière et les frais professionnel.

Primes et indemnités

Contenu de la clause. - Le montant et les conditions d'attribution de la prime doivent être déterminés. À défaut d'accord entre l'employeur et le salarié sur le montant de la prime, il incombe au juge de la déterminer en fonction des critères visés au contrat (cass. soc. 22 février 2000, BC V n° 70).

Respect de la convention collective. - Les clauses d'un contrat de travail sont inapplicables en présence de dispositions plus favorables d'une convention collective (cass. soc. 1er juin 1999, BC V n° 248). Ainsi, les conditions de versement du 13e mois ne peuvent pas être modifiées par un avenant au contrat de travail moins favorable que celles prévues par un accord collectif ou par un accord valant engagement unilatéral de l'employeur tant que cet accord demeure en vigueur (cass. soc. 4 février 2003, BC V n° 38).

Modification avec l'accord du salarié. - Les primes, éléments de rémunération inscrits au contrat de travail, ne peuvent être modifiées qu'avec l'accord du salarié (cass. soc. 30 mai 2000, BC V n° 206).

Attention. L'accord du salarié n'est requis que dans les cas ou les primes (ou d'autres éléments de rémunération) ont été contractualisés. À titre d'exemple, il n' y a pas contractualisation de primes diverses du seul fait de la mention sur le bulletin de salaire de la nature et du montant des

✉ CLAUSE DE 13E MOIS

Il sera versé à M...., avec la paie de décembre, une prime annuelle équivalente à la rémunération mensuelle brute de ce mois.

En cas de départ en cours d'année, en cas de démission, licenciement ou départ à la retraite, la prime est versée au prorata du temps de présence dans la société.

sommes versées. Dès lors, dans ce cas, l'employeur peut supprimer ces primes sans que cela entraîne une modification des contrats de travail des salariés concernés (cass. soc. 7 mars 2006, n° 04-43962).

Prorata du temps de présence. - Le droit au paiement au *prorata temporis* d'une prime, en cas d'année incomplète, ne peut résulter que de l'application de la clause du contrat de travail (cass. soc. 1er décembre 1999, n° 4630 D).

Responsabilité financière

Seulement en cas de faute lourde. - La clause d'un contrat de travail relative à la responsabilité personnelle du salarié envers son employeur ne peut prendre son effet, quels qu'en soient les termes, qu'en cas de faute lourde du salarié (cass. soc. 19 octobre 1995, n° 3857 D).

Exemples d'application. - La franchise mise à la charge du salarié par le contrat de travail n'est pas due en cas d'accident de la circulation avec un véhicule de la société, même si sa responsabilité est engagée, dès lors qu'il n'a pas commis de faute lourde (cass. soc. 11 avril 1996, BC V n° 152). Il n'est pas possible également de demander au salarié, en vertu de la clause du contrat, le remboursement de frais occasionnés par la remise en état du véhicule de fonction lorsque l'intéressé ne commet qu'une faute grave (cass. soc. 19 octobre 1995, n° 3857 D).

Frais professionnels

Quand les frais professionnels ne sont pas dans le contrat de travail. Les frais professionnels ne sont pas un élément de rémunération dans la mesure où l'employeur est tenu de rembourser les frais engagés par le salarié à l'occasion de ses fonctions. Si le mode de prise en charge des frais professionnels n'a pas été contractualisé, l'employeur peut modifier unilatéralement ce mode de prise en charge sans modifier la rémunération du salarié concerné à savoir, sans modifier son contrat de travail. L'accord du salarié n'est donc pas requis.

> **EXEMPLE** En l'absence de toute disposition du contrat de travail sur ce point, un employeur peut modifier unilatéralement les modalités de remboursement des frais de déplacement exposées par un salarié (cass. soc. 11 janvier 2006, n° 02-43494 FD).

Quand les frais professionnels sont dans le contrat. - Les règles à appliquer sont différentes si l'employeur a inclus dans le contrat de travail une clause régissant les frais professionnels. Dans ce cas, s'il souhaite modifier les modalités de prise en charge des frais professionnels, ainsi contractualisés, il devra obtenir, au préalable, l'accord du salarié concerné. En effet, dans cette hypothèse, il y a bien modification du contrat de travail et non un simple changement des conditions de travail.

> **EXEMPLE** Le contrat de travail, d'un salarié engagé en tant que directeur commercial, prévoyait qu'il effectuerait ses déplacements professionnels avec son véhicule moyennant le remboursement de ses frais de déplacement. L'employeur avait décidé de mettre à sa disposition un véhicule de fonction. Cette décision avait modifié le contrat de travail du salarié concerné. L'accord de ce dernier était donc requis. En effet, la clause litigieuse constituait bien un élément du contrat de travail qui ne pouvait être modifié sans l'accord de ce salarié (cass. soc. 15 février 2006, n° J 04-44736 FD).

Rupture du contrat de travail

16 Clause de dédit-formation

Une clause de dédit-formation est une disposition contractuelle par laquelle un salarié accepte, en contrepartie des frais engagés par l'entreprise pour sa formation professionnelle, de demeurer pendant un temps déterminé au service de l'employeur, sauf à lui rembourser les frais de formation. Ce type de clause est strictement encadré par la loi comme par la jurisprudence.

Pourquoi une clause de dédit-formation ?

Fidéliser le bénéficiaire d'une formation. - Faire bénéficier un salarié d'une formation qualifiante (et onéreuse)... et voir ensuite l'intéressé quitter l'entreprise pour faire fructifier ailleurs sa nouvelle qualification : telle est la crainte compréhensible d'un bon nombre d'employeurs. Pour se prémunir contre les mauvaises surprises en la matière, la pratique a créé les clauses de « dédit-formation ». Il s'agit de demander au salarié, avant son départ en formation, de signer un avenant à son contrat de travail aux termes duquel il s'engage :
- à demeurer dans l'entreprise pendant un temps déterminé en contrepartie de la formation reçue,
- ou à rembourser les frais de formation supportés par l'entreprise en cas de démission avant le terme de la période prévue par la clause.

Garantir l'investissement dans la formation d'un salarié. - Du point de vue de l'entreprise, la clause de dédit-formation constitue la garantie d'un investissement à bon escient dans la formation d'un salarié. En effet, si les choses se passent bien, l'employeur et l'intéressé bénéficieront ensemble des effets positifs de la formation dispensée. Mais si elles tournent mal, l'entreprise sera financièrement protégée puisque le salarié ne pourra démissionner tant que les dépenses de formation consenties en sa faveur n'auront pas été « amorties », sauf à rembourser l'employeur. Encore faut-il que cet investissement corresponde à des dépenses réelles : une clause de dédit-formation ne peut prévoir le remboursement de frais de formation correspondant en réalité à des dépenses obligatoires de l'entreprise.

Ne pas confondre dédit-formation et garantie d'emploi. - La clause de dédit-formation ne donne naissance à une obligation que pour le salarié : il s'engage à rester dans l'entreprise pendant une durée déterminée suite à la formation, suivie et financée par l'employeur, sous peine de verser une indemnité de dédit. Elle ne crée pas une garantie d'emploi en sa faveur pendant cette durée. Dès lors, l'employeur peut rompre le contrat avant le terme ainsi fixé, bien entendu, s'il remplit bien les conditions de droit commun applicables à toute rupture d'un contrat de travail (ex. en cas de licenciement : respect de la procédure, exigence d'un motif réel et sérieux...) (cass. soc. 5 janvier 1999, n° 96-42931 FD).

Cumuler dédit formation et non-concurrence. - Il est possible d'insérer dans un contrat de travail, à la fois une clause de dédit-formation et une clause de non-concurrence (cass. soc. 21 mai 2002, BC V n° 169).

Dans quels contrats ?

Contrats à durée indéterminée et contrats précaires. - Une clause de dédit-formation peut être inscrite dans un contrat à durée indéterminée. Il a été admis qu'elle puisse être inscrite dans un contrat précaire. Cela implique tout de même que ce contrat est une durée suffisante pour faire jouer une clause de dédit (cass. soc. 5 janvier 1999, n° 96-42931 FD).

> **À NOTER** Il est quand même rare qu'un employeur investisse dans la formation d'un salarié lié par un tel contrat au-delà de ce qui est légalement imposé puisque de toute façon ce salarié est appelé, à terme, à quitter l'entreprise.

Interdiction dans les contrats de professionnalisation. - Il n'est pas possible d'insérer une clause de dédit-formation dans les contrats de professionnalisation. Toute clause de remboursement à l'employeur des dépenses de formation, en cas de rupture du contrat de travail, serait en effet « nulle et de nul effet » (c. trav. art. L. 981-7).

Les conditions à respecter

Vérifier son accord de branche et conclure une convention spécifique

Vérifier au préalable l'accord de branche. - Lors des négociations triennales de branche relatives à la formation professionnelle, les partenaires sociaux doivent notamment négocier sur « les conditions d'application, dans les entreprises qui consacrent à la formation de leurs salariés un montant au moins égal à l'obligation minimale légale ou celle fixée par convention ou accord collectif de branche relative à la participation des employeurs au financement de la formation professionnelle continue, d'éventuelles clauses financières convenues entre l'employeur et le salarié avant l'engagement de certaines actions de formation et applicables en cas de démission, les versements effectués au titre de ces clauses étant affectés par l'entreprise au financement d'actions dans le cadre du plan de formation » (c. trav. art. L. 934-2).

Compte tenu de cette obligation, pour les branches, d'aborder tous les trois ans la question des clauses de dédit-formation, il est indispensable, dans l'entreprise, de se renseigner sur l'existence éventuelle d'un accord de branche à ce sujet avant de proposer la signature d'une telle clause à un salarié.

> **À NOTER** Si la convention collective applicable n'interdit pas expressément les clauses de dédit-formation, l'employeur et le salarié restent libres d'en stipuler une dans le contrat de travail (cass. soc. 14 mars 2001, n° 1067 D). Elle peut cependant en fixer les modalités, lesquelles devront être respectées sous peine de voir la clause inapplicable.

Conditions de validité. - La clause de dédit-formation doit, pour être valable, faire l'objet d'une convention particulière conclue avant le début de la formation.

Cette convention doit préciser :
- la date, la nature, la durée de la formation ;
- le coût réel pour l'employeur, celui-ci devant être supérieur aux dépenses imposées par la loi ou la convention collective ;

- le montant et les modalités du remboursement à la charge du salarié, étant entendu que le montant de l'indemnité de dédit doit être proportionné aux frais de formation engagés.

Enfin, une telle clause de dédit-formation ne doit pas avoir pour effet de priver le salarié de la faculté de démissionner (cass. soc. 21 mai 2002, BC V n° 169; cass. soc. 5 juin 2002, BC V n° 196; cass. soc. 4 février 2004, BC V n° 40; pour un modèle de clause, voir Annexe 16).

Si une de ces conditions manque, la clause est nulle. En résumé, les clauses de dédit-formation doivent constituer « la contrepartie d'un engagement pris par l'employeur ». Ce principe est répété, comme un « leitmotiv », dans la plupart des arrêts relatifs à la clause de dédit-formation.

> **EXEMPLE** Un salarié avait été engagé par une compagnie d'aviation en qualité de « technicien maintenance avions » en CDI prévoyant, l'engagement du salarié en cas de démission dans les 24 mois suivant son embauche de rembourser, au moment de son départ, les dépenses engagées par l'employeur pour sa formation. Une telle clause n'était pas valable (cass. soc. 2 mars 2005, n° 02- 47334 FD).

Convention spécifique préalable

Conclusion d'une convention pour chaque formation. - Une clause de dédit-formation générale insérée dans le contrat de travail ne suffit pas pour couvrir toutes les formations que le salarié serait amené à suivre au cours de sa carrière. L'engagement du salarié de suivre une formation à l'initiative de son employeur et, en cas de démission, d'indemniser celui-ci des frais qu'il a assumés doit, pour être valable, faire l'objet d'une convention particulière conclue avant le début de la formation (cass. soc. 4 février 2004, BC V n° 40).

> **EXEMPLE** Un pilote de ligne est engagé par une compagnie aérienne en septembre 1991. Appelé à faire des stages nécessaires pour la société, le contrat de ce salarié prévoyait qu'il s'engageait à servir son employeur pendant une durée définie ou à rembourser prorata temporis, s'il démissionnait avant la fin de ce délai, les frais de stages dont il aura bénéficié. La première formation suivie par le salarié a lieu en avril 1996 avec un contrat de formation contenant une clause de dédit-formation signée postérieurement, soit le 1er juillet 1997. En août 1997, le pilote démissionne. Il est condamné à rembourser une partie des frais de formation suivie. En raison de l'absence d'une

convention spécifique préalable, les juges ont invalidé la mise en œuvre de la clause de dédit-formation générale insérée dans le contrat de travail dès l'embauche (cass. soc. 4 février 2004, BC V n° 40).

Cette exigence s'impose même si le contrat de travail ou un accord d'entreprise contient une clause de dédit-formation générale.

Convention précise et détaillée. - Le salarié doit bénéficier d'une information complète destinée à lui permettre de prendre sa décision en toute connaissance de cause. La convention de dédit-formation doit ainsi préciser la date, la nature, la durée de la formation et son coût réel pour l'employeur, de même que le montant et les modalités du remboursement à la charge du salarié (cass. soc. 4 février 2004, BC V n° 40).

Convention conclue avant le début de la formation. - La convention particulière de dédit-formation doit être antérieure au début de la formation (cass. soc. 4 février 2004, BC V n° 40). L'accord exprès doit intervenir à un moment où le salarié est encore libre d'accepter ou de renoncer à s'engager.

EXEMPLE Cette exigence n'a pas été respectée lorsque la première formation a eu lieu en avril 1996 et que le contrat de formation avec clause de dédit-formation n'a été signé que le 1er juillet 1997 (cass. soc. 4 février 2004, BC V n° 40).

Consentement éclairé du salarié. - Comme pour tout engagement contractuel, le consentement du salarié doit être libre, c'est-à-dire exempt de tout vice (cass. soc. 4 février 2004, BC V n° 40 ; cass. soc. 24 mars 2004, n° 667 D).

Frais réels supérieurs aux dépenses obligatoires

Frais parfaitement identifiés et supportés par l'entreprise. - L'engagement du salarié de demeurer pendant un certain temps dans l'entreprise est licite dès lors qu'il constitue la contrepartie d'un effort financier réel de l'employeur.

Cette condition implique, en particulier, que les frais de l'entreprise puissent être parfaitement identifiés. Pour cette raison, il faut les définir clairement et les chiffrer de façon précise dans la clause de dédit-formation. Cette identification précise permettra ensuite d'évaluer les obligations susceptibles d'être acceptées en contrepartie par le salarié. Dès lors, une clause qui ne comporte pas de mention relative au coût réel de la formation n'est pas valable (cass. soc. 28 septembre 2005, nos 2054 FD et 2060 FD; cass. soc. 4 février 2004, n° 01-43651, BC V n° 40). L'indication d'un montant forfaitaire de dépenses ne suffit pas non plus (cass. soc. 18 mars 1970, BC V n° 207).

L'existence de frais réels suppose ensuite que les dépenses en cause aient été réellement supportées par l'entreprise. Les frais ne doivent donc pas avoir été pris en charge ou couverts, directement ou indirectement, par les versements d'un organisme collecteur ou d'une subvention.

> **À NOTER** En cas de congé individuel de formation, l'employeur continue de rémunérer le salarié en congé, mais se fait ensuite rembourser par l'OPACIF auquel il a versé sa contribution légale. Dans ces conditions, demander au salarié un remboursement ultérieur en application d'une clause de dédit-formation constituerait, pour l'employeur, un enrichissement sans cause, ce qui est interdit.

Frais supérieurs à ceux exigés par la loi ou la convention collective. Comme on l'a déjà souligné, toute clause de dédit-formation doit être la contrepartie d'un engagement pris par l'employeur d'assurer une formation entraînant des frais réels au-delà des dépenses imposées par la loi ou la convention collective. Ceci signifie que l'employeur ne peut demander à un salarié de rembourser des frais ayant été engagés pour se libérer d'une obligation légale ou conventionnelle en matière de formation. Seules les sommes dépassant le montant de dépenses obligatoires peuvent entrer en ligne de compte dans une clause de dédit-formation.

Montant de l'indemnité proportionné aux frais de formation engagés

Clause licite. - Une clause de dédit-formation n'est licite que si le montant de l'indemnité de dédit est proportionné aux frais de formation engagés (cass. soc. 21 mai 2002, BC V n° 169). Dès lors, il doit être représentatif des frais de formation réellement engagés.

Conséquences du non-respect de la proportionnalité. - La jurisprudence appliquait aux indemnités de dédit l'article 1152 du code civil relatif aux clauses pénales. À savoir que le juge pouvait - même d'office - réduire la pénalité convenue si son montant apparaissait excessif (cass. soc. 23 janvier 1985, BC V n° 58).

PRISE EN COMPTE DES SALAIRES MAINTENUS DANS LES FRAIS RÉELS DE FORMATION

Faut-il considérer que seules les dépenses de formation stricto sensu peuvent être l'objet d'une clause de dédit-formation ou peut-on inclure, dans ces dépenses, la rémunération éventuellement maintenue au salarié pendant le temps de sa formation ? La Cour de cassation n'a eu, semble-t-il, qu'une seule fois l'occasion de se prononcer sur ce sujet (cass. soc. 5 janvier 1995, n° 90 D). Les magistrats transposent dans cet arrêt la solution retenue en matière de frais de formation stricto sensu : la rémunération maintenue pendant la formation ne peut pas être considérée comme des frais réels dont le remboursement pourrait, le cas échéant, être demandé au salarié si le versement du salaire était obligatoire. À ce titre, rappelons qu'en cas de formation relevant du plan de formation, l'employeur est tenu de payer le salarié pendant la durée du stage.

Depuis 2002 la proportionnalité du montant de l'indemnité de dédit aux frais de formation réellement engagés est une condition de validité de la clause de dédit-formation. Donc, si le juge constate que l'indemnité prévue ne répond pas à cette condition, la clause doit être purement et simplement annulée et non pas seulement modifiée.

Indemnité de dédit dégressive. - Si le salarié démissionne avant le terme prévu par la clause mais après avoir travaillé plusieurs mois, voire plusieurs années dans l'entreprise, peut-on admettre que l'indemnité de dédit prévue puisse être réduite prorata temporis, compte tenu de la durée de sa collaboration ? Avant 2002, les juges se basaient sur la rédaction de la clause de dédit. Ainsi, en l'absence de stipulations contractuelles relatives au caractère dégressif du remboursement, l'employeur n'était pas tenu d'accéder à une demande du salarié en ce sens (cass. soc. 23 janvier 1985, BC V n° 58). Aujourd'hui, l'exigence de proportionnalité implique, à notre avis, qu'il soit tenu compte, systématiquement, de la durée restant à courir de l'obligation de fidélité contractée par le salarié.

Le salarié doit toujours pouvoir démissionner

Nécessaire respect de la liberté de rompre le contrat de travail. Le contrat de travail conclu sans détermination de durée peut cesser à l'initiative d'une des parties contractantes (c. trav. art. L. 122-4). Ce principe ne saurait être remis en cause par le biais d'une clause de dédit-formation.

Dissuader la démission mais pas l'interdire. - La clause de dédit-formation peut être dissuasive : telle est d'ailleurs sa raison d'être. Mais elle ne doit pas avoir pour effet de priver le salarié de la faculté de démissionner (cass. soc. 17 juillet 1991, BC V n° 373). En conséquence, une telle clause ne saurait prévoir que le salarié devra rester au service de l'employeur pendant un délai inconsidéré.

Comment appliquer la clause ?

Dans quels cas de rupture ?

Démission. - Il s'agit de l'hypothèse normale. C'est précisément pour rendre plus difficile la démission du salarié que la pratique a mis au point la formule de dédit-formation. C'est aussi le seul cas de rupture à être mentionné par la loi à propos d'une telle clause (c. trav. art. L. 933-2, al. 7). Encore faut-il que la démission n'ait pas pour cause une faute de l'employeur lui-même. Dans ce cas, la clause ne s'applique pas.

> **Exemples** L'employeur ne remplit pas ses propres obligations en cas de non-paiement des salaires (cass. soc. 4 juillet 1990, n° 2827 D) ou de non-respect de non-engagement d'assurer un nombre minimal d'heures de formation au salarié (cass. soc. 28 mars 1995, n° 1363 D).

Rupture de la période d'essai. - Lorsque le contrat de travail est rompu en cours de période d'essai, à l'initiative du salarié, ce dernier peut être débiteur du montant de l'indemnité de dédit-formation, sous réserve bien entendu que la formation contractuellement envisagée ait bien été amenée à son terme (cass. soc. 5 juin 2002, BC V n° 196).

Licenciement pour faute grave. - L'application de la clause de dédit formation a été admise en cas de licenciement pour faute grave (cass. soc.

14 décembre 2005, n° 04-42660 FD). ***A fortiori*, la clause de dédit peut aussi être mise en jeu en cas en cas de licenciement pour faute lourde.**

EXEMPLE M. X a été engagé en qualité de technicien de quai. Il a signé un avenant à son contrat prévoyant une formation professionnelle, prise en charge par l'employeur, le salarié s'engageant en contrepartie à accepter un poste de conducteur-livreur et, en cas de démission ou de licenciement pour faute grave dans les trois ans suivant la fin de cette formation, à rembourser les frais de formation. Il a été licencié pour faute grave. L'employeur était, dans ce cas, en droit d'obtenir la condamnation de ce salarié au paiement de l'indemnité de dédit (cass. soc. 14 décembre 2005, n° 04-42660 FD).

La formation a-t-elle été suivie ?

Formation réellement suivie. - L'employeur ne peut réclamer au salarié le paiement de l'indemnité de dédit que si la formation prévue a bien été suivie.

EXEMPLE Le contrat de travail régularisé d'un VRP stipulait qu'il devrait rembourser les frais de formation engagés à son bénéfice en cas de rupture du contrat moins de cinq ans après sa conclusion. L'employeur n'a pas obtenu des juges que ce salarié soit condamné à lui payer l'indemnité de dédit ainsi prévue car il ne rapportait pas la preuve de la réalité des actions de formation qu'il avait dispensées. Celles-ci ne pouvaient consister dans la seule participation aux réunions commerciales des réseaux de distribution (cass. soc. 1er juin 1999, n° 96-40070 FD).

CONVENTION DE DÉDIT-FORMATION

À …, le …

Entre l'entreprise…, représentée par M. …, agissant en qualité de …, et M. …, il est convenu et arrêté et ce qui la convention qui suit.

M. …suivra du … au … un stage de formation de …... mois. L'objet de ce stage est le suivant: …

Les frais de la formation correspondante seront supportés par l'entreprise à raison de … euros. Il s'agit des frais suivants: … *(détailler les frais en cause)*. Par voie de conséquence, ces frais ne seront pas imputés sur le montant de la participation obligatoire de l'entreprise à la formation professionnelle.

En contrepartie des dépenses consenties en la faveur de M. …, à l'issue de ce stage, il s'engage à rester au service de l'entreprise … pendant une durée minimale de … mois *(ou … ans)*.

Si M. .. décide de quitter l'entreprise avant le terme de ce délai, l'entreprise sera dans l'obligation de lui réclamer le remboursement des frais mentionnés ci-dessus.

Toutefois, le montant de ce remboursement sera déduit à raison de … % par trimestre passé dans l'entreprise postérieurement à la date de fin du stage.

Signatures

17 Clause de non-concurrence

La clause de non-concurrence interdit au salarié, après la rupture du contrat, d'exercer certaines activités professionnelles susceptibles de nuire à son ancien employeur. Le contrat de travail peut également comporter une clause moins restrictive que la clause de non-concurrence. Il s'agit de la clause de respect de la clientèle ou de la clause de non-démarchage.

Les conditions de validité à vérifier

Conditions cumulatives

Quatre conditions. - Une clause de non-concurrence n'est licite que si :
- elle est indispensable à la protection des intérêts légitimes de l'entreprise ;
- elle est limitée dans le temps et dans l'espace ;
- elle tient compte des spécificités de l'emploi du salarié ;
- elle comporte l'obligation pour l'employeur de verser au salarié une contrepartie financière.

Ces conditions sont cumulatives (cass. soc. 10 juillet 2002, BC V n° 239). Si une seule de ces conditions manque, la clause est donc nulle.

Enfin, en application du principe de la liberté du travail, la clause ne doit pas aboutir à interdire au salarié d'exercer une activité conforme à sa formation et à ses connaissances.

À noter Il ne faut pas confondre obligation de loyauté et clause de non-concurrence. Pendant toute la durée d'exécution du contrat de travail le salarié est tenu envers l'employeur d'une obligation de loyauté qui lui interdit notamment de se livrer à des actes le concurrençant. Une clause de non-concurrence ne s'applique quant à elle qu'après la rupture du contrat de travail (cass. soc. 17 janvier 2006, n° 04-41814 D).

Rédaction de la clause. - La clause de non-concurrence apportant une restriction à la liberté du travail, elle est d'interprétation stricte et ne peut donc pas être étendue au-delà de ses prévisions. La plus grande attention doit donc être apportée à sa rédaction.

> **Attention.** Il est possible d'insérer dans un contrat de travail, à la fois une clause de dédit-formation et une clause de non-concurrence (cass. soc. 21 mai 2002, BC V n° 169).
> Clause de confidentialité et clause de non-concurrence ne doivent pas être confondues. La première ne saurait produire les effets de la seconde (cass. soc. 2 octobre 2001, BC V n° 291).

Protection des intérêts légitimes de l'employeur ou de l'entreprise

Caractère indispensable de la clause. - Pour être licite, une clause de non-concurrence doit être « indispensable à la protection des intérêts légitimes de l'employeur ». Pour apprécier cette condition, il faut examiner :
- la nature ou les spécificités de l'emploi du salarié ;
- l'activité réelle de l'entreprise, et non la définition statutaire de son objet (cass. soc. 10 juillet 2002, BC V n° 239 ; cass. soc. 18 décembre 1997, BC V n° 458).

Ainsi l'activité interdite au salarié doit-elle correspondre aux activités concurrentes de celles de l'entreprise.

Exemple S'agissant d'un VRP, une clause de non-concurrence peut valablement concerner l'ensemble des emplois d'une entreprise concurrente, dès lors qu'elle est indispensable à la protection des intérêts légitimes de l'entreprise et qu'elle n'empêche pas le salarié de retrouver un autre emploi, compte tenu de sa formation et de son expérience professionnelles (cass. soc. 18 décembre 1997, BC V n° 459).

Existence d'un risque réel pour l'employeur. - La protection des intérêts de l'employeur suppose un risque encouru, tel que la menace de la perte d'un savoir-faire ou un détournement de clientèle.

Protection des intérêts légitimes de l'entreprise : exemples
Clauses valables
• La clause de non-concurrence insérée dans le contrat de travail d'un attaché commercial exerçant son activité au sein d'une société de commercialisation de pièces détachées servant à la fabrication de matériel de bureau. Cette clause était nécessaire à la protection des intérêts légitimes de l'entreprise, eu égard à la spécificité de son activité et à l'objet de son commerce (cass. soc. 28 juin 2000, n° 3096 FD). • La clause de non-concurrence d'un garçon de café mentionnant une interdiction pendant un an, après la cessation du contrat, de travailler pour toute autre entreprise de la ville qui exploitait une brasserie. Le salarié avait, de par ses fonctions de garçon de café, des contacts avec la clientèle, cette clause de non-concurrence était indispensable à la protection des intérêts légitimes de l'employeur, même si la preuve d'un préjudice né d'un détournement de clientèle n'était pas et n'avait pas à être démontrée (cass. soc. 1er mars 1995, n° 1008 D). • La clause de non-concurrence insérée dans le contrat de travail d'un salarié n'ayant pas de qualifications (cass. soc. 30 octobre 2000, n° 4081 FD).
Clauses non valables
• La clause de non-concurrence insérée dans le contrat de travail d'un laveur de vitres embauché par une entreprise de nettoyage interdisant « d'exploiter directement ou indirectement une entreprise identique ou similaire pendant quatre ans dans les départements limitrophes et dans tous les départements où l'entreprise créerait une agence ». Du fait des fonctions du salarié, l'intérêt légitime de l'entreprise de se protéger d'une éventuelle concurrence faisait défaut (cass. soc. 14 mai 1992, BC V n° 309). • La clause de non-concurrence insérée dans le contrat de travail d'un médecin par une maison de retraite lui interdisant pendant cinq ans après la rupture de son contrat de travail d'exercer sa profession sous quelque forme que ce soit dans un rayon de 20 km autour de l'établissement. L'intérêt légitime de l'employeur n'était pas justifié car l'activité d'une maison de retraite est d'assurer l'accueil, l'hébergement et la fourniture de diverses prestations aux personnes âgées et non l'exercice de la médecine (cass. soc. 24 octobre 1995, n° 3976 D). • La clause de non-concurrence insérée dans le contrat de travail d'un magasinier, lui interdisant sans l'autorisation de l'entreprise, d'entrer au service d'une entreprise concurrente ou de s'intéresser directement ou indirectement à tout commerce pouvant concurrencer les produits vendus par elle pendant deux ans dans un département. La protection des intérêts légitimes de l'entreprise n'était pas démontrée. Les fonctions du magasinier ne correspondaient pas à une qualification spécialisée et n'exigeaient pas qu'il soit en contact avec la clientèle. L'activité de l'ancien employeur était la vente, la réparation et l'entretien de véhicules, ce qui n'impliquait qu'indirectement et de manière accessoire la vente de pièces détachées (cass. soc. 19 novembre 1997, BC V n° 392).

Limites de la clause : dans le temps et dans l'espace

Dans le temps et dans l'espace. - Si une seule de ces limites manque, dans le temps ou dans l'espace, la clause de non-concurrence est nulle (cass. soc. 31 octobre 2005, n° 04-46119 FD).

Limitation dans le temps. - Une interdiction illimitée (cass. soc. 9 octobre 1985, BC V n° 442), excessive (cass. soc. 2 février 1999, n° 597 D), ou d'une durée trop longue eu égard à la nature de l'emploi concerné (cass. soc. 7 mai 1991, n° 1827 D), est nulle car elle porte une atteinte excessive à la liberté du salarié.

La plupart des conventions collectives imposent d'ailleurs une limite, généralement fixée à deux ans maximum.

Limitation dans l'espace. - Pour être valable, la clause de non-concurrence doit aussi être restreinte aux lieux dans lesquels l'activité du salarié peut faire effectivement concurrence à son ancien employeur : si celui-ci est implanté dans une seule ville, la clause ne peut empêcher le salarié d'exercer une activité lui interdisant toute activité concurrentielle sur l'ensemble du territoire national.

La clause doit tenir compte des spécificités de l'emploi du salarié

Prendre en compte l'emploi occupé. - Une clause de non-concurrence ne saurait être inscrite dans le contrat de travail d'un salarié dont la nature de l'emploi n'est pas susceptible de lui donner accès à des informations stratégiques, ou encore à la clientèle. Comme nous l'avons déjà souligné ci-avant, il doit en effet exister un risque réel de concurrence pour l'employeur. Or un tel risque n'existe pas pour tous les types de postes.

Contrepartie financière obligatoire

Contrepartie définie dans la clause de non-concurrence. - Pour être licite, toute clause de non-concurrence doit être assortie d'une contrepartie financière y compris lorsque la convention collective est silencieuse à ce sujet (cass. soc. 10 juillet 2002, BC V n° 239).

> **Attention.** Pour être maintenues valablement, les clauses de non-concurrence qui ne prévoient pas de contrepartie financière doivent être actualisées. Le cas échéant, l'avenant devra aussi mentionner la limitation géographique ou temporelle qui manquait. Il a en effet été jugé que le principe selon lequel la clause n'est valable que si elle est assortie d'une contrepartie financière est applicable aux clauses de non-concurrence signées avant son adoption par les juges en juillet **2002** (cass. soc. 7 janvier 2003, n° 11 FD ; cass. soc. 25 février 2004, n° 414 FD ; cass. soc. 17 décembre 2004, BC V n° 346).

Selon l'administration, un employeur ne peut pas maintenir une clause de non-concurrence en ajoutant unilatéralement au contrat de travail un avenant relatif à la contrepartie financière. L'ajout d'une telle contrepartie constitue en effet une modification du contrat de travail qui doit être soumise à l'accord du salarié concerné (rép. Le Nay, JO 16 mars 2004, Déb. AN quest. p. 2016).

Possibilité de renvoyer à la convention collective applicable. - Il faut toutefois réserver l'hypothèse de la clause de non-concurrence qui ne prévoit pas de contrepartie financière mais qui renvoie à la convention collective applicable à l'entreprise qui, elle, en impose une (ex.: CCN des VRP). Une telle clause est valable dans la mesure où la contrepartie financière instituée par la convention collective s'applique de plein droit (cass. soc. 10 mars 2004, BC V n° 83).

Montant de la contrepartie. - Le montant de la contrepartie financière doit être déterminé proportionnellement à la durée et à l'intensité de l'atteinte portée à la liberté professionnelle du salarié au regard de ses revenus professionnels antérieurs (CA Versailles, 17e ch. soc., 20 février 2003, RG 01/02044, BICC 580 n° 819).

Il faudra aussi respecter la convention collective applicable, veiller à ce que le montant ne soit pas dérisoire et éviter l'abus de droit. Le fait que le montant de la contrepartie financière soit dérisoire est assimilé à une absence de contrepartie. Dans ce cas, la clause est donc nulle (cass. soc. 13 janvier 1998, BC V n° 6).

> **À NOTER** Si la clause contractuelle de non-concurrence prévoit une indemnité compensatrice d'un montant inférieur à celui fixé par la convention collective, la clause est nulle et libère le salarié de son obligation (cass. soc. 13 janvier 1998, BC V n° 8).

L'obligation de paiement de la contrepartie ne peut pas être exclue en cas de licenciement pour faute grave. - Il n'est pas possible de prévoir dans la clause de non concurrence que la contrepartie financière ne sera pas due en cas de licenciement pour faute grave du salarié concerné. En effet, il n'est pas possible de dissocier les conditions d'ouverture de l'obligation de non concurrence de celles de son indemnisation.

Si une clause de non concurrence comporte une telle exclusion, le salarié concerné est donc en droit d'obtenir le paiement de la contrepartie même s'il est licencié pour faute grave. Pour ce faire, il peut saisir les juges (cass. soc. 28 juin 2006, n° 05-40990 FPB).

L'obligation de paiement de la contrepartie ne peut pas être exclue en cas de démission. - La clause de non-concurrence qui ne prévoit le versement d'une contrepartie pécuniaire qu'en cas de rupture du contrat de travail à l'initiative de l'employeur est nulle dans la mesure où elle méconnaît la liberté fondamentale du salarié d'exercer une activité. Pour être valable, une clause de non-concurrence ne doit donc pas exclure le versement de la contrepartie financière en cas de démission du salarié concerné (cass. soc. 31 mai 2006, n° 04-44598 FSPB).

Modalités de paiement : ce qui n'est pas possible. - Il n'est pas possible de prévoir dans la clause de non-concurrence que l'obligation de paiement de la contrepartie financière est différée à l'issue du délai de l'obligation de non-concurrence (cass. soc. 2 mars 2005, n° 538 FD).

> **EXEMPLE** Une clause prévoyait que la contrepartie financière, consignée par l'employeur sur un compte bloqué, n'était due qu'à la fin de la période de trois années de non-concurrence. Cette clause est illicite.

Il n'est pas non plus possible de prévoir dans la clause de non-concurrence que l'obligation de verser la contrepartie financière soit subordonnée à la condition préalable que le salarié concerné fournisse chaque trimestre une attestation de présence de son nouvel employeur ou une attestation de non-emploi. Une telle disposition est illicite dans la mesure où l'obligation de verser la contrepartie naît de l'existence même de la clause et parce qu'elle a pour conséquence de faire présumer que ce salarié ne respecte pas la clause de non-concurrence jusqu'à ce qu'il apporte la preuve contraire (CA Poitiers, ch. soc., 15 juin 2004, RG n° 02-03586, BICC 609, n° 1836).

Modalités de paiement : ce qui reste possible. - Sous réserve de respecter sa convention collective, l'employeur peut envisager différentes modalités de versement de la contrepartie financière :
- versement par anticipation en cours d'exécution du contrat ;
- versement en une seule fois lors de la cessation du contrat de travail ;
- versement mensuel (ou selon une autre fréquence) pendant la période d'interdiction de concurrence.

Si l'employeur opte pour l'intégration de la contrepartie financière dans le salaire mensuel, son montant doit être déterminé et déterminable. Ce n'est pas le cas si aucune précision n'est apportée dans le contrat de travail sur les modalités de calcul de cette contrepartie (CA Lyon, 27 septembre 2005, BICC 631 du 15 décembre 2005).

Nature de la contrepartie financière. - La contrepartie financière a la nature d'une indemnité compensatrice de salaires. Il en résulte que cette contrepartie :
- ouvre droit à congés payés (cass. soc. 17 mai 2006, n° 04-47597 FSP ; cass. soc 3 novembre 2004, n° 02-45279 FD) ;
- est soumise aux cotisations de sécurité sociale, à la CSG et à la CRDS ;
- relève de la prescription applicable à l'action en paiement de salaire, à savoir 5 ans (c. civ. art. 2277 ; cass. soc. 26 septembre 2002, BC V n° 283).

Conséquences du non-versement de la contrepartie. - Faute d'avoir versé la contrepartie financière, l'employeur ne peut se prévaloir de la clause de non-concurrence. Dans ce cas, le salarié peut se considérer comme libéré de l'interdiction de concurrence (cass. soc. 13 janvier 1998, BC V n° 6 ; cass. soc. 12 mars 1997, n° 1222 D).

Clause sans contrepartie financière : nullité et inopposabilité. - Une clause de non-concurrence sans contrepartie financière est nulle et donc sans effet. Néanmoins, il est quand même admis que le salarié puisse, dans cette hypothèse, saisir le juge des référés pour qu'il constate que la clause lui est inopposable. En effet, la clause de non-concurrence inscrite au contrat de travail de l'intéressé n'étant assortie d'aucune contrepartie financière, son exécution est de nature à caractériser un trouble manifestement illicite. Déclarer la clause inopposable constitue donc une mesure destinée à faire cesser ce trouble manifestement illicite (cass. soc. 25 mai 2005, n° 1418 FSPBRI).

Respect de la liberté du travail

Exercice d'une activité conforme à la formation et aux connaissances du salarié. - En application du principe de la liberté du travail, le salarié doit pouvoir continuer d'exercer une activité conforme à sa formation et à ses connaissances. Les restrictions à la liberté du travail sont à apprécier par le juge au regard de la compétence générale du salarié : formation, expérience professionnelle... Il est cependant possible de considérer que la liberté de travail du salarié n'est pas limitée si la généralité de sa formation, de sa qualification ou la diversité de son expérience professionnelle lui permet de trouver un nouvel emploi dans une autre branche d'activité.

Restriction par le juge de la clause portant atteinte à la liberté du travail. - La clause qui remplit l'ensemble des critères de validité, « même

Clauses portant atteinte à la liberté du travail du salarié ?	
• Une clause de non-concurrence était insérée dans les contrats de travail respectifs d'un technicien de maintenance générale et d'un chef de service après-vente employés dans une entreprise dont l'objet est la fabrication et la vente d'appareils électroniques et d'imagerie médicale. Cette clause devait s'appliquer pendant 2 ans sur le territoire de la France métropolitaine aux appareils de la catégorie de ceux fabriqués et vendus par la société. Étendue à l'ensemble du territoire métropolitain, l'interdiction d'exercice de leur activité faisait perdre à ces deux salariés le bénéfice d'une expérience professionnelle de 15 ans entièrement acquise dans le secteur spécialisé de la radiologie et ne leur laissait comme alternative que l'expatriation ou la reconversion professionnelle (cass. soc. 28 octobre 1997, BC V n° 342).	**OUI**
• Une clause même limitée dans le temps et l'espace et comportant une contrepartie financière peut quand même porter atteinte à la liberté de travail du salarié, si elle ne permet pas à ce dernier de retrouver un emploi conforme à son expérience professionnelle. Tel était le cas de la clause de non-concurrence d'un salarié embauché en qualité de chef de département par une société de vente d'articles sportifs ayant 8 ans d'ancienneté. Elle interdisait au salarié d'entrer au service, en France et pendant un an, d'une entreprise ayant pour activité principale ou secondaire la vente au détail de vêtements et matériel de sport grand public (cass. soc. 18 septembre 2002, BC V n° 273).	**OUI**
• La clause insérée dans le contrat de travail d'un directeur commercial, lui interdisait pendant trois ans, sur toute l'étendue du territoire français, d'entrer au service d'une entreprise concurrente, de s'intéresser directement ou indirectement, sous quelque forme que ce soit, à une entreprise du même ordre, dès lors que le salarié ne justifiait pas de son impossibilité de retrouver le même emploi dans un autre secteur d'activité que celui visé par la clause en France ou à l'étranger (cass. soc. 18 février 1997, n° 784 D).	**NON**
• La clause de non-concurrence d'un électromécanicien d'une entreprise de manutention et de stockage de matériel industriel lui interdisait de travailler dans toute entreprise susceptible de concurrencer son employeur. Elle ne lui interdisait pas « en raison de sa qualification et de son niveau de compétences de trouver du travail en dehors du secteur particulier de la maintenance et de la manutention qui était celui de son employeur » (cass. soc. 14 février 1995, n° 739 D).	**NON**
• Un directeur du marketing s'engageait, en cas de départ, à ne pas entrer au service d'une maison fabriquant des produits identiques ou similaires à celle de son employeur (secteur de la parfumerie et des cosmétiques) et à ne pas s'intéresser sous quelque forme que ce soit, travail, conseils ou capitaux à une entreprise de ce genre, même pour son propre compte, applicable en France et dans les autres pays du Marché commun, pendant 12 mois à compter de la date d'expiration du contrat de travail. Cette clause laissait au salarié la possibilité d'exercer des fonctions de directeur de marketing dans toute entreprise relevant d'un secteur autre que celui de la parfumerie et des cosmétiques, était limitée dans son objet et n'avait pas pour effet de l'empêcher d'exercer une activité conforme à sa formation et à son expérience (cass. soc. 30 janvier 2002, n° 420 FD).	**NON**

indispensable à la protection des intérêts légitimes de l'entreprise », peut quand même être réduite par le juge dans son champ d'application (limitation des effets dans le temps, l'espace ou des activités interdites) si, en fait, elle constitue une entrave à la liberté du travail du salarié concerné (cass. soc. 18 septembre 2002, BC V n° 272).

Exemple La clause d'un salarié chargé de mission dans une société d'assurances était limitée dans le temps (2 ans), géographiquement (un département précis et les départements limitrophes) et dans l'activité (représentation de sociétés d'assurance-vie ou « incendie-accident », de capitalisation ou d'épargne, etc.). Cependant, bien qu'indispensable à la protection des intérêts légitimes de l'entreprise, les juges ont limité la portée de la clause aux seuls clients que le salarié démissionnaire avait apportés à son employeur car elle constituait une entrave à sa liberté de travailler en raison de la spécificité de son activité professionnelle (cass. soc. 18 septembre 2002, BC V n° 272).

Non-respect des conditions de validité : nullité de la clause

Seul le salarié peut se prévaloir de la nullité. - Seul le salarié peut se prévaloir de la nullité de la clause de non concurrence sans contrepartie financière inscrite dans son contrat de travail (cass. soc. 25 janvier 2006, BC V n° 25). L'employeur ne peut donc pas invoquer cette nullité pour échapper aux conséquences financière de l'interdiction de concurrence imposée au salarié.

À NOTER Le nouvel employeur ne peut pas invoquer la nullité de la clause de non-concurrence qui liait un salarié à son précédent employeur (cass. soc. 2 février 2006, n° 329 FSPB).

Respect de la clause malgré sa nullité. - Il peut arriver qu'un salarié respecte la clause de non concurrence alors même que celle-ci est nulle car elle n'a pas de contrepartie. Dans ce cas, ce salarié a nécessairement subi un préjudice. Il n'a donc pas à en prouver l'existence pour que son ancien employeur soit condamné à lui verser des dommages et intérêts (cass. soc. 11 janvier 2006, BC V n° 8 ; cass. soc. 4 avril 2006, n°s 924, 958 et 959 FD).

EXEMPLE Un salarié avait respecté pendant 12 mois une clause de non concurrence sans contrepartie. Il a obtenu que son ancien employeur soit condamné à lui verser une somme égale à 12 fois son salaire mensuel brut antérieur (cass. soc. 15 novembre 2005, n° 2445 D).

L'employeur peut néanmoins échapper à cette condamnation s'il prouve que le salarié n'a pas respecté l'interdiction de concurrence et donc, n'a pas subi de préjudice (cass. soc. 22 mars 2006, n° 04-45546 FSPB).

Une action en concurrence déloyale reste possible. - En cas de nullité d'une clause de non-concurrence, le salarié retrouve toute sa liberté professionnelle à la fin de son contrat de travail. Pour autant, une limite demeure, celle de la concurrence déloyale. En effet, un employeur peut toujours intenter une action en responsabilité contre son ancien salarié s'il démontre que ce dernier s'est livré à des actes de concurrence déloyale à son égard (ex. : détournement de clientèle). La nullité d'une clause de non-concurrence ne fait pas obstacle à une telle action (cass. soc. 28 janvier 2005, BC V n° 36 ; cass. soc. 14 décembre 2005, BC V n° 363). Il a aussi la possibilité de se retourner contre le nouvel employeur. Ces deux actions peuvent être menées concomitamment, l'une ne faisant pas obstacle à l'autre (cass. soc. 24 mai 2005, n° 1139 FD).

Respecter la convention collective applicable

Limites prévues par les conventions collectives

Dispositions conventionnelles. - De nombreuses conventions collectives comportent des limites concernant les clauses de non-concurrence. Elles fixent leurs limites temporelles et spatiales, leurs cas d'application, les formes et délais d'une éventuelle renonciation de l'employeur...

> **Attention.** Même si la convention collective applicable n'impose aucune contrepartie financière, celle-ci doit quand même être prévue. À défaut, la clause est nulle.

La clause insérée dans le contrat de travail ne peut comporter de dispositions moins favorables pour le salarié que celles figurant dans la convention collective. Elle est soumise à ses limitations et conditions.

Enfin, lorsque la convention collective prévoit qu'une catégorie de salariés peut être soumise à une clause de non-concurrence, les autres catégories de salariés ne peuvent se voir appliquer cette clause (cass. soc. 12 novembre 1997, BC V n° 370 ; cass. soc. 27 novembre 2002, n° 3424 FD).

Clause non conforme. - Si la clause insérée dans le contrat de travail n'est pas conforme aux dispositions de la convention collective, elle n'est pas systématiquement annulée. En fonction des circonstances de l'espèce, les juges peuvent la déclarer valable dans les limites posées par l'accord (cass. soc. 12 février 2002, BC V n° 63). Tel est le cas quand le salarié a violé son engagement de non-concurrence même si celui-ci n'est apprécié qu'au regard des limites fixées par la convention collective (cass. soc. 9 octobre 2002, n° 2955 FD).

Dispositions plus favorables du contrat de travail. - Si le contrat de travail contient des dispositions plus favorables à la liberté du travail que la convention collective, il convient alors d'appliquer les dispositions du contrat de travail (cass. soc. 31 octobre 2000, n° 4123 FD).

Effet d'un accord collectif instituant une clause de non-concurrence sur les contrats de travail existants. - Le contrat de travail d'un salarié, qui est dépourvu de toute clause de non-concurrence, ne peut être modifié par un accord d'établissement instituant une interdiction de concurrence (cass. soc. 17 octobre 2000, BC V n° 334).

Modifier une clause de non-concurrence

Révision de la clause. - L'employeur qui veut modifier une clause de non concurrence doit solliciter l'accord du salarié puisque une telle modification entraîne celle de son contrat de travail. Tel est le cas, par exemple, si l'employeur étend le champ d'activité de l'interdiction de concurrence (cass. soc. 5 avril 2006, n° 956 FD).

Par ailleurs, l'insertion dans une transaction d'une clause de non-concurrence distincte de celle qui avait été insérée au contrat de travail est valable (cass. soc. 20 juin 1995, n° 2786 D).

Modification du contrat de travail. - En cas de modification du contrat de travail, la clause de non-concurrence n'est pas nécessairement affectée. Il en va ainsi lorsque le contrat à durée déterminée devient, par la seule poursuite des relations de travail, un contrat à durée indéterminée (cass. soc. 5 janvier 1995, n° 110 D).

Le même raisonnement peut s'appliquer lorsque la modification du contrat intervient sans qu'il y ait changement de fonctions. Il a été ainsi jugé que la modification d'un contrat de travail portant seulement sur un changement d'affectation accompagné d'une augmentation ne pouvait faire cesser d'exister la clause de non-concurrence prévue au contrat initial (cass. soc. 19 juillet 1995, n° 3338 D).

Sort de la clause en cas de mutation du salarié. - En cas de mutations successives, la clause de non-concurrence reste en vigueur dès lors que le contrat de travail n'a pas été modifié par les lettres de détachement (cass. soc. 10 juillet 1997, n° 3050 D). En revanche, si la lettre de détachement fixant les nouvelles conditions de travail ne reprend pas la clause de non-concurrence, elle cesse d'être applicable (cass. soc. 22 janvier 1997, BC V n° 31).

Faire jouer la clause de non-concurrence

Cas de rupture où la clause est applicable

Tous les cas de rupture. - Si le contrat de travail ou la convention collective instituant la clause n'en limite pas la portée, celle-ci doit jouer dès lors que le contrat est rompu, quelle que soit la cause de la rupture et notamment dans les hypothèses suivantes:
- force majeure;
- licenciement pour motif économique (et ce, compris dans mes cas où le salarié a adhéré à une convention d'allocation spéciale du FN, cass. soc. 19 octobre 2005, n° 2179 FP) ou pour motif personnel, licenciement sans cause réelle et sérieuse (cass. soc. 22 octobre 1997, n° 3686 P), licenciement pour inaptitude (cass. soc. 13 juillet 2005, n° 1678 FD);
- démission;
- survenance du terme du contrat à durée déterminée;
- rupture consécutive au refus du salarié d'accepter la modification d'un élément essentiel de son contrat de travail;
- départ ou mise à la retraite (cass. soc. 12 octobre 1993, n° 3070 D);
- départ en préretraite (cass. soc. 21 mai 1996, n° 2240 D);
- rupture pendant la période d'essai (cass. soc. 17 juillet 1997, BC V n° 280; cass. soc. 15 novembre 2005, n° 446 FD);

> **À NOTER** En prévoyant dans le contrat de travail une interdiction de concurrence à l'expiration de celui-ci « pour quelque cause que ce soit », cette clause de non-concurrence est applicable dès la période d'essai.

- liquidation judiciaire de l'entreprise (cass. soc. 10 décembre 1996, BC V n° 436; cass. soc. 11 juin 2003, n° 1585 FD);
- cessation volontaire d'activité de l'entreprise (cass. soc. 5 avril 2005, BC V n° 118).

Cas de la rupture abusive. - Si les conditions abusives dans lesquelles le contrat a été rompu par l'employeur sont susceptibles d'entraîner l'indemnisation du salarié, elles ne dispensent pas les parties de l'exécution des obligations découlant du contrat, notamment de la clause de non-concurrence : celle-ci doit recevoir application même si l'employeur a licencié le salarié abusivement ou pour un motif ni réel ni sérieux (cass. soc. 24 janvier 1974, BC V n° 65 ; cass. soc. 22 octobre 1997, BC V n° 325).

Attention au libellé des clauses. - La portée des clauses de non-concurrence doit être déterminée en fonction de leur libellé. Une clause conçue en termes généraux doit s'appliquer dans tous les cas de rupture du contrat. Il en va par exemple ainsi de la clause visant à interdire toute concurrence « à l'expiration du contrat pour quelque cause que ce soit » (cass. soc. 17 juillet 1997, BC V n° 280), ou la clause rédigée comme suit : « le salarié qui cesse ses fonctions volontairement ou contraint s'interdit formellement d'exercer toute activité concurrente… » (cass. soc. 4 novembre 1974, BC V n° 615).

Obligation de paiement de la contrepartie financière

Conditions du paiement. - L'obligation de paiement de l'indemnité compensatrice de non-concurrence est liée à :
- la cessation d'activité du salarié, peu importent les causes de la rupture,
- au respect de la clause de non-concurrence,
- et à l'absence de renonciation de l'employeur.

Circonstances indifférentes. - L'employeur doit verser la contrepartie même si l'ancien salarié :
- a retrouvé un emploi immédiatement après avoir démissionné, dans la mesure où il a bien respecté l'interdiction de concurrence (cass. soc. 10 mars 2004, n° 437 FD) ;
- a été déclaré inapte (cass. soc. 13 juillet 2005, n° 1678 FD ; cass. soc. 8 octobre 1996, BC V n° 312) ;
- a adhéré à une convention d'allocation spéciale du FNE suite à son licenciement économique (cass. soc. 19 octobre 2005, BC V n° 295) ;
- a déclaré vouloir cesser toute activité (cass. soc. 30 avril 2003, n° 1250 FD).

L'employeur ne peut pas prétendre être délié de l'obligation de verser la contrepartie financière au motif que le salarié s'abstient, pendant un certain temps, d'en déclarer le paiement (cass. soc. 10 mai 2006, n° 04-43837 FD).

✉ CLAUSE DE NON-CONCURRENCE

Compte tenu de la spécificité des fonctions de M. … et pour préserver les intérêts de la société … en cas de rupture du contrat de travail, pour quelque motif que ce soit, intervenant à compter du … M. … s'engage à ne pas entrer au service d'une entreprise concurrente, ni à collaborer directement ou indirectement à toute fabrication, tout commerce ou toute autre activité pouvant concurrencer les articles ou produits fabriqués ou les activités de la société.

Les activités susmentionnées ne pourront être exercées, pendant une durée de … à compter de la date de rupture effective du contrat, sur le territoire suivant … .

En contrepartie de cette obligation de non-concurrence, M. … percevra, pendant toute la durée de l'interdiction, une indemnité mensuelle égale à … du salaire mensuel moyen de ses … derniers mois d'appartenance à la société.

La société se réserve le droit de libérer M. … de l'interdiction de concurrence, sans que celui-ci puisse prétendre au paiement d'une quelconque indemnité. Elle devra, dans ce cas, notifier sa décision de renonciation à l'application de la présente clause dans les … jours de la notification de la rupture, quel qu'en soit l'auteur, par lettre recommandée avec accusé de réception.

(Éventuellement) Toute infraction aux dispositions de la présente clause donnera lieu, au profit de l'employeur, au versement de dommages-intérêts dont le montant est fixé forfaitairement, à titre de clause pénale, à … euros.

Le paiement de cette indemnité ne porte pas atteinte au droit de la société … de poursuivre M. … en justice en vue d'obtenir des dommages-intérêts et de faire cesser l'activité concurrentielle exercée par celui-ci.

Enfin, l'employeur reste aussi redevable de la contrepartie même s'il cesse volontairement son activité (cass. soc. 5 avril 2005, BC V n° 118).

Date d'exigibilité. - L'indemnité est due dès le départ effectif du salarié de l'entreprise. Si le salarié a été dispensé d'exécuter son préavis, il est donc en droit de prétendre, dés son départ de l'entreprise, au versement de la contrepartie financière (cass. soc. 15 juillet 1998, BC V n° 382).

Incidence d'une transaction. - Quand l'employeur conclut une transaction avec un salarié qu'il a licencié, celle-ci n'affecte pas les clauses contractuelles destinées à s'appliquer postérieurement à cette rupture du contrat de travail, sauf disposition expresse contraire. L'employeur doit donc verser la contrepartie financière à la clause de non concurrence même s'il a signé une transaction dans la mesure où celle-ci ne comporte aucune disposition emportant expressément renonciation à cette clause (cass. soc. 5 avril 2006, n° 952 FD).

Garantie de l'AGS. - En cas de redressement ou liquidation judiciaires, l'AGS garantit le paiement de la contrepartie financière (cass. soc. 7 février 2006, n° 376 FD) et ce, peu importante que toutes les échéances ne soit pas exigibles (cass. soc. 20 juin 2006, nos 04-48493, 04-48521, et 04-48522 FSPB).

Comment renoncer à la clause de non-concurrence ?

Renonciation prévue au contrat ou dans la convention collective

Dans le contrat de travail. - Il est judicieux de prévoir dans le contrat la possibilité pour l'employeur de renoncer à la clause de non-concurrence et donc au versement de la contrepartie financière. À défaut, l'employeur ne pourra pas échapper à son obligation de verser l'indemnité (cass. soc. 4 juin 1998, BC V n° 299 ; cass. soc. 7 mars 2000, BC V n° 88).

Application directe de la convention collective. - Toutefois, dans l'hypothèse où la convention collective applicable prévoit et organise cette possibilité pour l'employeur de renoncer à la clause de non concurrence, l'employeur peut user de son droit à renonciation même si le contrat de travail du salarié concerné ne le prévoit pas, mais ne l'exclue pas non plus, dans la mesure où ce contrat renvoie bien aux dispositions de cette convention collective. Autre réserve : l'employeur doit bien respecter les modalités prévues par la dite convention (cass. soc. 22 février 2006, n° 04-45406 FD).

> **Exemple** Selon la convention collective des entreprises de la transformation des matières plastiques, l'employeur peut renoncer à l'ap-

plication de la clause de non-concurrence, sous réserve de notifier cette renonciation par LRAR, adressée au salarié dans le délai d'un mois suivant la notification de la rupture du contrat de travail, quelle que soit la partie qui ait pris l'initiative de la rupture. En l'absence de dispositions particulières du contrat de travail, qui par ailleurs se référait à la convention collective, l'employeur avait pu renoncé à cette clause par lettre recommandée dans le délai d'un mois à compter de la notification de la rupture du contrat de travail (cass. soc. 22 février 2006, n° 04-45406 FD).

Respect de la convention collective applicable. - Le contrat de travail ne peut pas déroger à la convention collective applicable à l'entreprise que dans un sens plus favorable au salarié. Ainsi, quand la convention collective dispose que la clause de non-concurrence peut être résiliée à la suite d'un accord entre les parties, le contrat de travail ne peut pas déroger à cette disposition dans un sens défavorable au salarié en permettant à l'employeur d'y renoncer unilatéralement.

EXEMPLE Une convention prévoyait que « la clause de non-concurrence peut à tout moment être résiliée à la suite d'un accord entre les deux parties » et le contrat de travail stipulait que l'employeur « se réserve le droit, dans un délai de huit jours à partir de la cessation de la collaboration, de délier (le salarié) de la clause de non-concurrence ». L'employeur qui a effectivement renoncé à la clause de non-concurrence en application de cette dernière stipulation est donc condamné à verser au salarié concerné l'indemnité de non-concurrence (cass. soc. 26 mars 2003, n° 968 FD ; cass. soc. 21 septembre 2005, n° 1913 FD).

Respect des formes et délais

Renonciation expresse. - La renonciation de l'employeur doit être claire, explicite et non équivoque. Elle ne saurait se déduire de son seul comportement.

EXEMPLE C'est ainsi que le fait de dispenser le salarié de son préavis afin de lui permettre d'entrer plus vite au service d'une entreprise non concurrente n'implique pas, de la part de l'employeur, renonciation implicite à l'application de la clause et ne l'exonère donc pas du versement de l'indemnité compensatrice. De même, la mention « libre de tout engagement » portée sur le certificat de travail (cass. soc. 13 décembre 1995, n° 5068 D) ou dans la transaction (cass. soc. 30 janvier 1996, n° 327 D) ne vaut pas renonciation valable à la clause de non-concurrence.

Sanction : renonciation inefficace. - La renonciation effectuée sans les formes ou hors des délais prévus par le contrat de travail ou la convention collective est inopérante (en d'autres termes, l'employeur devra verser l'indemnité de non-concurrence) : en effet, les formes et les délais prescrits ne sont pas des éléments de preuve mais les conditions de validité de la renonciation.

Application d'un délai de renonciation

Respect du délai. - Lorsqu'un délai de renonciation est fixé par la convention collective ou le contrat, la renonciation de l'employeur doit parvenir (et non pas seulement avoir été envoyée par l'employeur) au salarié avant l'expiration de ce délai (cass. soc. 16 juillet 1997, BC V n° 276).

Point de départ du délai. - Le point de départ du délai de renonciation se situe au moment de la notification de la rupture (cass. soc. 27 février 2001, n° 728 FD).

Si le contrat prévoit que l'employeur peut renoncer à l'application de la clause de non concurrence via une LRAR dans un délai maximal après le départ effectif du salarié (ex. : 30 jours), ce délai commence à courir à compter du licenciement et non au terme du préavis dont l'intéressé aurait été dispensé (cass. soc. 23 février 2005, n° 388 FD).

Dans l'hypothèse d'une prise d'acte de rupture de son contrat par le salarié (ayant produit, en l'espèce, les effets d'une démission), le point de départ du délai de renonciation est bien la date de réception par l'employeur de la lettre de prise d'acte de rupture et non celle de la notification postérieure du licenciement. En effet, le contrat étant rompu par la prise d'acte du salarié, l'initiative prise ensuite par l'employeur de le licencier est non avenue (cass. soc. 8 juin 2005, n° 1281 FSPB).

Fin du délai. - S'agissant de la fin du délai, quand il expire normalement un samedi, un dimanche ou un jour férié ou chômé, il n'est pas reporté au jour ouvrable suivant (cass. soc. 29 juin 2005, n° 1452 FD). Les dispositions propres à la computation des délais de procédure ne s'applique pas, en effet, au délai de renonciation à la clause de non-concurrence (cass. soc. 3 juillet 2002, n° 2265 D ; NCPC art. 642).

EXEMPLE Le salarié, irrégulièrement dispensé de son obligation de non-concurrence, avait accepté un emploi chez un concurrent. Il n'avait donc droit au paiement de la contrepartie financière que pour la période allant de la rupture de son contrat à la date de son embauche (cass. soc. 23 février 2005, n° 388 FD ; cass. soc. 13 septembre 2005, BC V n° 251).

Renonciation partielle ou tardive

Pas de renonciation partielle. - Sauf disposition particulière du contrat ou de la convention collective, l'employeur ne peut renoncer partiellement à l'application de la clause de non-concurrence et ne verser qu'une moitié, par exemple, de l'indemnité compensatrice. La renonciation est totale ou inopérante (cass. soc. 11 juillet 2000, n° 3291 FD).

Renonciation tardive : la contrepartie financière reste due. - En cas de renonciation hors délai, l'employeur reste redevable de la contrepartie financière (cass. soc. 25 juin 1981, BC V n° 598). Toutefois, l'employeur ne doit au salarié que la fraction de la contrepartie financière correspondant à la période pendant laquelle celui-ci a bien respecté l'interdiction de concurrence qui lui était faite.

Quand le salarié est libéré

Refus de l'employeur de verser l'indemnité compensatrice. - Il doit y avoir une stricte réciprocité dans l'exécution de leurs obligations par l'employeur et le salarié. Si le salarié ne respecte pas la clause, il ne peut prétendre à l'indemnité de non-concurrence.

Inversement, si l'employeur ne respecte pas son engagement financier, le salarié se trouve libéré de l'interdiction de concurrence.

EXEMPLE Le contrat de travail d'un salarié contenait une clause de non-concurrence prévoyant que le salaire fixe mensuel et les primes seraient « affectés d'une somme particulière au taux de 5 % sur la partie fixe et au taux de 0,5 % sur les primes, destinée à constituer l'indemnité au titre du respect de la clause de non-concurrence ». Il est constaté que les bulletins de paie de ce salarié ne comportaient aucune mention particulière et que les rémunérations n'incluaient pas l'indemnité égale à 5 % de la partie fixe augmentée de 0,5 % de la partie variable qui aurait dû être versée chaque mois à titre de contrepartie de la clause de non-concurrence. Le salarié était donc délié de l'obligation contractuelle de non-concurrence (cass. soc. 13 juillet 2004, n° 1618 FD).

Autres circonstances libérant le salarié de l'interdiction de concurrence. - Le salarié n'a pas l'obligation de respecter la clause de non-concurrence :
- si le juge annule celle-ci dans l'hypothèse où elle est illicite ;
- si l'employeur renonce dans les formes et délais à se prévaloir de la clause (voir ci-avant).

Circonstances ne libérant pas le salarié de la clause. - En revanche, le salarié ne peut se soustraire au respect de la clause :
- en cas de décès ou de changement d'employeur. En application de l'article L. 122-12 du code du travail, le salarié est en effet lié vis-à-vis de son nouvel

✉ RENONCIATION DE L'EMPLOYEUR À LA CLAUSE DE NON-CONCURRENCE

À ..., le ...

LETTRE RECOMMANDÉE AVEC AR

Objet : renonciation à votre clause de non-concurrence

M. ...,

Nous vous informons par la présente que, conformément à l'article ... de la convention collective *(variante : conformément aux dispositions de votre contrat de travail)*, nous vous libérons de l'interdiction de concurrence stipulée dans votre contrat de travail . Vous êtes désormais libre d'exercer toute activité professionnelle.

Nous nous trouvons en conséquence déchargés du paiement de l'indemnité compensatrice qui dépendait de son application.

Nous vous prions d'agréer, M. ..., nos sincères salutations.

Signature

employeur par la clause de non-concurrence insérée dans son contrat de travail (cass. soc. 15 octobre 1997, BC V n° 318) ;
- en cas de rupture à l'initiative de l'employeur dans des conditions abusives.

Comportements constitutifs d'une violation de la clause

Faits intervenus après la rupture du contrat. - Seuls les faits postérieurs à la rupture du contrat de travail doivent être pris en considération pour déterminer si le salarié a enfreint les obligations résultant de la clause de non-concurrence. Un salarié n'ayant commis aucun acte direct ou indirect de concurrence postérieurement à son licenciement ne peut pas se voir reprocher une violation de la clause de non-concurrence (cass. soc. 6 décembre 1994, n° 4695 D).

> **À noter** Il incombe à l'employeur, qui se prétend délivré de l'obligation de payer la contrepartie pécuniaire de la clause de non-concurrence, de rapporter la preuve de la violation de cette clause par le salarié (cass. soc. 19 décembre 2001, n° 5373 FD).

Appréciation du comportement du salarié. - Le caractère concurrentiel ou non du comportement du salarié dépend de la rédaction de la clause elle-même. La clause de non-concurrence est en effet d'interprétation stricte et ne peut donc pas être étendue au-delà de ses prévisions.

> **Exemples** • Une clause de non-concurrence interdisant au salarié « d'exercer directement ou indirectement pour son propre compte ou pour le compte de son employeur une activité le plaçant en concurrence avec celui-ci » n'interdit pas au salarié d'exercer chez un concurrent de son ancien employeur une activité non concurrente (cass. soc. 29 juin 1999, BC V n° 309 ; cass. soc. 16 novembre 2005, n° 2474 FD). En l'espèce, le salarié qui était responsable d'un atelier de bandes transporteuses est entré au service de la société concurrente en qualité de préparateur de fabrication.
>
> • Une société de services informatiques avait inséré dans le contrat de travail de l'un de ses salariés une clause de non-concurrence lui interdisant « de faire utiliser sa compétence par une autre société de services dans l'entreprise cliente ». Le champ d'application de cette

clause était limité à la seule entreprise cliente de l'employeur lors de la conclusion du contrat (cass. soc. 13 décembre 2000, n° 5011 FD).

• Une clause de non-concurrence interdit à un ingénieur, à l'expiration de son contrat et pendant une année, de travailler avec les clients de la société pour lesquels il « aura accompli une ou plusieurs missions ou avec lesquels il aura travaillé pour le compte de la société » au cours des six mois précédant la rupture de la relation de travail. Il a enfreint cette clause en rentrant au service d'une société avec laquelle il avait été en relation juste avant la rupture de son contrat afin de lui présenter les prestations proposées par son ancien employeur, peu important l'issue réservée au projet envisagé entre les deux sociétés (cass. soc. 12 mars 2002, n° 967 FD).

Candidature à un emploi. - Le fait de se porter candidat à un emploi similaire proposé par une société concurrente ne caractérise pas à lui seul la violation de la clause de non-concurrence (cass. soc. 12 mai 2004, BC V n° 133).

La violation de l'obligation suppose des actes concrets (embauche chez un concurrent ou exercice effectif d'actes de concurrence) et pas seulement une intention de violation.

Formation. - De courtes périodes de formation ne peuvent être considérées comme un travail effectué en violation de la clause de non-concurrence. Ainsi, un chef de rayon dans un supermarché, qui, après son licenciement, a occupé ponctuellement un poste de chef de rayon stagiaire dans une entreprise concurrente, n'a pas violé son obligation de non-concurrence (cass. soc. 18 décembre 2001, n° 5283 FD).

Future activité concurrentielle. - Le salarié qui organise une future activité concurrentielle ne viole pas forcément sa clause de non-concurrence (cass. soc. 17 janvier 2006, BC V n° 15).

EXEMPLE Un employeur réclamait des dommages et intérêts à son directeur général car, selon lui, il n'avait pas respecté sa clause de non-concurrence en organisant une future activité concurrentielle avant l'expiration du délai de concurrence. Or, le contrat d'acquisition d'une société, signé par la femme du salarié concerné, ne devait prendre effet que postérieurement à l'expiration de cette clause. Par ailleurs, le salarié ne s'était livré qu'à des actes préparatoires, sans engagement définitif, à l'acquisition envisagée (ex.: demande de catalogues sur des produits distincts de ceux commercialisés par l'employeur). Il avait donc bien respecté sa clause de non-concurrence (cass. soc. 17 janvier 2006, BC V n° 15).

Sanctions applicables en cas de violation de la clause

Sanctions applicables au salarié

Que peut faire l'employeur? - Si le salarié viole l'interdiction de concurrence le liant à son ancien employeur, celui-ci peut en tirer les conséquences suivantes.

> **À NOTER** La charge de la preuve de la violation de son obligation de non-concurrence par le salarié pèse sur l'employeur (cass. soc. 13 novembre 1990, BC V n° 547; cass. soc. 13 mai 2003, n° 1354 FSD).

Cesser le versement de l'indemnité compensatrice de non-concurrence. - Deux hypothèses doivent être distinguées: soit le salarié a commencé à respecter la clause de non-concurrence, puis ne la respecte plus, soit il ne l'a jamais respectée.

Dans la première hypothèse, la violation de la clause par le salarié ne le prive que pour l'avenir du droit à l'indemnité compensatrice. Il a, en effet, droit au paiement de la contrepartie pour la période pendant laquelle il a respecté son obligation (cass. soc. 25 février 2003, BC V n° 65). Ladite période commence à la date de notification de la rupture pour se terminer à celle à laquelle le salarié a cessé de respecter son obligation de concurrence, à savoir, à titre d'exemple, celle de son embauche chez un concurrent (cass. soc. 18 février 2003, n° 496 FD).

Dans la seconde hypothèse, si le salarié ne respecte pas l'interdiction de concurrence alors même qu'il est encore en préavis, l'employeur est fondé à ne pas lui verser la contrepartie financière et à saisir les juges pour obtenir des dommages-intérêts pour violation de ladite clause (cass. soc. 5 mai 2004, BC V n° 124).

Appliquer la clause pénale insérée au contrat. - La clause de non-concurrence peut être assortie d'une clause pénale, c'est-à-dire fixer elle-même à l'avance le montant des dommages-intérêts à verser par le salarié s'il viole l'interdiction de concurrence. La sanction joue alors automatiquement sans qu'il soit besoin de recourir aux juges, le préjudice n'ayant pas à être constaté ni évalué par ceux-ci.

À NOTER Rappelons que le juge a le pouvoir de modérer les clauses pénales manifestement excessives (c. civ. art. 1152).

Assigner le salarié en paiement de dommages-intérêts. - Les tribunaux, appréciant le dommage subi par l'ancien employeur du fait de la nouvelle activité exercée par le salarié, peuvent condamner ce dernier à des dommages-intérêts correspondant au préjudice commercial subi par l'employeur.

Demander le remboursement de la contrepartie pécuniaire. - Un salarié qui viole la clause de non-concurrence insérée dans son contrat de travail peut être condamné à rembourser à la société la contrepartie pécuniaire indûment perçue (cass. soc. 6 décembre 1995, n° 5002 D).

À NOTER Ce remboursement n'est susceptible d'intervenir que si le salarié a violé la clause. Si le salarié a respecté l'obligation de non-concurrence mais que celle-ci a été par la suite annulée, l'employeur ne peut pas tirer argument de cette annulation pour se faire rembourser la contrepartie financière (cass. soc. 28 octobre 1997, BC V n° 342). En effet, la contrepartie financière est due dès lors que le salarié respecte la clause.

Tribunal compétent. - L'action exercée contre l'ancien salarié en violation de la clause de non-concurrence se rapporte à un différend né à l'occasion du contrat de travail : elle est donc de la compétence exclusive du conseil de prud'hommes.

Sanctions applicables au nouvel employeur

Recours contre le nouvel employeur. - En cas de violation de la clause, l'ancien employeur dispose de recours à l'encontre du nouvel employeur du salarié. Les possibilités sont les suivantes.

Demander au juge la condamnation du nouvel employeur à des dommages-intérêts. - Le nouvel employeur qui s'est rendu complice de la violation de la clause en embauchant le salarié peut se voir condamner à des dommages-intérêts pour concurrence déloyale. Toutefois, sa responsabilité n'est engagée que s'il est établi qu'il connaissait l'existence et la portée de la clause qui liait le salarié embauché à son ancien employeur (cass. soc. 5 février 1991, BC V n° 51). Le salarié et son nouvel employeur peuvent être condamnés solidairement à réparer le préjudice causé à l'ancien employeur du fait de la violation de la clause de non-concurrence (cass. soc. 19 janvier 1994, n° 234 D).

Un nouvel employeur a quand même été jugé responsable parce qu'il a embauché un salarié venant d'une société directement concurrente et ayant une grande expérience sans avoir vérifié si ce salarié était lié par une clause de non-concurrence (cass. com. 11 juillet 2000, n° 95-21.888).

Demander au juge de faire cesser l'activité concurrentielle. - L'employeur peut demander au juge d'ordonner toutes mesures propres à faire cesser la concurrence, c'est-à-dire, notamment, la fin des relations contractuelles entre l'ancien salarié et son nouvel employeur. Toutefois, ce n'est pas le juge des référés qui peut prononcer la résiliation d'un contrat de travail (cass. soc. 13 mai 2003, BC V n° 161).

Attention. Si le nouvel employeur a dû licencier le salarié et que la clause de non-concurrence est jugée nulle, l'ancien employeur peut être condamné à réparer le préjudice subi par le salarié (cass. soc. 13 janvier 1998, BC V n° 6).

Tribunal compétent. - Le litige opposant l'ancien employeur au nouvel employeur pour concurrence déloyale ne relève pas de la compétence du conseil de prud'hommes, mais du tribunal de commerce ou du tribunal de grande instance (cass. soc. 22 février 2000, n° 906 D).

L'indemnisation du préjudice ne peut cependant intervenir devant les juges commerciaux qu'après que le conseil de prud'hommes a constaté la violation de la clause (cass. com. 6 mai 2003, n° 01-15743 D).

À NOTER L'action en concurrence déloyale dirigée contre le nouvel employeur est recevable malgré l'existence d'une action contractuelle de l'ancien employeur contre le salarié n'ayant pas respecté la clause de non-concurrence inscrite dans son contrat. Ces deux actions, l'une délictuelle et l'autre contractuelle, qui tendent à la réparation de deux préjudices distincts, peuvent en effet se cumuler. Chacune de ces actions relève de tribunaux distincts (cass. com. 29 octobre 2003, n° 01-02.983 ; cass. soc. 24 mai 2005, n° 1139 FD).

■ Effets de la clause de non-concurrence à l'égard des tiers

La clause insérée dans le contrat de travail n'engage que l'employeur et les salariés. Ainsi, la clause ne s'applique qu'au salarié et non aux membres de sa famille. La clause de non-concurrence insérée dans un contrat de travail ne peut pas porter atteinte à la liberté du travail d'un tiers, fût-il le conjoint du salarié ou uni à lui par un lien de parenté ou d'alliance (cass. soc. 4 juin 1998, BC V n° 305).

> **EXEMPLE** Une société spécialisée dans la distribution d'articles funéraires reprochait à un ancien salarié, VRP, d'avoir contrevenu à sa clause de non-concurrence en travaillant pour le compte d'entreprises concurrentes, avec son épouse, elle aussi VRP, dans le secteur qui lui était interdit. La société soutenait que les deux conjoints étaient assimilés dans l'esprit de la clientèle. Pour les juges, la clause de non-concurrence concernait uniquement l'ancien salarié et non pas son épouse, peu important que certains clients de cette dernière aient pu considérer qu'elle prenait la suite de son mari. La société n'ayant pas pu prouver que le salarié aidait son épouse dans son travail de prospection sur le secteur qui lui était interdit par la clause, les juges n'ont pas retenu l'hypothèse d'une violation de la clause de non-concurrence (cass. soc. 4 juin 1998, BC V n° 305).

Par ailleurs, le salarié n'est lié qu'à l'égard de la société qui l'employait.

> **EXEMPLE** Un attaché de direction avait été engagé par un contrat de travail contenant une clause de non-concurrence précisant que « toute entreprise ayant pour activité l'édition publicitaire et le marketing direct et leurs annexes intervenant dans le secteur de la grande distribution est réputée entreprise concurrente ». Après avoir démissionné, il est embauché par une entreprise dont l'activité concurrence celle d'une des sociétés du groupe auquel appartenait son ancien employeur qui, de ce fait, lui reproche d'avoir violé son obligation de non-concurrence. À tort, car une clause de non-concurrence ne peut concerner que la société avec laquelle le salarié a contracté (cass. soc. 22 mai 1995, BC V n° 162).

■ Clauses de non-concurrence en sommeil

La clause aux termes de laquelle l'employeur se réserve la faculté, après la rupture du contrat de travail, d'imposer au salarié une obligation de non-concurrence est nulle (cass. soc. 12 février 2002, BC V n° 62).

EXEMPLE Le contrat de travail d'un salarié engagé comme vendeur technico-commercial contenait une clause de non-concurrence ainsi rédigée « (...) si par démission ou licenciement, il était mis fin au présent engagement, vous vous interdiriez de représenter directement ou indirectement sur le secteur concédé, et ce, durant une période de deux années, des maisons fabriquant ou vendant des produits ou du matériel d'usage similaire à ceux représentés par notre société ». Avait été ajoutée de façon manuscrite la mention suivante : « dans le cas où l'entreprise ferait valoir la clause de non-concurrence, nous nous engageons à rémunérer cette interdiction à concurrence de 50 % du salaire mensuel et ceci pendant toute la durée de l'interdiction (...) ». Une telle clause est nulle puisque l'employeur se réservait « la faculté, après la rupture qui fixe les droits des parties, d'imposer au salarié une obligation de non-concurrence » (cass. soc. 20 avril 2005, n° 893 FD).

De même est nulle la clause de non-concurrence qui prévoit son entrée en application que si l'employeur en fait la demande (cass. soc. 12 avril 1995, n° 92-44.484). À notre avis, l'employeur ne pourrait pas non plus se réserver le droit d'opter pour la clause de non-concurrence au cours de l'exécution du contrat.

Clause de respect de la clientèle ou de non-démarchage

Clause moins restrictive. - Le contrat de travail peut comporter une clause moins restrictive que la clause de non-concurrence. La clause de respect de la clientèle, ou clause de non-démarchage, n'interdit pas au salarié d'exercer une activité concurrente après la rupture de son contrat de travail mais de s'intéresser à la clientèle de l'entreprise qu'il vient de quitter. Ce type de clause est très couramment utilisé dans les cabinets d'avocats (le contrat de travail de l'avocat salarié ne peut comporter aucune stipulation limitant sa liberté d'établissement ultérieure). Elle se pratique également beaucoup chez les experts-comptables.

Avec une clause pénale. - La clause de respect de la clientèle peut être assortie d'une clause pénale : en cas de non-respect de la clause par le salarié, celui-ci devra verser à l'employeur une certaine somme à titre d'indemnité (attention : les juges peuvent augmenter ou modérer cette indemnité s'ils la jugent dérisoire ou, au contraire, excessive au regard du préjudice subi) (c. civ. art. 1152).

18 Rupture du contrat autres clauses

Garantie d'emploi, indemnité contractuelle de rupture, durée du préavis... Autant de clauses qui peuvent utilement être inscrites dans les contrats de travail.

Clause de garantie d'emploi

Pourquoi une garantie d'emploi?

Limiter le droit de licenciement. - L'employeur peut s'interdire, via une clause du contrat de travail, de rompre celui-ci, pendant une période déterminée, sauf accord des parties, faute grave, faute lourde ou force majeure.

> **À NOTER** Ce type de clause est le plus souvent utilisé pour des cadres supérieurs qui ont acquis une ancienneté importante chez leur précédent employeur ou, dans le cadre d'opérations de transferts d'entreprise, pour d'anciens cadres dirigeants se voyant ainsi inciter à poursuivre leurs relations avec le nouvel employeur.

Ne pas rendre impossible le licenciement. - Une clause contractuelle qui limite le droit de l'employeur de rompre le contrat à durée indéterminée est licite si elle ne rend pas impossible la rupture du contrat de travail (cass. soc. 10 juillet 2002, BC V n° 236).

Garantie d'emploi pour une durée limitée. - La mention d'une durée limitée de garantie d'emploi est une condition de validité de la clause puisque l'engagement à vie est interdit (c. trav. art. L. 121-4).

En revanche, la clause peut ne pas mentionner les cas de rupture qui restent possibles pendant la période de garantie. Dans ce cas, l'employeur peut toujours rompre le contrat pour faute grave, faute lourde ou force majeure pendant la période de garantie (cass. soc. 30 mai 2000, n° 2552 FSD). Le contrat peut par ailleurs toujours être rompu d'un commun accord.

Il est recommandé en rédigeant la clause de définir la date à partir de laquelle la clause sera applicable (ex. : au terme de la période d'essai).

> **Attention.** Il ne faut pas confondre un CDI comportant une clause de garantie d'emploi avec un CDD. Chacun de ces contrats obéit à ses propres règles en matière notamment de rupture des relations contractuelles (cass. soc. 6 mai 1997, BC V n° 164).

Assortir la garantie d'emploi d'une clause pénale - Les parties peuvent convenir que le non-respect de la garantie d'emploi donnera lieu au paiement d'une indemnité. Si le montant est manifestement excessif, les juges peuvent le réduire (c. civ. art. 1152 ; cass. soc. 27 janvier 1998, n° 347 D).

Maintien de la garantie d'emploi en cas de changement d'employeur. En cas de modification dans la situation juridique de l'employeur (ex. en cas de fusion), les contrats de travail sont maintenus avec le nouvel employeur (c. trav. art. L. 122-12). Dès lors, si le contrat de travail d'un salarié contient une clause de garantie d'emploi, le nouvel employeur doit la respecter. Faute de quoi, celui-ci peut être condamné à verser au salarié concerné des dommages et intérêts (cass. soc. 8 février 2006, n° 03-44481 FD).

Dommages-intérêts pour violation de la clause

Rupture à l'initiative de l'employeur. - L'employeur qui rompt un contrat de travail à durée indéterminée comportant une période de garantie d'emploi, avant l'expiration de cette période, méconnaît ses obligations contractuelles. Il est donc condamné à payer au salarié des dommages-intérêts dont le montant, à défaut d'une somme contractuellement définie, représente le solde des salaires jusqu'au terme de la période de garantie (cass. soc. 13 février 1996, n° 587 D ; cass. soc. 27 octobre 1998, BC V n° 455).

Ces dommages-intérêts ne peuvent pas se cumuler avec le revenu de remplacement versé par l'Assédic (cass. ass. plén. 13 décembre 2002, BC ass. plén. n° 31 ; cass. soc. 28 février 2006, n° 04-41380 FP).

Attention. La clause qui prévoit une indemnité dont elle fixe forfaitairement le montant quelle que soit la date de la rupture en cas de survenance de celle-ci avant une date déterminée est une clause indemnisant la rupture survenue avant la date considérée et non une clause de garantie d'emploi. En l'espèce, il s'agissait d'un directeur commercial ayant fait l'objet d'un licenciement pour faute lourde le 20 novembre 1996. Il se prévalait de la clause de son contrat prévoyant le versement à son profit d'une indemnité en cas de rupture de son contrat avant le 1er décembre 1997. Il réclamait cette somme mais aussi des dommages-intérêts au titre de ses salaires pour la période du 1er novembre 1996 au 30 novembre 1997. Il n'a pas pu obtenir ces dommages-intérêts puisque la clause en question n'était pas une clause de garantie d'emploi (cass. soc. 18 juin 2003, n° 1654 FD).

Dommages-intérêts pour licenciement sans cause réelle et sérieuse. En plus des dommages et intérêts pour violation de la clause, des dommages et intérêts pour licenciement sans cause réelle et sérieuse sont dus (cass. soc. 27 octobre 1998, BC V n° 455 ; cass. soc. 2 juillet 2003, n° 1861 FD).

Rupture à l'initiative du salarié. - Une clause de garantie d'emploi n'a vocation à s'appliquer que dans le cas d'une rupture imputable à l'employeur. Un salarié, dont le contrat de travail contient une telle garantie d'emploi, ne peut donc pas obtenir de l'employeur le paiement des salaires qui restent dues jusqu'au terme de la cette garantie, s'il démissionne avant le dit terme (cass. soc. 30 novembre 2005, 04-41709 FD).

AUTRE TYPE DE GARANTIE D'EMPLOI

Il est possible d'inscrire dans le contrat de travail une clause imposant avant tout licenciement pour faute grave d'avoir au préalable déjà sanctionné à plusieurs reprises (ex. : trois fois) par des avertissements les comportements fautifs du salarié (cass. soc. 10 juillet 2002, BC V n° 236). Il peut aussi être prévu que l'employeur s'engage à ne rompre le contrat de travail d'un salarié en arrêt maladie que si son absence est supérieure à une certaine durée (ex. : un an). Il est à noter que ces types de garantie, s'ils ne figurent pas au contrat de travail, font souvent l'objet de dispositions des conventions ou accords collectifs (cass. soc. 17 juillet 2001, n° 92-42310, BC V n° 273).

Il faut toutefois réserver l'hypothèse où la démission serait en fait imputable à l'employeur (ex. : un salarié démissionne sous la contrainte de l'employeur) et devrait donc être analysée en un licenciement sans cause réelle et sérieuse. Dans ce cas, à notre sens, la clause de garantie d'emploi serait applicable.

Indemnité de rupture ou « clause parachute »

Contenu de la clause

Assurer une stabilité d'emploi. - La clause, appelée « golden parachute » ou encore « clause parachute », est issue de la pratique d'employeurs soucieux, notamment, d'attirer, voire de conserver, des cadres supérieurs. Elle vise à leur assurer une certaine stabilité d'emploi puisque leur licenciement est rendu plus difficile dans la mesure où l'indemnité fixée est d'un montant souvent nettement supérieur à celui normalement dû.

Rédaction de la clause. - Il est important de mentionner :
- les cas concernés par le versement de l'indemnité contractuelle et les cas d'exclusion. Une telle précision est importante dans la mesure où elle permet de démontrer, en cas de contentieux, que le montant n'en est pas excessif (voir ci-après), parce que justifié par un préjudice particulier ;
- ainsi que les modalités de calcul.

Montant de l'indemnité de rupture supérieur aux indemnités légales ou conventionnelles. - Consacrer une clause du contrat de travail à l'indemnité due en cas de licenciement ne présente de réel intérêt que si l'employeur et le salarié sont convenus d'en fixer le montant à un niveau supérieur à celui applicable en vertu du code du travail ou, le cas échéant, de la convention collective en vigueur dans l'entreprise (cass. soc. 2 décembre 1998, BC V n° 529).

> **À NOTER** D'autres modalités sont envisageables. Il peut, par exemple, être aussi prévu dans le contrat que le droit à l'indemnité est ouvert quel que soit le motif pour lequel le licenciement est prononcé. Il peut aussi être stipulé que, pour le calcul de l'indemnité de licenciement (légale ou conventionnelle) l'ancienneté à prendre en compte est celle acquise dans la profession.

Réduction de l'indemnité de rupture

Réduction par le juge en cas de montant excessif de l'indemnité contractuelle. - L'employeur qui est lié par une clause d'indemnité de rupture n'est pas complètement dénué de recours. Il garde la possibilité de faire valoir devant le juge le caractère excessif du montant de l'indemnité ainsi prévue afin d'en obtenir une réduction. En effet, lorsqu'elle est inscrite dans le contrat de travail, l'indemnité de licenciement a le caractère d'une clause pénale. Or, le juge a le pouvoir de « modérer la peine qui avait été convenue (...) si elle est manifestement excessive ». C'est lui qui en définit alors le montant (c. civ. art. 1152; cass. soc. 27 février 1986, n° 84-411794, BC V n° 49; cass. soc. 21 septembre 2005, n° 06-45827 FD). En la matière, les juges du fond ont un pouvoir souverain d'appréciation (cass. soc. 17 mars 1998, n° 95-43411, BC V n° 142).

Réduction en cas de licenciement rendu impossible. - Si le montant de l'indemnité contractuellement défini est d'une importance telle qu'il revient en fait à interdire la rupture du contrat de travail par l'employeur, les juges en réduisent le montant (cass. soc. 18 décembre 1979, n° 78-40996, Bull. ch. soc. n° 1009). À ce titre, rappelons qu'une clause qui limite le droit de l'employeur de rompre un CDI est licite si elle ne rend pas la rupture impossible (cass. soc. 10 juillet 2002, n° 00-41496, BC V n° 236).

Autres motifs de réduction. - Les juges prennent en compte notamment l'ancienneté du salarié et le préjudice qu'il subit du fait de son licenciement pour apprécier le montant de l'indemnité contractuelle (cass. soc. 18 décembre 2001, n° 99-46367 FD).

> **EXEMPLES** • Une clause inscrite dans le contrat de travail d'un directeur lui attribuait une importante indemnité de licenciement. Cependant, ni la spécificité du poste de directeur, ni ses responsabilités, ni son ancienneté (3 ans), ni les difficultés de retrouver un poste n'étaient de nature à justifier l'allocation d'une somme aussi importante après si peu d'ancienneté. Les juges l'ont donc diminuée (CA Agen, ch. soc., 24 juin 2003, BICC 605 du 1er octobre 2004).
>
> Dans une autre affaire, le contrat d'un conseiller du P-DG stipulait qu'en cas de rupture, quel qu'en soit le motif, il recevrait, si la rupture intervenait la première année, une indemnité égale à 12 fois le montant de la moyenne de ses rémunérations brutes, indemnité portée à 24 fois ce montant après la première année de présence. Ce salarié a été licencié après un an et demi d'ancienneté. Les juges ont réduit l'indemnité à 13 mois de salaire (cass. soc. 16 février 2005, n° 93-44268 FD).

• La clause contractuelle d'une salariée exerçant les fonctions d'assistante de direction prévoyait qu'en cas de licenciement, l'indemnité de licenciement ne pourrait être inférieure à vingt-quatre mois de salaire. Elle a été licenciée pour motif économique et a ensuite saisi les juges pour obtenir la condamnation de son employeur au paiement de l'indemnité de rupture. Les juges considérant que la clause en question concernant le montant de l'indemnité de licenciement était bien de nature contractuelle, ils ont appliqué l'article 1152 du code civil. Relevant ensuite que l'indemnité contractuelle de licenciement était d'un montant quatre fois supérieur à celui prévu par la convention collective applicable, ce qui impliquait qu'elle était manifestement excessive par rapport au préjudice subi par la salariée, ces mêmes juges ont pu réduire le montant du complément de l'indemnité de licenciement (cass. soc. 18 décembre 2001, n° 5275 FD).

• Une clause contractuelle attribuait une indemnité de licenciement égale à plusieurs mois de salaire plus d'autres majorations à un salarié, alors que ni la spécificité du poste de directeur, ni ses responsabilités, ni son ancienneté de trois ans, ni les difficultés de retrouver un poste n'étaient de nature à justifier l'allocation d'une somme aussi importante après si peu d'ancienneté. Il s'agissait bien d'une clause pénale. Les juges l'ont diminuée de manière consistante (CA Agen, ch. soc., 24 juin 2003, RG n° 02/00759, BICC 605 du 1er octobre 2004).

Régime de l'indemnité de rupture

Cas où la réduction est impossible. - Si le contrat de travail se borne à reprendre des modalités de calcul fixées par la convention collective applicable ou par le code de travail, l'indemnité contractuelle de rupture ne peut pas être réduite (cass. soc. 22 février 1995, n° 93-44268, BC V n° 65).

Cumul d'indemnités. - Lorsque l'employeur et le salarié sont convenus que ce dernier percevra, en cas de rupture de son contrat de travail, une indemnité contractuelle, celle-ci se cumule avec l'indemnité pour licenciement sans cause réelle et sérieuse (cass. soc. 28 février 2006, n° 04-42280 FSPB). **Ainsi, l'employeur ne peut pas considérer que l'indemnité contractuelle de licenciement indemnise également l'absence de cause réelle et sérieuse** (c. trav. art. L. 122-14-4 et L. 122-14-5).

EXEMPLE Le contrat de travail d'un salarié « manager général » contenait une clause selon laquelle, en cas de licenciement, quel qu'en soit le motif, il percevrait une indemnité égale à 18 mois de salaire. Ce salarié a été licencié pour faute lourde. Il a obtenu des dommages et intérêts pour licenciement sans cause réelle et sérieuse en plus de cette indemnité (cass. soc. 28 février 2006, n° 04-42280 FSPB).

Régime social et fiscal. - Selon son montant, l'indemnité contractuelle de licenciement est soumise à la CSG et à la CRDS, ainsi que, le cas échéant, aux cotisations sociales et à l'impôt sur le revenu.

Clause de conscience

Pour les journalistes. - L'indemnité légale de licenciement des journalistes est due, contrairement au droit commun, en cas de rupture par le fait du journaliste si cette rupture est motivée :
- par la cession du journal ou du périodique ;
- par la cessation de la publication du journal ou du périodique, pour quelque cause que ce soit ;
- par un changement notable dans le caractère ou l'orientation du journal ou du périodique.

CLAUSE D'INDEMNITÉ DE RUPTURE

En cas de licenciement au cours des deux premières années du contrat, au terme de la période d'essai, pour quelque cause que ce soit, à l'exception d'une faute grave ou d'une faute lourde, la société … versera à M. … une indemnité égale à … mois de salaire (1). Au-delà de cette période, il sera versé à M. … une somme égale à … mois de salaire par année d'ancienneté (2), étant convenu que cette dernière sera celle acquise dans l'entreprise (3).

(1) Il peut être utile de mentionner si d'autres sommes sont comprises dans cette base de calcul (ex. : « non compris les sommes versées au titre de la participation »). (2) Le montant ainsi défini ne peut pas être inférieur à l'indemnité légale ou conventionnelle de licenciement. (3) Il est possible de préciser que les fractions d'années seront prises en compte. La prise en compte de l'ancienneté acquise dans la profession ou encore chez l'employeur précédent est aussi envisageable.

Dans ce dernier cas, la « clause de conscience », qui tend à garantir l'indépendance morale du journaliste, ne peut être invoquée que si le changement crée une situation de nature à porter atteinte à l'honneur, à la conscience, à la réputation ou aux intérêts moraux du journaliste. Elle ne peut être invoquée que par les journalistes employés dans une entreprise de journaux ou de périodiques, à l'exclusion des agences de presse (cass. soc. 6 février 2001, BC V n° 46).

Toujours dans cette dernière hypothèse, le journaliste peut cesser le travail, sans préavis. Enfin, la démission est considérée comme légitime au regard de l'admission au chômage. Il peut alors percevoir l'allocation d'aide au retour à l'emploi (c. trav. art. L. 761-7 ; délib. Unédic 10, § 6).

Aucun délai n'est imposé aux journalistes pour mettre en œuvre la clause de conscience (cass. soc. 30 novembre 2004, BC V n° 314).

Et les non-journalistes ? Hors le cas des journalistes professionnels, la jurisprudence admet qu'une clause de conscience puisse être inscrite dans un contrat de travail (cass. soc. 28 janvier 2004, n° 155 D).

> **EXEMPLE** Une clause de conscience était inscrite dans le contrat de travail d'un salarié président d'association. Elle prévoyait notamment qu'il percevrait une indemnité égale à 24 mois de salaire en cas de modification des structures hiérarchiques ou fonctionnelles de l'association, de changement d'orientation technique ou philosophique ou de désaccord sur les orientations ou directives de l'association ou de ses dirigeants (cass. soc. 28 janvier 2004, n° 155D).

Autres clauses

Clause de remboursement de prêt. - Il ne s'agit pas ici d'une clause du contrat de travail mais d'une clause du contrat de prêt consenti par l'employeur à un de ses salariés.

La clause de remboursement anticipé du prêt en cas de départ du salarié est valable et ce, même si c'est l'employeur qui est à l'origine de la rupture du contrat de travail (cass. soc. 4 décembre 2002, n° 3489 D).

Engagement de licencier un salarié à sa demande. - L'employeur ne saurait valablement s'engager par avance à licencier un salarié à la demande de celui-ci. Un tel licenciement est dépourvu de cause réelle et sérieuse (cass. soc. 8 janvier 2002, n° 10 FSD). La pratique des licenciements de convenance prononcés par des employeurs pour éviter à leurs salariés de démissionner, ceux-ci ayant alors droit aux allocations chômage est ainsi condamnée.

Durée du préavis. - La durée du préavis, telle qu'elle est fixée par le contrat de travail, est convenue dans l'intérêt de l'une et de l'autre des parties. Sa modification, qui constitue une modification du contrat de travail, suppose nécessairement l'accord des deux parties. Par conséquent, un employeur ne peut se prévaloir d'une clause contractuelle lui réservant le droit de modifier unilatéralement la durée du préavis (cass. soc. 30 septembre 2003, n° 2069 FD).

CNE, CDD, Temps partiel : spécificités

19 Conclure un contrat nouvelles embauches

Les petites entreprises d'au plus 20 salariés ont leur propre contrat de travail: le contrat « nouvelles embauches » (CNE). C'est un contrat à durée indéterminée relevant de règles particulières de rupture pendant ses deux premières années d'exécution.

Pour quelles entreprises?

Entreprises situées en France de 20 salariés au plus

France, DOM ou Mayotte. - Le CNE est applicable en France métropolitaine et dans les départements d'outre-mer depuis le 4 août 2005.

Il est aussi applicable à Mayotte, avec certaines adaptations. Cependant, sur ce territoire, il n'entrera en vigueur qu'après publication de l'agrément de l'accord d'indemnisation du chômage prévu par le code du travail local (ord. 2005-893 du 2 août 2005, art. 4).

Entreprises du secteur privé de 20 salariés au plus. - La quasi-totalité des employeurs et organismes du secteur privé, marchand et non lucratif, remplissant la condition d'effectif requise peuvent conclure un CNE, à savoir notamment: les professions industrielles, commerciales et agricoles, les professions libérales, les offices publics et ministériels, les syndicats, les associations, etc. (ord. 2005-893 du 2 août 2005, art. 4; c. trav. art. L. 131-2).

Sont donc exclus de ce dispositif:
- les particuliers employeurs (les régimes spécifiques des assistantes maternelles et des employés de maison s'appliquent);

- les employeurs publics (entreprises publiques, établissements publics à caractère industriel et commercial) ;
- les entreprises adaptées et les centres de distribution de travail à domicile (questions-réponses sur le CNE ; Déb. AN, JO du 1er juillet 2005, p. 4155).

Les entreprises de 20 salariés ou moins ont toujours le possibilité, si elles le souhaitent, de conclure un CDI de droit commun, et non un CNE (questions-réponses sur le CNE).

VALIDATION DU CNE

Le Conseil d'État a validé l'ordonnance créant le CNE. Il avait été saisi par des organisations syndicales qui considéraient notamment que le régime spécifique de rupture du CNE durant ses deux premières années n'était pas conforme, entre autres textes, aux dispositions de la convention internationale du travail n° 158 concernant la cessation de la relation de travail à l'initiative de l'employeur (son article 4 dispose qu'« un travailleur ne devra pas être licencié sans qu'il existe un motif valable de licenciement lié à l'aptitude ou à la conduite du travailleur ou fondé sur les nécessités du fonctionnement de l'entreprise, de l'établissement ou du service »). Le Conseil d'État ne suit pas ce raisonnement. Selon lui, les règles de rupture du CNE pendant ses deux premières années ne dérogent pas à ces dispositions. En effet, il souligne que le licenciement d'un salarié en CNE peut toujours être contesté devant un juge, afin que celui-ci puisse vérifier que la rupture n'a pas un caractère abusif et n'est pas intervenue en méconnaissance des dispositions relatives à la procédure disciplinaire et de celles prohibant les mesures discriminatoires (CE 19 octobre 2005, nos 283471, 284421, 284473, 284654, 285374). Signalons que le conseil de prud'hommes de Longjumeau a pris le contre-pied de cette décision du Conseil d'Etat en déclarant le CNE contraire à cette même convention n° 158 de l'OIT. Il a requalifié le CNE qui lui était soumis en contrat à durée indéterminée « classique » (cons. prud'h. Longjumeau, 28 avril 2006, n° 06/00316). L'importance à accorder à cette décision doit être relativisée dans la mesure, notamment, où elle n'a d'effet qu'entre les parties au litige. Par ailleurs, l'employeur concerné a fait appel.

Pour quel effectif?

20 salariés au plus. - Seuls les employeurs qui emploient au plus 20 salariés peuvent conclure un CNE. L'effectif s'apprécie dans les conditions de droit commun prévues par le code du travail à la date de prise d'effet des embauches en CNE (ord. 2005-893 du 2 août 2005, art. 1 ; c. trav. art. L. 620-10).

Cas de l'entreprise dont l'effectif fluctue. - Une entreprise dont l'effectif fluctue (effectif tantôt supérieur à 20, tantôt inférieur ou égal) peut aussi conclure des CNE: la condition d'effectif s'appréciant au moment de l'embauche, l'entreprise doit donc vérifier, au moment de l'embauche d'un salarié, si elle est en droit de lui faire signer un CNE (questions-réponses sur le CNE).

Compter au niveau de l'entreprise et non des établissements. - Le dispositif CNE, ouvert aux entreprises et organismes de 20 salariés au plus, n'est pas destiné aux grandes entreprises. En conséquence, une entreprise comportant plusieurs établissements doit totaliser leurs effectifs pour déterminer si elle peut conclure des CNE. Dès lors, un établissement n'atteignant pas 20 salariés, mais appartenant à une entreprise de plus de vingt salariés, ne peut pas recourir au CNE.

En revanche, rien n'interdit à une entreprise appartenant à un groupe, mais remplissant les conditions requises, de recourir au CNE (questions-réponses sur le CNE).

Conclure un CNE

Quelles règles appliquer?

CDI relevant de règles spécifiques uniquement pour sa rupture. - Le CNE est un contrat à durée indéterminée relevant d'un régime spécifique uniquement pour sa rupture et ce, pendant les deux premières années de son exécution (ord. 2005-893 du 2 août 2005, art. 2). Il ne s'agit donc ni d'un contrat aidé (pas d'aide ni d'exonération), ni d'un CDD.

Application de toutes les autres règles. - Pour le reste, les autres règles de droit du travail s'appliquent (code du travail et accords collectifs applicables au secteur d'activité). Cela signifie notamment que:

- le CNE peut être conclu à temps complet ou à temps partiel ;
- les formalités « classiques » d'embauche doivent aussi être respectées (ex. : procéder à la déclaration unique d'embauche, organiser la visite médicale d'embauche) ;
- les dispositions de droit commun relatives au bulletin de salaire s'appliquent (questions-réponses sur le CNE).

Par ailleurs, les entreprises et organismes qui remplissent les conditions requises peuvent utiliser le nouveau service « chèque emploi TPE » et le « chèque emploi universel » (CESU) pour conclure un CNE.

Dans quels cas embaucher en CNE ?

Pour une nouvelle embauche. - Une entreprise qui remplit les conditions requises peut conclure autant de CNE qu'elle le souhaite. Chaque conclusion d'un CNE doit néanmoins correspondre à une nouvelle embauche. Un CDI en cours d'exécution ne peut donc pas être transformé en CNE (ord. 2005-893 du 2 août 2005, art. 1 ; questions-réponses sur le CNE).

Relais d'un CDD ou d'un contrat de travail temporaire (CTT). - Comme le CDI de droit commun, le CNE peut prendre le relais d'un CDD ou d'un CTT (dans ce cas, l'ancienneté acquise au titre du CDD ou du CTT doit être prise en compte pour le CNE).

Néanmoins, un employeur ne peut ni modifier ni rompre un CDD ou un CTT pour conclure un CNE avec le même salarié.

> **Attention.** L'employeur est exonéré du versement de l'indemnité de précarité due à la fin d'un CDD (ou d'un CTT) lorsqu'il propose au salarié en CDD (ou en CTT) de poursuivre la relation de travail en CNE (sur le même emploi ou un emploi similaire assorti d'une rémunération au moins équivalente). En effet, le CNE est bien un contrat à durée indéterminée (c. trav. art. L. 122-3-4 et L. 124-4-4 ; questions-réponses sur le CNE).

Remplacement d'un salarié absent. - Le CNE peut être utilisé pour remplacer un salarié absent, à la condition, toutefois, que l'employeur envisage de garder le nouveau salarié au-delà du retour du salarié absent. Il ne faut donc pas rompre le CNE en raison du retour du salarié remplacé (questions-réponses sur le CNE).

Exclusion pour certains emplois. - Un CNE ne peut pas être conclu pour pourvoir des emplois à caractère saisonnier ou pour lesquels il est d'usage constant de ne pas recourir au contrat à durée indéterminée en raison de la nature de l'activité exercée et du caractère par nature temporaire de ces emplois (ord. 2005-893 du 2 août 2005, art. 1 ; c. trav. art. L. 122-1-1, 3°).

Délai de carence en cas de rupture d'un CNE. - L'employeur qui rompt un CNE au cours des deux premières années ne peut pas en conclure un autre avec le même salarié avant un délai de trois mois. Ce délai de carence commence à courir à compter de la date de la rupture du précédent CNE (ord. 2005-893 du 2 août 2005, art. 2).

Rédiger le CNE

Contrat obligatoirement écrit. - Le CNE est obligatoirement écrit (ord. 2005-893 du 2 août 2005, art. 2).

Mention expresse de la qualification « CNE ». - L'employeur doit préciser lors de la rédaction du contrat qu'il s'agit d'un CNE conclu en application de l'ordonnance 2005-893 du 2 août 2005. à défaut d'une telle mention expresse (ou de toute autre mention permettant d'identifier un CNE, comme par exemple une référence à l'ordonnance du 2 août), le contrat conclu devrait être considéré comme un CDI de droit commun, et non comme un CNE. Dans cette hypothèse, ni l'employeur, ni le salarié ne pourrait se prévaloir de l'existence d'un CNE (questions-réponses sur le CNE).

Mentions relatives à la rupture. - Il est aussi recommandé d'inclure une clause rappelant les spécificités de la rupture durant les deux premières années de l'exécution du CNE (voir p. 218).

Les parties peuvent convenir de réduire cette période de deux ans. Dans ce cas, mention doit en être faite dans le contrat (questions-réponses sur le CNE).

Pas de période d'essai. - Il n'est pas possible de prévoir une période d'essai dans un CNE. Pendant les deux premières années du contrat, l'application d'un certain nombre de dispositions relatives à la rupture d'un CDI est exclue, notamment celles se référant à la période d'essai (voir p. 218). Les dispositions de l'article L. 122-4 du code du travail sont en effet exclues. Par ailleurs, les dispositions conventionnelles existantes relatives à la période d'essai s'appliquent uniquement au CDI de droit commun, et non au CNE qui constitue une catégorie de contrat nouvelle (questions-réponses sur le CNE).

Clauses générales. - Il convient de mentionner les clauses traditionnelles à tout contrat de travail à durée indéterminée, le cas échéant en respectant la convention collective applicable à l'entreprise (identité des parties, date d'embauche, qualification et fonctions, rémunération, etc.).

Dans le cas d'un CNE conclu à temps partiel, les mentions prescrites pour tout contrat à temps partiel devront aussi être inscrites (c. trav. art. L. 212-4-3).

Clauses particulières. - Le CNE peut aussi comporter des clauses plus particulières : clauses d'exclusivité, de non-concurrence, de mobilité, de dédit-formation, de préavis en cas de démission du salarié... Le régime spécifique à chacune de ces clauses doit alors être respecté.

Statut applicable au salarié en CNE

Convention collective applicable. - Le salarié en CNE relève comme les autres salariés de la convention collective applicable à l'entreprise. L'employeur ne doit toutefois pas lui appliquer les dispositions conventionnelles relatives à la rupture d'un CDI, dont celles relatives à la période d'essai, puisque pendant les deux premières années le CNE relève en la matière de dispositions spécifiques (questions-réponses sur le CNE).

Durée du travail et horaires. - Comme tout autre salarié, le travailleur en CNE est soumis à la durée du travail et aux horaires collectifs applicables dans l'entreprise.

Congés payés. - Le régime des congés payés est applicable aux salariés en CNE dans les conditions de droit commun. Le cas échéant, la durée des congés ne peut être inférieure à celle prévue par la convention collective applicable.

Rémunération. - Les salariés en CNE bénéficient de l'ensemble des dispositions légales et conventionnelles relatives à la rémunération. Leur bulletin de salaire ne diffère pas de celui d'un CDI classique (questions-réponses sur le CNE).

Accès à la formation. - Le salarié titulaire d'un CNE peut bénéficier du congé de formation. Lorsque son contrat de travail est rompu au cours de la première année suivant sa conclusion, il peut bénéficier du droit individuel à la formation, selon les modalités prévues pour les salariés en CDD (ord. 2005-893 du 2 août 2005, art. 2 ; c. trav. art. L. 931-13 à L. 931-20-1 et L. 931-20-2).

✉ CONTRAT NOUVELLES EMBAUCHES

Entre les soussignés :

L'entreprise *(établissement / organisme)*…, n° d'identification…, dont l'adresse est…, représentée par… agissant en qualité de… d'une part,
et

M. …, n° de sécurité sociale…, demeurant à… d'autre part,

Il a été conclu le présent contrat de travail « nouvelles embauches » en application de l'ordonnance 2005-893 du 2 août 2005.

1) Engagement

M. …, qui se déclare libre de tout engagement, est engagé pour une durée indéterminée, à compter du… en qualité de… *(indiquer emploi et qualification et, le cas échéant, coefficient… ou niveau hiérarchique…)*, sous réserve des résultats de la visite médicale d'embauche.

L'entreprise *(établissement / organisme)*… s'engage à déclarer préalablement à son embauche M. … auprès de l'URSSAF *(ou de la MSA)* de… .

Le cas échéant, indiquer s'il s'agit d'un contrat aidé : contrat initiative emploi ou contrat SEJE.

La convention collective applicable à l'entreprise *(établissement / organisme)* est : ….

2) Durée du travail, horaires, congés payés

La durée hebdomadaire de travail de M. … est de… heures.

Si le contrat est à temps partiel, l'indiquer et faire figurer les mentions prévues à l'article L 212-4-3 du code du travail.

S'il existe un horaire collectif dans l'entreprise (établissement / organisme), prévoir l'alinéa suivant : La durée hebdomadaire de travail est fixée conformément à l'horaire collectif affiché dans l'entreprise. À titre informatif elle est de… heures.

Le salarié pourra être amené à effectuer des heures supplémentaires sur demande de l'employeur, selon les conditions légales et conventionnelles en vigueur.

M. … bénéficiera des congés payés annuels dans les conditions prévues par la convention collective… *(ou bénéficiera de… jours de congés payés)*.

3) Lieu de travail *(le cas échéant)*

M. ... exercera ses fonctions à...

4) Rémunération

M. ... percevra un salaire mensuel brut de... euros *(préciser le cas échéant l'existence de primes conventionnelles ou individuelles, d'avantages en nature et indemnités, frais professionnels...)*.

5) Dispositions particulières : rupture du contrat de travail

Conformément à l'ordonnance 2005-893 du 2 août 2005, durant les deux premières années *(le cas échéant, il peut être retenu une durée inférieure à 2 ans)* suivant sa conclusion *(à compter du... jusqu'au...)*, le contrat peut être rompu à l'initiative de l'entreprise *(établissement / organisme)*... ou de M. ... dans les conditions suivantes .

Notification :

La rupture est notifiée par lettre recommandée avec demande d'avis de réception.

Préavis :

Lorsque l'entreprise *(établissement / organisme)*... est à l'initiative de la rupture, la présentation de la lettre recommandée fait courir un préavis :
- de deux semaines à l'issue d'au moins un mois de présence dans l'entreprise,
- d'un mois à l'issue d'au moins six mois de présence dans l'entreprise.

Indemnité :

Lorsque l'entreprise *(organisme / établissement)*... est à l'initiative de la rupture, sauf faute grave, il est dû au salarié une indemnité égale à huit pour cent du montant total de la rémunération brute versée depuis la conclusion du contrat.
Le présent contrat est établi en deux exemplaires dont l'un devra être retourné dûment signé à... représentant l'entreprise *(établissement / organisme)*..., le plus tôt possible.

Fait à..., le...

Signatures de l'employeur et du salarié *(précédées de la mention « lu et approuvé »)*.

Rupture du CNE pendant ses deux premières années

Procédure simplifiée

Exclusion de certaines dispositions relatives à la rupture d'un CDI. - Le CNE est soumis aux dispositions du code du travail, à l'exception, pendant les deux premières années courant à compter de la date de sa conclusion, de celles des articles L. 122-4 à L. 122-11, L. 122-13 à L. 122-14-14 et L. 321-1 à L 321-17 (ord. 2005-893 du 2 août 2005, art. 2).

> **À NOTER** Les dispositions suivantes, relatives à la résiliation d'un CDI, ne s'appliquent pas pendant les deux premières années du CNE :
> - la procédure de licenciement pour motif personnel (entretien préalable de licenciement, notification et motivation du licenciement, préavis, indemnité légale de licenciement, etc.) (c. trav. art. L. 122-4 à L. 122-11, L. 122-13 à L. 122-14-14) ;
> - les procédures de licenciement pour motif économique (définition du motif économique, définition des critères de l'ordre des licenciements, etc.) (c. trav. art. L. 321-1 à L. 321-17).

Concrètement, cela signifie qu'employeur et salarié peuvent, pendant les deux premières années du CNE, rompre le contrat sans indiquer de motif dans la lettre de rupture et ce, suivant des modalités simplifiées.

Période de consolidation de deux ans maximum. - Cette période de deux ans, dite de « consolidation de l'emploi », ne doit pas être considérée comme une période d'essai. Employeur et salarié peuvent toujours convenir dans le contrat de raccourcir la durée de cette période (questions-réponses sur le CNE).

À l'issue de la période de deux ans, la rupture du CNE relève de nouveau de l'ensemble des règles de droit commun prescrites par le code du travail pour la rupture d'un CDI (sous réserve des règles plus favorables de la convention collective applicable à l'entreprise).

Lettre de rupture non motivée. - Pendant les deux premières années, la rupture du CNE, à l'initiative de l'employeur ou du salarié, doit être notifiée par lettre recommandée avec demande d'avis de réception. Cette lettre n'a pas à être motivée (ord. 2005-893 du 2 août 2005, art. 2).

Lettre recommandée ou lettre simple. - Pendant les deux premières années, la rupture du CNE, à l'initiative de l'employeur (ou du salarié), doit être notifiée par lettre recommandée avec demande d'avis de réception (ord. 2005-893 du 2 août 2005, art. 2).

Pour le ministère de la Justice, l'employeur qui ne notifierait pas la rupture d'un CNE par LRAR mais en lettre simple ne pourrait pas se voir reprocher une irrégularité de forme s'il peut apporter la preuve que le salarié a quand même bien reçu cette lettre (circ. min. justice, CIV/06/06 du 8 mars 2006).

Autres mentions de la lettre de rupture. - La lettre de rupture doit mentionner le délai de prescription dont dispose le salarié pour contester la rupture de son contrat.

Motivation de la rupture

Exigence d'un motif. - Il faut bien distinguer « motif » de rupture et « motivation » de la lettre de rupture (JO 1er juillet 2005, Déb. AN p. 4153). Ce n'est donc pas parce que la lettre de rupture n'a pas à être motivée que la rupture elle-même peut avoir lieu sans aucun motif ou pour un motif qui serait illicite. Ainsi, un CNE ne pourrait pas être rompu pour un motif discriminatoire interdit (c. trav. art. L. 122-45). Dans le même sens, les règles protectrices des femmes enceintes, des salariés victimes d'un accident du travail ou d'une maladie professionnelle doivent aussi être respectées.

Autre limite : chacune des parties ne doit pas non plus abuser de son droit. En cas de litige, le juge prud'homal appréciera s'il y a abus de droit (questions-réponses sur le CNE).

Ainsi, hormis les cas de procédure disciplinaire, de pratique discriminatoire ou d'atteinte aux salariés bénéficiaires de protection d'ordre public (ex. : les représentants du personnel), l'employeur ne peut, en principe, être sanctionné qu'en cas de volonté de nuire, de légèreté blâmable ou d'abus dans l'exercice du droit de résiliation (circ. min. justice, CIV/06/06 du 8 mars 2006).

> **Attention.** Si la rupture est prononcée pour un motif disciplinaire la procédure disciplinaire classique doit être respectée (CE 19 octobre 2005, n° 283471, 284421, 284473, 284654, 285374).

Exemple d'une rupture abusive. - Le contentieux relatif à des ruptures de CNE émerge. Parmi les premières affaires, un jugement rendu par le conseil de prud'hommes de Longjumeau a condamné deux sociétés étroitement liées à verser à un salarié, dont le CNE avait été rompu, des dommages-intérêts conséquents.

EXEMPLE Un salarié a été engagé par CDI en mai 2005 et a pris ses fonctions le 7 juin suivant, après obtention d'un agrément préfectoral. Son contrat prévoyait le renouvellement de la période d'essai d'un mois, qui est en effet intervenu le 6 juillet. Le 6 août, dernier jour de l'essai, le contrat a été rompu. Ce même jour, le salarié a conclu un CNE avec une seconde société, étroitement liée au premier employeur. Le 30 août, le CNE a été rompu. Le salarié a alors saisi le conseil de prud'hommes, afin d'être indemnisé au titre de ces ruptures. Les juges se sont prononcés en sa faveur. S'agissant de la rupture de la période d'essai, ils constatent que l'employeur a procédé à son renouvellement le dernier jour de celle-ci, et qu'il l'a ensuite rompue le dernier jour. Deux éléments dont ils déduisent que l'employeur a commis un abus, cette présomption étant renforcée par la conclusion le même jour d'un CNE avec une société étroitement liée au premier employeur, pour occuper des fonctions identiques. Les juges rappellent que le CNE est destiné à rassurer les chefs d'entreprise ayant des difficultés à anticiper l'évolution de la conjoncture économique ou à apprécier les qualités du salarié. En l'espèce, ils notent que le recours au CNE n'était en aucun cas justifié par l'intérêt de l'employeur, qui aurait pu avoir recours au CDI de droit commun ou, si besoin, au CDD de remplacement de salariés en congés pendant le mois d'août. Ils concluent à un recours, et donc à une rupture, abusif au CNE (conseil prud'h. Longjumeau, 20 février 2006, n° F 05/00974, BICC 636 du 15 mars 2006).

Pas d'appréciation du caractère réel et sérieux de la rupture. - En cas de contentieux, le juge n'est pas chargé d'apprécier le caractère réel et sérieux de la rupture du CNE par l'employeur pendant les deux premières années du contrat. Il est seulement tenu de vérifier que cette rupture ni ne constitue un abus de droit, ni ne repose sur une cause illicite (ex. : en cas de motif discriminatoire) (circ. min. justice, CIV/06/06 du 8 mars 2006).

Le doute ne profite pas au salarié. - Le ministère précise que la disposition selon laquelle, en matière de licenciement, « en cas de litige (...) si un doute subsiste, il profite au salarié » n'est pas applicable en cas de contentieux consécutif à la rupture par l'employeur d'un CNE pendant les deux premières années (circ. min. justice, CIV/06/06 du 8 mars 2006).

✉ LETTRE DE RUPTURE D'UN CNE

LETTRE RECOMMANDÉE AVEC AR à … le …

Objet : lettre de rupture d'un CNE pendant les deux premières années

M. …,

Nous sommes dans l'obligation de rompre votre contrat « nouvelles embauches » conclu le …, dans le cadre de l'ordonnance 2005-893 du 2 août 2005.

Compte tenu de votre ancienneté de … mois, votre préavis sera de … mois.

La rupture de votre contrat sera effective le …

À cette date, vous voudrez bien vous présenter à nos bureaux pour signer le reçu pour solde de tout compte et pour recevoir votre bulletin de paie (comportant l'indemnité de rupture égale à 8 % du montant total de votre rémunération brute depuis la conclusion du contrat), votre certificat de travail et l'attestation d'emploi destinée aux Assédic.

Nous vous rappelons que vous disposez d'un délai de 12 mois à compter de l'envoi de la lettre recommandée pour contester la rupture de votre contrat, c'est-à-dire jusqu'au … .

Nous vous prions d'agréer, M. …, nos salutations distinguées.

Signature

En effet, l'application d'un certain nombre d'articles du code du travail est exclue pendant les deux premières années du CNE. Or, parmi les articles exclus figure l'article L. 122-14-3 du code du travail qui énonce ce principe (ord. 2005-893 et décret 2005-894 du 2 août 2005, JO du 3).

Procédures spécifiques

Rupture pour un motif disciplinaire : application de la procédure disciplinaire. - Si l'employeur souhaite sanctionner une faute du salarié en CNE, il doit respecter la procédure disciplinaire et ce, même pendant les deux premières années du contrat (entretien préalable, délai de deux mois pour engager la procédure, etc.) (c. trav. art. L. 122-40 et suivants ; questions-réponses sur le CNE).

Salariés protégés : application de la procédure protectrice. - Les règles assurant une protection particulière aux salariés bénéficiaires d'une protection en lien avec un mandat représentatif ou syndical s'appliquent lorsque celui-ci est en CNE.

L'employeur devra donc se soumettre à la procédure de demande d'autorisation préalable auprès de l'inspecteur du travail lorsqu'il envisage une rupture ou un transfert de CNE. Les salariés concernés peuvent être, par exemple, des délégués du personnel, des candidats aux élections ou des salariés titulaires de mandats extérieurs à l'entreprise (ex. : conseillers prud'homaux) (ord. 2005-893 du 2 août 2005, art. 2 ; questions-réponses sur le CNE).

Préavis

Préavis à partir d'un mois de présence. - Si l'employeur prend l'initiative de la rupture, sauf faute grave ou force majeure, le salarié, présent dans l'entreprise depuis au moins un mois, a droit à un préavis commençant à courir à compter de la présentation de la lettre recommandée de notification de la rupture.

La durée de ce préavis varie en fonction de l'ancienneté du salarié, elle est de :
- deux semaines, dans le cas d'un contrat conclu depuis moins de six mois à la date de présentation de la LRAR ;
- un mois, dans le cas d'un contrat conclu depuis au moins six mois (ord. 2005-893 du 2 août 2005, art. 2).

> **À NOTER** Les salariés handicapés embauchés en CNE ne bénéficient pas du doublement de la durée du préavis. Les parties peuvent toujours convenir d'allonger ce préavis (questions-réponses sur le CNE).

Préavis en cas de démission. - Aucune règle n'est fixée en la matière. L'employeur et le salarié peuvent cependant convenir dans le contrat d'un délai de prévenance d'une durée raisonnable que devra respecter le salarié dans cette hypothèse. Il convient alors de définir ce délai dans le contrat.

Délivrance d'un certificat de travail. - À l'expiration du CNE, l'employeur doit remettre un certificat de travail au salarié concerné et ce, même si le contrat est rompu durant les deux premières années (c. trav. art. L. 122-16 ; questions-réponses sur le CNE).

Coût de la rupture

Indemnité spécifique de 8 %. - Lorsque l'employeur est à l'initiative de la rupture, il verse au salarié, sauf faute grave de ce dernier, au plus tard à la fin du préavis, une indemnité spéciale qui s'élève à 8 % de la rémunération brute qui lui est due depuis la conclusion du CNE (ord. 2005-893 du 2 août 2005, art. 2).

Base de calcul. - Cette indemnité de 8 % est calculée sur la base de l'ensemble des salaires bruts versés durant le contrat, des primes et accessoires dus en exécution de la prestation de travail, de l'indemnité compensatrice de congés payés, du salaire versé durant le préavis ou de l'indemnité compensatrice de préavis. Les sommes correspondant au remboursement de frais professionnels ne doivent, en revanche, pas être prises en compte (questions-réponses sur le CNE).

> **À NOTER** Employeur et salarié peuvent contractuellement convenir d'augmenter cette indemnité (questions-réponses sur le CNE).

Régime social et fiscal. - Le régime social et fiscal de cette indemnité est calqué sur celui de l'indemnité légale de licenciement (ord. 2005-893 du 2 août 2005, art. 2 ; c. trav. art. L. 122-9).

En conséquence, cette indemnité n'est soumise à CSG et à CRDS que pour la fraction qui excède son montant minimal légal ou conventionnel et, en tout état de cause, pour la fraction soumise à l'impôt sur le revenu.

Pour le calcul de l'impôt sur le revenu et des cotisations sociales, l'indemnité est exonérée à hauteur du montant le plus élevé entre :
- soit deux fois le montant de la rémunération annuelle brute perçue par le salarié au cours de l'année civile précédant la rupture de son contrat de travail ou 50 % du montant de l'indemnité si ce seuil est supérieur, dans la limite de six fois le plafond annuel de sécurité sociale (186 408 euros pour les indemnités versées en 2006 ; le plafond à retenir est le plafond en vigueur à la date de versement de l'indemnité),

- soit le montant de l'indemnité de licenciement prévue par la convention collective de branche, par l'accord professionnel ou interprofessionnel ou, à défaut, par la loi, mais ici toujours sans limitation de montant (CGI art. 81, 22°).

Surcoût de 2 % versé à l'Assédic. - L'employeur verse à l'Assédic une contribution qui s'élève à 2 % de la rémunération brute due au salarié éconduit depuis la conclusion du CNE.

Cas de versement. - Cette contribution n'est due qu'en cas de rupture du contrat à l'initiative de l'employeur, hors faute grave du salarié. En pratique, l'Assédic appellera cette contribution à partir des éléments portés par l'employeur sur l'attestation Assédic. L'employeur devra s'en acquitter dans un délai de quinze jours suivant la date d'envoi de l'avis de versement, sous peine de majorations de retard. Toute demande de remboursement d'une contribution indûment versée devra intervenir dans les trois ans de son paiement (circ. Unédic 2005-18 du 14 octobre 2005).

Régime social. - Cette indemnité n'est pas considérée comme un élément de salaire au sens de l'article L. 242-1 du code de la sécurité sociale. Cela signifie notamment qu'elle est exclue de l'assiette des cotisations de sécurité sociale (ord. 2005-893 du 2 août 2005, art. 2).

Solde de tout compte habituel. - L'employeur verse au salarié, au plus tard à la fin du préavis, les sommes qui lui restent dues au titre des salaires et indemnités de congés payés (ord. 2005-893 du 2 août 2005, art. 2).

Contestation de la rupture. - Toute contestation portant sur la rupture se prescrit par 12 mois à compter de l'envoi de la lettre recommandée notifiant la rupture (voir p. 219). Ce délai n'est opposable au salarié que s'il en a été fait mention dans cette lettre (ord. 2005-893 du 2 août 2005, art. 2).

Garanties du salarié à l'issue du CNE

Couverture renforcée du risque chômage. - Les travailleurs involontairement privés d'emploi, aptes au travail, recherchant un emploi et ayant été titulaires d'un CNE pendant quatre mois, dès lors qu'ils ne justifient pas de références de travail suffisantes pour être indemnisés au titre de l'assurance chômage, ont droit à une allocation forfaitaire (ord. 2005-893 du 2 août 2005, art. 3; c. trav. art. L. 351-1 et L. 351-3).

À NOTER Les modalités d'application de ces dispositions ont été précisées : durée et montant de l'allocation forfaitaire (allocation d'un montant journalier de 16,40 € versée pendant un mois maximum), délai d'inscription comme demandeur d'emploi (dans les 3 mois qui suivent la fin du CNE), notamment (décret 2005-894 du 2 août 2005, JO du 3 ; directive Unédic 2005-37 du 30 décembre 2005).

Convention de reclassement personnalisé. - C'est aux partenaires sociaux de conclure un accord pour définir les conditions et les modalités selon lesquelles les salariés embauchés en CNE peuvent bénéficier de la convention de reclassement personnalisé. À défaut d'accord ou d'agrément de cet accord, ces conditions et modalités seront fixées par décret en Conseil d'État (ord. 2005-893 du 2 août 2005, art. 3 ; c. trav. art. L. 351-8 et L. 321-4-2).

Situations particulières

Inaptitude du salarié en CNE. - Le salarié en CNE bénéficie des règles relatives à l'inaptitude à l'emploi constatée par le médecin du travail. Ainsi, les dispositions concernant le constat de l'inaptitude et celles traitant des conséquences de cette inaptitude s'appliquent au CNE (c. trav. art. R. 241-51-1, L.122-24-4 et L.122-32-5 et suivants ; questions-réponses sur le CNE).

Modification dans la situation juridique de l'employeur. - S'il survient une modification dans la situation juridique de l'employeur, notamment par succession, vente, fusion, transformation du fonds, mise en société, les contrats de travail, dont les CNE, sont transférés au nouvel employeur.

Dans cette hypothèse, le repreneur ne bénéficie pas, à partir de la date de transfert, d'une nouvelle période de « consolidation de l'emploi » de deux ans. En effet, le CNE transféré se poursuit dans l'entreprise du repreneur avec l'ancienneté que le salarié a acquise chez son ancien employeur (c. trav. art. L. 122-12, al. 2 ; questions-réponses sur le CNE).

Licenciement économique collectif : incidences des CNE. - Les ruptures de CNE initiées par l'employeur sont prises en compte pour apprécier l'effectif visé sur 30 jours en matière de licenciement économique, ce qui détermine la procédure à suivre (information, consultations, plan de sauvegarde, etc.) (ord. 2005-893 du 2 août 2005, art. 2).

20 Conclure un contrat à durée déterminée

Il est possible de conclure un contrat à durée déterminée pour faire face a des besoins momentanés de main-d'œuvre pour l'exécution d'une tâche précise et temporaire dans des cas limitativement prévus. La rédaction d'un CDD obéit à des règles spécifiques: le contrat doit, notamment, être écrit et comporter un certain nombre de mentions.

Pour quelles situations ?

Cas de recours limités

Cas précis à respecter. - Le recours au contrat à durée déterminée doit présenter un caractère exceptionnel (c. trav. art. L. 122-1). Il n'est autorisé que dans les situations et les limites prévues par la loi (c. trav. art. L. 122-1-1).

Nécessité de faire face à une tâche précise et temporaire. - Raison d'être du contrat à durée déterminée: faire face à « l'exécution d'une tâche précise et temporaire ». Ce type de contrat ne peut avoir ni pour objet, ni pour effet de pourvoir durablement un emploi lié à l'activité normale et permanente de l'entreprise (c. trav. art. L. 122-1).

Attention. Dans le cadre de l'accord national interprofessionnel sur l'emploi des seniors, un nouveau cas de recours au CDD (CDD « senior »), réservé aux salariés de 57 ans demandeurs d'emploi depuis plus de trois mois ou en convention de reclassement personnalisé est prévu (accord national interprofessionnel du 13 octobre 2005, avenant 1 du 9 mars 2006). Ce nouveau cas de recours supposait toutefois une modification du code du travail pour être applicable. C'est aujourd'hui chose faite (décret 2006-1070 du 28 août 2006 ; c. trav. art. D. 322-24 à D. 322-26).

Cas de recours interdits. - Outre l'interdiction de recourir à des salariés sous contrat à durée déterminée pour pourvoir des emplois permanents dans l'entreprise, il ne peut être fait appel à ces salariés:
- pour remplacer des salariés grévistes (c. trav. art. L. 122-3, 1°);
- pour effectuer des travaux particulièrement dangereux faisant l'objet d'une surveillance médicale spéciale et figurant sur une liste établie par arrêté ministériel (arrêté du 8 octobre 1990, JO du 9 novembre, modifié par arrêté du 4 avril 1996, JO du 18; pour l'agriculture: arrêté du 27 juin 1991, JO 17 juillet), sauf dérogation accordée sur demande à la direction départementale du travail;
- pour répondre à un accroissement temporaire d'activité après un licenciement pour motif économique, pendant une période de six mois; les postes visés par cette interdiction sont ceux concernés par le licenciement (c. trav. art. L. 122-2-1).

Toutefois, dans ce dernier cas, l'interdiction ne joue pas lorsque la durée du contrat non susceptible de renouvellement n'excède pas trois mois; elle ne joue pas non plus en cas de commande exceptionnelle à l'exportation (dans les deux cas, après information et consultation du comité d'entreprise).

Sanction: requalification en CDI. - Tout contrat de travail conclu pour une durée déterminée en méconnaissance des dispositions légales est réputé à durée indéterminée.

Remplacement

Remplacement d'un salarié. - L'employeur peut embaucher en CDD pour remplacer:
- un salarié absent ou dont le contrat de travail est suspendu, hormis le cas de la grève;
- un salarié dont le départ définitif précède la suppression de son poste de travail et a fait l'objet d'une saisine du comité d'entreprise (ou, à défaut, des délégués du personnel, s'il en existe);
- un salarié quittant l'entreprise alors que la personne appelée à le remplacer n'est pas immédiatement disponible;

✉ CDD POUR ACCROISSEMENT TEMPORAIRE D'ACTIVITÉ

ENTRE LES SOUSSIGNÉS :

La société …, dont le siège est situé …

représentée par M. …, agissant en qualité de …, d'une part, et

M. …, demeurant …, d'autre part,

Il a été convenu et arrêté ce qui suit :

Article I - La société … engage à compter du … M. … en qualité de … pour l'emploi de … .

Article II - Le présent contrat est conclu pour faire face à un accroissement temporaire d'activité.

Article III - Le présent contrat, qui prend effet le …, à … heures, est conclu pour une durée déterminée de … et prendra fin le …, à … heures.

Article IV - La première période de … sera considérée comme une période d'essai au cours de laquelle chacune des parties pourra rompre le contrat sans formalité et sans indemnité.

Article V - Le présent contrat pourra être renouvelé une fois pour une durée au plus égale à … si les parties en sont d'accord, moyennant un délai de prévenance de … jours avant l'échéance du terme.

Article VI - À titre de rémunération, M. … recevra un traitement fixe de … euros par mois, qui lui sera versé à la fin de chaque mois civil. En outre, à la cessation du contrat, au terme convenu, M. … percevra une indemnité de fin de contrat conformément aux dispositions légales en vigueur. M. … aura droit à des congés payés calculés selon les dispositions légales. Au cas où M. … n'aurait pas soldé ses congés au terme de son contrat, il lui sera versé une indemnité compensatrice de congés payés calculée dans les conditions légales.

Article VII - M. … exercera ses fonctions à … . Il devra respecter les horaires en vigueur dans l'entreprise. Sa durée hebdomadaire de travail est fixée à … .

Il s'engage également à se conformer aux dispositions du règlement intérieur.

Article VIII - La convention collective applicable à l'entreprise est la CCN ... La caisse de retraite complémentaire est ... .

Article IX - La déclaration préalable à l'embauche sera effectuée à l'URSSAF de ... auprès de laquelle la société ... est immatriculée sous le n° ... M. ... pourra exercer auprès de cet organisme son droit d'accès et de rectification, en application de la loi 78-17 du 6 janvier 1978.

Fait à ..., le ...

Signatures

À NOTER Cela suppose que le poste considéré soit pourvu par un titulaire déjà recruté mais momentanément indisponible et n'autorise en aucun cas l'employeur a recourir à un CDD afin de pourvoir un emploi lié à l'activité normale et permanente de l'entreprise dans l'attente du recrutement du titulaire du poste (cass. soc. 9 mars 2005, BC V n° 80).

- un salarié passé provisoirement à temps partiel dans le cadre d'un avenant à son contrat de travail ou par échange écrit entre ce salarié et son employeur.

Ce dernier cas vise notamment les cas de remplacement de salariés passés provisoirement à temps partiel pour créer ou reprendre une entreprise, pour accompagner une personne en fin de vie (c. trav. art. L. 225-15), pour aider un enfant malade ou handicapé (c. trav. art. L. 122-28-9), ou dans le cadre d'un congé parental d'éducation (c. trav. art. L. 122-28-1).

Remplacer un seul salarié à la fois. - En cas d'absence, le contrat de travail à durée déterminée ne peut être conclu que pour le remplacement d'un seul salarié. Dès lors, il est impossible de recruter un salarié sous CDD en remplacement simultané de trois salariés absents pour cause de congés payés. Dans ce cas, le CDD est requalifié en CDI (cass. soc. 28 juin 2006, n° 04-40455 FSPB).

Remplacement du chef d'entreprise. - Il peut aussi être recouru au CDD pour remplacer :
- un chef d'entreprise artisanale, industrielle ou commerciale, une personne exerçant une profession libérale, son conjoint participant effectivement à

l'activité de l'entreprise à titre professionnel et habituel ou un associé non salarié d'une société civile professionnelle, d'une société civile de moyens ou d'une société d'exercice libéral ;
- un chef d'exploitation ou d'entreprise agricole, un aide familial, un associé d'exploitation ou leur conjoint quand il participe effectivement à l'activité de l'entreprise ou de l'exploitation agricole (c. rural art. L. 722-1 et L. 722-10).

Aide au remplacement de salariés en formation dans les PME. - Le dispositif d'aide au remplacement de salariés en formation dans les entreprises de moins de 50 salariés a été reformé. L'aide est calculée en fonction du SMIC (c. trav. art. L. 322-9).

Accroissement temporaire de l'activité et travaux temporaires par nature

Quatre situations. - L'employeur peut recourir au CDD en cas d'accroissement temporaire de l'activité. Quatre situations sont visées (c. trav. art. L.122-1-1 et L. 122-1-2, II; circ. min. DRT18/90 du 30 octobre 1990) :
- l'augmentation temporaire de l'activité habituelle de l'entreprise ;
- l'exécution d'une tâche occasionnelle précisément définie et non durable ;
- la survenance d'une commande exceptionnelle à l'exportation ;
- la nécessité d'exécuter des travaux urgents pour des mesures de sécurité.

CONSULTATION DU CE DANS CERTAINS CAS

Avant de recruter un salarié sous CDD (ou d'accueillir un intérimaire), il faut consulter le comité d'entreprise ou, à défaut, les délégués du personnel lorsque le motif du recours est :
- le remplacement définitif d'un salarié précédant la suppression de son poste de travail (c. trav. art. L. 122-1-1 et L. 124-2-1) ;
- une commande exceptionnelle à l'exportation (c. trav. art. L. 122-1-2 et L. 124-2-2) ;
- l'accroissement temporaire d'activité moins de 6 mois après un licenciement économique (c. trav. art. L. 122-2-1 et L. 124-2-7).

Exemple Une société de grande distribution avait ouvert un nouveau magasin. Elle y avait engagé une salariée en qualité de caissière en vertu d'un contrat à durée déterminée pour surcroît d'activité. Pour les juges, ce motif n'était pas licite car l'ouverture par cette société d'un nouveau magasin et l'emploi de caissière créé par son fonctionnement procédaient de l'activité normale et permanente de l'entreprise (cass. soc. 5 juillet 2005, n°1561FD).

Emplois saisonniers. - Un CDD peut être conclu afin de pourvoir des emplois à caractère saisonnier.

Le caractère saisonnier d'un emploi concerne des tâches normalement appelées à se répéter chaque année à des dates à peu près fixes, en fonction du rythme des saisons ou du mode de vie collectif (cass. soc. 9 mars 2005, BC V n° 85).

CDD d'usage. - Un CDD peut aussi être conclu pour pouvoir des emplois pour lesquels, dans certains secteurs d'activité déterminés par voie réglementaire ou conventionnelle, il est d'usage constant de ne pas recourir au contrat à durée indéterminée (la liste réglementaire des secteurs d'activité où il est d'usage constant de recourir au CDD figure à l'article D. 121-2 du code du travail). Lorsque la convention collective prévoit le recours au CDD d'usage mais l'exclut pour certains contrats (en l'espèce, la convention collective de la formation réservait le recours au CDD d'usage aux seuls formateurs assurant des missions spécifiques et limitées), le salarié titulaire d'un contrat non conforme à ces limites est en droit d'obtenir la requalification de son CDD en CDI (cass. soc. 15 février 2006, n° 407 FPB).

Appréciation de l'usage. - L'existence de cet usage s'apprécie au niveau du secteur d'activité (cass. soc. 25 mai 2005, BC V n° 178).

À noter Auparavant, la jurisprudence exigeait que l'emploi présente un caractère temporaire pour qu'il puisse être pourvu par un CDD d'usage. La Cour de cassation a abandonné cette condition. Elle ne se réfère plus qu'à la condition, en ce qui concerne l'emploi concerné, de l'existence d'un usage constant de ne pas recourir à un CDI dans l'un des secteurs d'activité visés ci-avant (cass. soc. 26 novembre 2003, 3 arrêts, BC V n° 298). En cas de litige, cela signifie que les juges ne doivent plus s'interroger sur le caractère effectivement temporaire de l'emploi en cause, mais uniquement rechercher si pour cet emploi il y a bien un usage constant.

✉ CDD POUR LE REMPLACEMENT D'UN SALARIÉ ABSENT (AVEC TERME PRÉCIS)

ENTRE LES SOUSSIGNÉS :

La société …, dont le siège est situé …,

représentée par M. …, agissant en qualité de …, d'une part,

et M. …, demeurant …, d'autre part,

Il a été convenu et arrêté ce qui suit :

Article I - La société … engage M. … qui accepte, pour une durée déterminée, en vue d'assurer le remplacement provisoire de M. …, employé dans l'entreprise en qualité de … (1) et actuellement absent pour cause de … .

Article II - M. … exercera en qualité de … la tâche suivante … correspondant au poste de M. …

Article III - Le présent contrat prend effet le … à … heures et prendra fin le …, à … heures.

Si besoin est, le présent contrat pourra être renouvelé une fois par accord entre les parties. Un avenant définissant les conditions de ce renouvellement sera alors proposé à M. … avant le … .

Article IV - Il est convenu d'une période d'essai de … pendant laquelle chacune des parties pourra rompre le contrat sans indemnité ni préavis.

Article V - M. … percevra une rémunération mensuelle brute de … euros qui lui sera versée à la fin de chaque mois civil.

Article VI - M. … exercera ses fonctions à … .

Article VII - Il devra respecter les horaires en vigueur dans l'entreprise. La durée hebdomadaire de travail est fixée à … heures. Il s'engage également à se conformer aux dispositions du règlement intérieur.

Article VIII - À la cessation du présent contrat au terme convenu, M. ... aura droit à une indemnité de fin de contrat, conformément aux dispositions légales en vigueur. M. ... aura droit à des congés payés calculés selon les dispositions légales. Au cas où M. ..., n'aurait pas soldé ses congés au terme de son contrat, il lui sera versé une indemnité compensatrice de congés payés.

Article IX - Les conditions de travail de M. ..., seront régies par les dispositions de la convention collective ... applicable à l'entreprise.

Article X - La caisse de retraite complémentaire est ... .

Article XI - La déclaration préalable à l'embauche sera effectuée à l'URSSAF de ... auprès de laquelle la société ... est immatriculée sous le n° ... M. ..., pourra exercer auprès de cet organisme son droit d'accès et de rectification, en application de la loi 78-17 du 6 janvier 1978.

Fait à ..., le ...

Signatures

(1) *Autre version en cas de « remplacement en cascade » :*
«engage M. ... qui accepte, pour une durée déterminée, en vue d'assurer le remplacement de M. ..., employé dans l'entreprise en qualité de ..., temporairement chargé de remplacer M. ... actuellement absent pour cause de ... ».
Autre version, en cas de remplacement partiel: « la société ... engage M. ... qui accepte, pour une durée déterminée, en vue d'assurer le remplacement provisoire et partiel de M. ..., employé dans l'entreprise en qualité de ... et actuellement absent pour cause de ... . Le remplacement portera sur la partie suivante des fonctions de M. ... . M. ... ne sera donc pas chargé d'effectuer ...».

Travaux de vendanges. - Un CDD peut également être conclu pour la réalisation de travaux de vendanges, des préparatifs de la vendange à sa réalisation, travaux de rangement inclus (c. trav. art. L. 122-3-18).

CONTRATS CONCLUS DANS LE CADRE DE LA POLITIQUE GÉNÉRALE DE L'EMPLOI

Il est aussi possible conclure des contrats à durée déterminée particuliers dans le cadre de la politique générale de l'emploi. Sont ici visés :
- les contrats destinés à favoriser l'embauche de certaines catégories de salarié ;
- les contrats par lesquels l'employeur s'engage à assurer un complément de formation professionnelle à leurs bénéficiaires (les catégories de personnes concernées sont énumérées à l'article D. 121-1 du code du travail). Pour un récapitulatif des contrats aidés, voir p. 272.

Pour quelles durées ?

Les contrats à terme précis

Cas de recours. - Encore appelés contrats « de date à date », ces contrats à terme précis sont conclus :
- en cas d'accroissement temporaire de l'activité habituelle de l'entreprise ;
- en cas de commande exceptionnelle à l'exportation ;
- pour l'exécution d'une tâche occasionnelle, précisément définie et ne relevant pas de l'activité normale de l'entreprise ;
- lorsqu'il est nécessaire de procéder à des travaux urgents ;
- en cas de départ définitif d'un salarié précédant la suppression de son poste de travail ;
- en cas de contrat conclu dans le cadre de la politique de l'emploi.

Durée minimale. - Le contrat à durée déterminée doit avoir une durée d'au minimum six mois quand il est conclu pour survenance d'une commande exceptionnelle à l'exportation (c. trav. art. L. 122-1-2, II).

Certains contrats conclus au titre de la politique de l'emploi doivent aussi comporter une durée minimale.

Durée maximale. - En principe, le contrat de date à date ne peut excéder une durée fixée à dix-huit mois (c. trav. art. L. 122-1-2, II). Cette durée s'entend

de la durée totale du contrat, renouvellement compris. Mais cette durée est ramenée à neuf mois :
- lorsque le contrat est conclu dans l'attente de l'entrée en service effective d'un salarié recruté par contrat à durée indéterminée ;
- lorsque l'objet du contrat consiste en la réalisation de travaux urgents nécessités par des mesures de sécurité.

Elle est, en revanche, portée à 24 mois dans les trois hypothèses suivantes :
- lorsque le contrat est exécuté à l'étranger, quel que soit son motif ;
- en cas de survenance dans l'entreprise d'une commande exceptionnelle à l'exportation (les contrats conclus pour ce motif ne peuvent par ailleurs avoir une durée inférieure à six mois) ;
- en cas de départ définitif d'un salarié précédant la suppression de son poste de travail.

Renouvellement du contrat. - Le contrat de date à date peut être renouvelé une fois, pour une durée déterminée qui, ajoutée à la durée du contrat initial, ne peut pas excéder la durée totale fixée, en principe, à 18 mois.

Par exception, cette durée est de 9 mois ou 24 mois dans certains cas (c. trav. art. L. 122-1-2). La fermeture de l'entreprise pour congé annuel ne figure pas au nombre de ces exceptions (c. trav. art. L. 122-1-2, II).

> **À NOTER** La règle de la durée maximale totale des CDD étant d'ordre public, une clause qui prévoit la suspension des effets du contrat de travail pendant la période de fermeture annuelle de l'entreprise ne peut pas avoir pour effet de différer le terme du contrat à durée déterminée. En conséquence, est requalifié en contrat à durée indéterminée le contrat à durée déterminée dont la durée a excédé 18 mois, peu important qu'en excluant la période de fermeture annuelle de l'entreprise, ce contrat n'ait pas dépassé la durée légale maximale (cass. soc. 25 février 2004, BC V n° 61).

Motif du renouvellement. - Le motif du renouvellement doit s'apprécier à la date de celui-ci et non pas à la date de conclusion du contrat (cass. soc. 1er février 2000, BC V n° 46).

Clause de renouvellement ou avenant au contrat initial. - Le contrat à durée déterminée initial, faute de comporter une clause de renouvellement, ne peut être renouvelé que par soumission d'un avenant de renouvellement avant le terme initialement prévu (cass. soc. 13 juillet 2005, n° 1740 FD).

Pas de modification du CDD renouvelé. - Le renouvellement du contrat à durée déterminée de date à date a seulement pour objet de reporter le terme initial de la relation contractuelle et n'aboutit pas à la conclusion d'un nouveau contrat. L'employeur ne peut donc modifier le contrat à cette occasion (cass. soc. 1er février 2000, BC V n° 47).

Arrivée du terme. - Le contrat prend fin automatiquement à l'arrivée du terme sans que l'employeur soit dans l'obligation de respecter un délai de prévenance. Si la relation contractuelle se poursuit au-delà, le contrat se transforme en contrat à durée indéterminée (c. trav. art. L. 122-3-10).

Tableau des différentes durées des CDD

Durées minimales			
6 mois		À déterminer	1 mois
• Cas d'une commande exceptionnelle à l'exportation dont l'importance nécessite la mise en œuvre de moyens quantitativement ou qualitativement exorbitants par rapport à ceux que l'entreprise utilise ordinairement.		• Cas du remplacement d'un salarié absent.	• Contrat de vendanges (1).
Durées maximales			
3 mois	9 mois	18 mois	24 mois
• Accroissement temporaire d'activité après un licenciement économique.	• En cas d'attente de l'entrée en service d'un salarié recruté par CDI. • Pour la réalisation de travaux urgents nécessités par des mesures de sécurité.	• Durée maximale de principe des CDD, renouvellement compris.	• Cas du remplacement d'un salarié dont le départ définitif précède la suppression de son poste. • Cas d'une commande exceptionnelle à l'exportation. • Pour tout contrat exécuté à l'étranger.

(1) Un salarié peut recourir à plusieurs contrats de vendanges successifs dans la limite d'une durée maximale de 2 mois sur une période de 12 mois.

Les contrats sans terme précis

Cas de recours. - Ils sont autorisés dans les cas suivants (c. trav. art. L. 122-1-2-III) :

- pour remplacer un salarié absent ou dont le contrat de travail est suspendu ;
- lorsqu'ils ont pour objet l'attente de l'entrée en service effective d'un salarié recruté par contrat à durée indéterminée ;
- pour les emplois à caractère saisonnier ;

- pour pourvoir un emploi pour lequel il est d'usage constant de ne pas recourir au contrat à durée indéterminée ;
- pour remplacer un chef d'entreprise artisanale, industrielle ou commerciale, une personne exerçant une profession libérale, son conjoint participant effectivement à l'activité de l'entreprise à titre professionnel et habituel ou un associé non salarié d'une société civile professionnelle, d'une société civile de moyens ou d'une société d'exercice libéral ;
- pour remplacer un chef d'exploitation agricole ou d'entreprise, un aide familial, un associé d'exploitation, ou leur conjoint quand il participe effectivement à l'activité de l'entreprise ou de l'exploitation agricole (c. rural art. L. 722-1 et L. 722-10).

Durée minimale. - Le contrat sans terme précis « doit être conclu pour une durée minimale et il a pour terme la fin de l'absence du salarié remplacé ou la réalisation de l'objet pour lequel il a été conclu » (c. trav. art. L. 122-1-2-III). La loi ne donne pas d'autre précision sur la durée minimale. Il faut donc en conclure que celle-ci doit être fixée librement (ex. : la durée de l'arrêt maladie fixée par le certificat médical envoyé par le salarié à remplacer).

Le contrat ne peut pas être rompu avant l'expiration de la durée minimale, même si l'objet pour lequel il a été conclu venait à se réaliser entre-temps (ex. : retour prématuré du salarié remplacé). D'ailleurs, si un employeur méconnaissait cette interdiction, il serait tenu au paiement des indemnités pour brusque rupture (c. trav. art. L. 122-3-8). Il s'agit donc d'une garantie d'emploi pour le salarié et d'une assurance pour l'employeur de garder l'intéressé à son service tant que cette durée ne s'est pas écoulée. Par ailleurs, son échéance ne constitue pas le terme du contrat.

Pas de durée maximale sauf exceptions. - Les contrats sans terme précis n'ont pas de durée maximale, à deux exceptions près :
- le contrat conclu dans l'attente de l'arrivée d'un salarié recruté par contrat à durée indéterminée ne peut avoir une durée supérieure à neuf mois (c. trav. art. L. 122-1-2-II) ;
- de même, les services ministériels considérant qu'une saison ne peut excéder huit mois, un contrat à durée déterminée conclu pour pourvoir un emploi saisonnier ne saurait dépasser cette durée (rép. min., JO AN 28-Q du 11 juillet 1983, p. 3059).

Sur le cas particulier du recrutement de salariés étrangers en CDD, voir l'article R. 341-7-2 du code du travail.

Renouvellement inutile. - Le renouvellement est inutile dans la mesure où, à l'issue de la durée minimale, le terme du contrat est automatiquement reporté jusqu'au retour de l'absent ou jusqu'à la réalisation de l'objet du contrat.

Cas particulier des contrats saisonniers. - Le renouvellement de contrats saisonniers n'est pas en lui-même de nature à entraîner une requalification en contrat à durée indéterminée (cass. soc. 15 octobre 2002, BC V n° 306). La requalification suppose en effet que la période d'emploi coïncide avec la durée d'ouverture ou de fonctionnement de l'entreprise ou encore l'existence d'une clause de reconduction ou de réemploi pour la saison suivante (c. trav. art. L. 125-1 ; cass. soc. 30 octobre 2002, BC V n° 331 ; cass. soc. 18 novembre 2003, BC V n° 289; cass. soc. 16 novembre 2004, BC V n° 285).

Aménagement de la durée du contrat en cas de remplacement d'un absent. - Le contrat à durée déterminée peut prendre effet avant l'absence du salarié à remplacer lorsqu'il est conclu (c. trav. art. L. 122-3-7) :

- pour remplacer un salarié temporairement absent ou dont le contrat de travail est suspendu ;

- pour remplacer un chef d'entreprise artisanale, industrielle ou commerciale, une personne exerçant une profession libérale, son conjoint participant effectivement à l'activité de l'entreprise à titre professionnel et habituel ou un associé non salarié d'une société civile professionnelle, d'une société civile de moyens ou d'une société d'exercice libéral ;

- pour remplacer un chef d'exploitation agricole ou d'entreprise, un aide familial, un associé d'exploitation, ou leur conjoint quand il participe effectivement à l'activité de l'entreprise ou de l'exploitation agricole (c. rural art. L. 722-1 et L. 722-10).

Le contrat à durée déterminée peut aussi prendre fin après le retour de l'absent. Concrètement, le terme du contrat initialement fixé peut être reporté jusqu'au surlendemain du jour où le salarié remplacé reprend son emploi.

Terme des contrats

Pour un contrat conclu de date à date. - Le terme est constitué par l'arrivée de la date convenue entre l'employeur et le salarié.

Pour un contrat conclu sans terme précis. - Le contrat cesse de plein droit à la date de réalisation de l'objet pour lequel il a été conclu. Plus précisément :

– si la réalisation de l'objet intervient avant l'expiration de la durée minimale, le contrat doit se poursuivre jusqu'à cette date ;

- si la réalisation de l'objet coïncide de fait avec l'expiration de la durée minimale, le contrat cesse alors de plein droit avec celle-ci ;

- si la réalisation de l'objet n'est pas encore intervenue à l'expiration de la durée minimale, le contrat doit se poursuivre jusqu'à la réalisation effective de cet objet.

Cas particulier du contrat conclu sans terme précis pour remplacement. - Ce type de contrat a pour terme la fin de l'absence du salarié remplacé (c. trav. art. L. 122-1-2). Peu importe ce qu'indique le contrat quant à la nature de l'absence justifiant le recours au CDD sans terme précis : c'est le retour du salarié remplacé dans l'entreprise qui met fin au CDD de remplacement (cass. soc. 9 mars 2005, BC V n° 81).

> **EXEMPLE** Si un CDD, conclu pour remplacer une salariée absente pour congé de maternité, s'est poursuivi pendant le congé parental sollicité par cette dernière, il a bien pour terme la fin de l'absence de cette salariée à l'issue de ce congé parental (cass. soc. 9 mars 2005, BC V n° 81). Un CDD conclu pour remplacer un salarié absent pour cause de maladie a pour terme la fin de l'absence de ce salarié, laquelle comprend la période de maladie stricto sensu et la période de congé maternité qui s'en est suivie (cass. soc. 18 février 2003, n° 01-41334 FD).

Pour l'employeur, cette règle a des avantages et des inconvénients. L'avantage, c'est que le salarié dont le contrat se poursuit ne peut pas demander la requalification de son contrat en CDI. Le risque, c'est de devoir garder un salarié sous CDD de remplacement durant toute l'absence du salarié remplacé.

> **EXEMPLE** Une salariée avait été engagée en vertu d'un contrat à durée déterminée pour le remplacement d'une salariée « en maladie puis en congé maternité » stipulant qu'il prendrait fin le jour de la reprise d'activité de cette dernière. L'employeur a mis fin à son contrat de travail à la date annoncée de la fin du congé maternité de la salariée remplacée qui prolongeait son absence pour d'autres causes. À tort : il s'agissait d'une rupture anticipée injustifiée. En effet, le contrat de travail conclu

pour assurer le remplacement d'une salariée absente jusqu'à la date de reprise du travail par cette salariée a pour terme la fin de l'absence de la salariée remplacée (cass. soc 16 novembre 2005, n° 2463 FSP).

Si l'employeur a la volonté de limiter la durée de présence du salarié embauché en CDD, il est alors préférable d'avoir recours au CDD à terme précis.

Lorsqu'un CDD a été conclu, sans terme précis, pour remplacer un salarié absent, il incombe à l'employeur de rapporter la preuve de l'événement constitutif du terme et de sa date (cass. soc. 13 mai 2003, BC V n° 158).

Cas du départ définitif du salarié remplacé. - Si le contrat du salarié remplacé est rompu, le CDD conclu sans terme précis a pour terme la fin de la durée minimale si cette rupture est antérieure. Passé cette période minimale, le CDD a pour terme la date de la rupture du contrat de travail du salarié remplacé. À titre d'exemple, le licenciement pour motif économique du salarié remplacé entraîne de plein droit la fin du CDD conclu pour son remplacement (cass. soc. 20 avril 2005, BC V n° 146).

Report du terme. - Le terme du contrat initialement fixé peut être reporté jusqu'au surlendemain du jour où la personne remplacée a repris son emploi (c. trav. art. L. 122-3-7).

Cas particulier des représentants du personnel. - L'arrivée du terme du contrat n'entraîne la cessation du lien contractuel qu'après constatation par l'inspecteur du travail que le salarié ne fait pas l'objet d'une mesure discriminatoire (c. trav. art. L. 236-11, L. 412-18, L. 425-2 et L. 436-2).

Succession de CDD

Règles spécifiques. - Quand un CDD a pris fin et que l'employer souhaite en conclure un autre avec le même salarié ou une autre personne, sur un poste identique ou non, pour le même motif ou dans le cadre d'un autre cas de recours, des règles précises doivent être respectées. Il est notamment prévu qu'en cas de succession de CDD sur le même poste de travail, un délai de carence entre les deux CDD doit être respecté (c. trav. art. L. 122-3-10 et L. 122-3-11).

Cas particulier de la succession de CDD de remplacement. - Lorsqu'un CDD est conclu pour remplacer un salarié absent, il est possible de conclure

Succession de contrats à durée déterminée			
Poste concerné	**Salarié concerné**	**Motif du contrat**	**Délais**
Sur le même poste de travail	avec le même salarié	- nouvelle absence du salarié remplacé (ex. : congé de maternité suivi d'un congé parental)	pas de délai
		- accroissement temporaire d'activité, commande exceptionnelle à l'exportation	délai du 1/3 temps ou du 1/2 temps
		- travaux urgents pour la sécurité	pas de délai
		- emplois saisonniers ou d'usage	pas de délai
		- pour tout motif après un contrat de qualification	un « certain délai »
	avec un autre salarié	- nouvelle absence du salarié remplacé	pas de délai
		- contrats conclus dans le cadre de la politique de l'emploi	pas de délai
		- refus par le premier salarié du renouvellement du contrat pour la durée restante ou rupture anticipée de son fait	pas de délai
		- travaux urgents nécessaires pour la sécurité	pas de délai
		- emplois saisonniers ou d'usage	pas de délai
		- pour un motif différent	délai du 1/3 temps ou du 1/2 temps
Sur un autre poste de travail	avec le même salarié	- remplacement d'un salarié absent	pas de délai
		- emplois saisonniers ou d'usage	pas de délai
		- dans l'attente de l'entrée en service effective d'un salarié recruté sous CDI	un « certain délai »
		- en cas du suppression du poste dans les deux ans après le départ définitif d'un salarié	un « certain délai »
		- accroissement temporaire d'activité, commande exceptionnelle à l'exportation, travaux urgents pour la sécurité	un « certain délai »
		- pour tout motif après un contrat de qualification	un « certain délai »

plusieurs CDD successifs avec le même salarié, peu important qu'ils comportent un terme précis et que leur durée totale excède 18 mois (cass. soc. 8 février 2006, n° 395 FSPB ; c. trav. art. L. 122-3-10). L'employeur peut donc conclure des CDD de remplacement successifs correspondant à la durée exacte de chaque absence sans être limité à 18 mois pour la durée totale des contrats. Dans tous les cas, chaque contrat pris isolément ne peut pas durer plus de 18 mois.

Exemple Une salariée a été engagée en CDD de remplacement du 8 au 29 février 2000. Ce contrat a fait l'objet de plusieurs avenants de prolongation jusqu'au 28 juin 2002, pour le même motif. Alors, que les juges du fond avaient requalifié les CDD en CDI, la Cour de cassation a censuré leur décision. Elle considère qu'il est possible de conclure plusieurs CDD successifs à terme précis avec le même salarié et que la durée totale des contrats peut excéder 18 mois (cass. soc. 8 février 2006, n° 395 FSPB).

Rupture anticipée d'un CDD

Cas strictement énumérés. - Le CDD ne peut être rompu, avant l'échéance de son terme, que pour faute grave, force majeure, si les parties en conviennent ou si le salarié justifie d'une embauche pour une durée indéterminée (c. trav. art. L. 122-3-8).

S'agissant de la rupture anticipée d'un représentant du personnel, la procédure protectrice s'applique.

Pas de clause de rupture anticipée. - Un CDD ne peut être rompu avant son terme que pour des cas limitativement énumérés. Ces dispositions sont d'ordre public. Dès lors toute clause qui prévoit la rupture du contrat à durée déterminé pour d'autres causes que celles listées par le code du travail est nulle (circ. min. DRT 90-18 du 30 octobre 1990; cass. soc. 16 décembre 1998, BC V n° 552). Si une telle clause est nulle, elle n'entraîne pas pour autant la requalification du CDD en CDI (cass. soc. 17 octobre 2000, n° 4096 FD). L'employeur qui romprait le contrat en application d'une telle clause serait alors dans le cas d'une rupture anticipée injustifiée et pourrait donc être condamné aux différentes indemnité dues dans ce cas.

EXEMPLE La clause qui prévoit que le contrat pourrait être rompu avant l'échéance de son terme si le salarié « ne donnait pas satisfaction ou se rendait coupable d'indélicatesse » est nulle (cass. soc. 11 mai 1988, BC V n° 283).

Comment conclure le CDD ?

Écrit obligatoire. - Le contrat à durée déterminée doit être écrit. À défaut, il est réputé conclu pour une durée indéterminée (c. trav. art. L. 122-3-1). L'employeur ne peut pas écarter cette présomption légale. En revanche, les dispositions prévues par les articles L. 122-1 et suivants du code du travail ayant été édictées dans un souci de protection du salarié qui seul peut se prévaloir de leur inobservation, ce dernier peut rapporter la preuve que le contrat conclu verbalement est bien à durée déterminée (cass. soc. 10 juillet 2002, BCV n° 235).

Mentions obligatoires du contrat. - Le contrat de travail à durée déterminée doit comporter la définition précise de son motif (c. trav. art. L. 122-3-1).

> **Exemples** Quand un contrat de travail à durée déterminée précise qu'il est conclu pour faire face à un accroissement temporaire d'activité, l'exigence de motif précis est ainsi remplie (cass. soc. 24 novembre 1998, BC V n° 511 ; cass. soc. 28 septembre 2005, BC V n° 271). En pratique, l'employeur peut donc se contenter de mentionner dans le contrat : « accroissement temporaire d'activité ». Toutefois, il doit garder à l'esprit que, en cas de contentieux, il devra pouvoir apporter la preuve que ce motif était réel et établi pour la période où il avait embauché en CDD.
> En revanche, s'agissant d'un CDD conclu dans les secteurs d'activités où il est d'usage de ne pas recourir au CDI, un ordre de mission de l'employeur ne comportant pas la signature du salarié ne peut pas être assimilé à un contrat de travail écrit comportant la définition précise de son motif (cass. soc. 31 mai 2006, n° 04-47656 FSPB).

Le contrat doit aussi préciser (c. trav. art. L. 122-3-1) :
- lorsqu'il est conclu pour remplacer un salarié absent, le nom et la qualification du salarié remplacé ;
- lorsqu'il comporte un terme précis, la date d'échéance du terme et, le cas échéant, une clause de renouvellement ;
- lorsqu'il ne comporte pas de terme précis, la durée minimale pour laquelle il est conclu ;
- la désignation du poste de travail ou de l'emploi occupé ;
- l'intitulé de la convention collective applicable ;
- le montant de la rémunération et de ses accessoires ;
- le nom et l'adresse de la caisse de retraite complémentaire et de l'organisme de prévoyance ;
- la durée de la période d'essai éventuellement prévue.

Lorsqu'il s'agit d'un contrat par lequel l'employeur s'engage à assurer au salarié un complément de formation professionnelle, le contrat doit préciser la nature des activités auxquelles participe l'intéressé durant son séjour en entreprise.

Le contrat doit être signé et transmis au salarié dans les deux jours de l'embauche (c. trav. art. L. 122-3-1).

Défaut de mentions obligatoires. - Si le motif du contrat ou le nom et la qualification du salarié remplacé n'ont pas été mentionnés, le contrat est réputé conclu pour une durée indéterminée. La sanction est ici la même qu'en cas d'absence d'écrit.

Il en est de même si le CDD ne mentionne pas la désignation du poste occupé par le salarié (cass. soc. 19 avril 2000, n° 1810 D) ou la durée minimale du contrat conclu sans terme précis (cass. soc. 29 octobre 1996, BC V n° 396).

En revanche, si un contrat à durée déterminée ne mentionne pas, comme la loi l'exige, la convention collective applicable à la relation de travail, cette circonstance n'entraîne pas pour autant la requalification de ce contrat (cass. soc. 26 octobre 1999, BC V n° 401).

Ainsi, l'omission d'une mention à caractère purement informatif n'entraîne pas la requalification du contrat.

Période d'essai. - Le contrat à durée déterminée peut comporter une période d'essai (c. trav. art. L. 122-3-2). À défaut d'usages ou de dispositions conventionnelles prévoyant des durées moindres, cette période d'essai ne peut excéder une durée calculée à raison d'un jour par semaine, dans la limite :
- de deux semaines lorsque la durée initialement prévue du contrat est au plus égale à six mois ;
- d'un mois dans les autres cas.

À titre de rappel, la période d'essai doit faire l'objet d'une stipulation expresse dans le CDD (cass. soc. 5 novembre 2003, n° 2336 D).

Lorsque le contrat ne comporte pas de terme précis, la période d'essai est calculée par rapport à la durée minimale du contrat. En cas de rupture du contrat durant la période d'essai, l'indemnité de fin de contrat n'est pas due (c. trav. art. L. 122-3-9).

Les dispositions légales (ou conventionnelles plus favorables) relatives à la période d'essai sont d'ordre public. Les parties ne peuvent y déroger dans un sens moins favorable (cass. soc. 17 janvier 1996, n° 135 D).

Signature du salarié. - Le contrat à durée déterminée doit être signé par le salarié. À défaut, il est réputé conclu pour une durée indéterminée (cass. soc. 26 octobre 1999, BCV n° 401).

Transmission au salarié. - Le CDD doit être transmis au salarié au plus tard dans les deux jours suivant l'embauche (c. trav. art. L. 122-3-1). Sa transmission tardive pour signature équivaut à une absence d'écrit qui entraîne la requalification du CDD en CDI (cass. soc. 17 juin 2005, BC V n° 203).

✉ CDD POUR LE REMPLACEMENT D'UN SALARIÉ ABSENT (SANS TERME PRÉCIS)

ENTRE LES SOUSSIGNÉS :

La société …, dont le siège est situé …,

représentée par M. …, agissant en qualité de …, d'une part,

et M. …, demeurant …, d'autre part,

Il a été convenu et arrêté ce qui suit :

Article I - La société … engage M. … qui accepte, pour une durée déterminée, en vue d'assurer le remplacement provisoire de M. …, employé dans l'entreprise en qualité de … et actuellement absent pour cause de … .

Article II - M. … exercera en qualité de … la tâche suivante … correspondant au poste de M. …

Article III - Le présent contrat est conclu pour la durée de l'absence de M. … Il aura une durée minimale de … mois. Il débutera le … à … heures et prendra fin à la date du retour de M. … dans l'entreprise.

Article IV - Il est convenu d'une période d'essai de … pendant laquelle chacune des parties pourra rompre le contrat sans aucune indemnité ni préavis.

Article V - À titre de rémunération, M. … recevra un traitement de … euros par mois qui lui sera versé à la fin de chaque mois civil.

Article VI - M. … exercera ses fonctions à … .

Article VII - Il devra respecter les horaires en vigueur dans l'entreprise. Sa durée hebdomadaire de travail est fixée à …. Il s'engage également à se conformer aux dispositions du règlement intérieur.

Article VIII - M. … bénéficiera des dispositions de la CCN … applicable à l'entreprise. Par ailleurs, il sera admis, à compter de son engagement, au bénéfice du régime de retraite complémentaire par affiliation à la caisse … .

Article IX - M. … aura droit à des congés payés calculés selon les dispositions légales. Au cas où M. … n'aurait pas soldé ses congés au terme de son contrat, il lui serait versé une indemnité compensatrice de congés payés.

Article X - À la cessation du présent contrat, M. … percevra une indemnité de fin de contrat, conformément aux dispositions légales en vigueur.

Article XI - La déclaration préalable à l'embauche sera effectuée à l'URSSAF de … auprès de laquelle la société … est immatriculée sous le n° … M. … pourra exercer auprès de cet organisme son droit d'accès et de rectification, en application de la loi 78-17 du 6 janvier 1978.

Fait à …, le …

Signatures

Fiche pratique

Remplacement en cascade

L'employeur peut demander à un salarié permanent de l'entreprise d'occuper provisoirement le poste du salarié absent et affecter le salarié recruté sous CDD au poste laissé vacant par le salarié permanent. Son pouvoir de direction lui permet d'affecter le salarié sous CDD à d'autres tâches suivant l'évolution de l'organisation de l'entreprise pendant le remplacement.

CDD conclu pour remplacer un salarié absent

Pour être licite la pratique du remplacement en cascade est conditionnée au fait :
- qu'il y ait bien un salarié absent,
- qu'il ne s'agisse pas de faire occuper un emploi permanent au salarié recruté en CDD de remplacement (circ. DRT 92-14 du 29 août 1992 ; cass. soc. 30 avril 2003, BC V n° 149).

Quelles clauses pour le CDD ?

Selon l'administration, il convient d'indiquer sur le CDD de remplacement le nom et la qualification du salarié réellement absent et non pas le nom et la qualification du salarié remplacé effectivement mais qui est présent dans l'entreprise (circ. DRT 92-14 du 29 août 1992). La jurisprudence n'est pas encore clairement établie. Selon certains, il faut suivre l'avis de l'administration. Pour d'autres, il faut indiquer le nom et la qualification du salarié remplacé (cass. soc. 30 janvier 2002, n° 448 FD). Dans l'attente d'une clarification, il convient d'indiquer à la fois le nom et la qualification du salarié remplacé (celui dont le salarié recruté sous CDD occupe le poste) et le nom du salarié effectivement absent de l'entreprise.

Le nom et la qualification du salarié remplacé sont des mentions essentielles du CDD de remplacement. Leur omission entraîne la requalification automatique du

Fiche pratique

✉ CONVENTION DE REMPLACEMENT EN CASCADE

Entre

La société ..., dont le siège est situé ..., représentée par M. ..., agissant en qualité de ..., d'une part,

et M. ..., demeurant ..., d'autre part,

Il a été convenu et arrêté ce qui suit:

Article I - La société ... « engage M. ... qui accepte, pour une durée déterminée, en vue d'assurer le remplacement de M. ... (1), employé dans l'entreprise en qualité de ... (2), temporairement chargé de remplacer M. ... (1), employé dans l'entreprise en qualité de ... (2), actuellement absent pour cause de ... (3) »

Article II - M. ... exercera en qualité de ... (4) la tâche suivante ... (5) correspondant au poste de M.

Article III - Le présent contrat prend effet le ... à ... heures et prendra fin le..., à ... heures ... .(6)

Article IV - Il est convenu d'une période d'essai de ... pendant laquelle chacune des parties pourra rompre le contrat sans indemnité ni préavis (7).

Article V - À titre de rémunération, M. ... recevra un traitement de ... euros bruts (8) par mois qui lui sera versé à la fin de chaque mois civil.

Article VI - M. exercera ses fonctions à ... (9).

Article VII - Il devra respecter les horaires en vigueur dans l'entreprise. Sa durée hebdomadaire de travail est fixée à ... Il s'engage également à se conformer aux dispositions du règlement intérieur.

Article VIII - M. bénéficiera des dispositions de la CCN ... applicable à l'entreprise (10). Par ailleurs, il sera admis, à compter de son engagement, au bénéfice du régime de retraite complémentaire par affiliation à la caisse ... (11).

Article IX - M. ... aura droit à des congés payés calculés selon les dispositions légales. Au cas où M. n'aurait pas soldé ses congés au terme de son contrat, il lui sera versé une indemnité compensatrice de congés payés.

Article X - À la cessation du présent contrat, M. ... percevra une indemnité de fin de contrat, conformément aux dispositions légales en vigueur (12).

Article XI - La déclaration préalable à l'embauche sera effectuée à l'URSSAF de ... auprès de laquelle la société ... est immatriculée sous le n°... M. ... pourra exercer auprès de cet organisme son droit d'accès et de rectification, en application de la loi 78-17 du 6 janvier 1978.

Fait à ..., le ...

Signatures

(1) Préciser l'identité de la personne remplacée. (2) Qualification et emploi. (3) Indiquer le motif de l'absence. (4) Indiquer le titre, le grade, le coefficient hiérarchique. (5) Indiquer les fonctions exercées. (6) Indiquer la date d'échéance du contrat. (7) Clause facultative. (8) En chiffres et en lettres. (9) Lieu de travail. (10) Préciser l'intitulé de la convention collective. (11) Nom et adresse de la caisse de retraite. (12) Le montant de l'indemnité de fin de contrat est fixé légalement à 10 % de la rémunération totale brute du salarié pendant la durée du contrat (y compris primes et accessoires, à l'exception de l'indemnité compensatrice de congés payés). Sous certaines conditions, une convention collective peut limiter le montant à 6 % (c. trav. art. L. 122-3-4).

21 Conclure un contrat à temps partiel

Le travail à temps partiel peut être appliqué au choix de l'employeur ou à l'initiative du salarié. Dans tous les cas, employeur et salarié doivent être d'accord sur cette modalité. Leur accord est formalisé par un contrat de travail à temps partiel ou un avenant transformant un contrat de travail initialement conclu à temps complet en un contrat à temps partiel. Un écrit est indispensable. Certaines mentions doivent obligatoirement y être portées.

Définition

Temps de travail inférieur à la durée légale du travail. - Est un salarié à temps partiel celui dont la durée contractuelle de travail est inférieure à (c. trav. art. L. 212-4-2) :
- la durée légale du travail (35 heures hebdomadaires) ;
- la durée de travail mensuelle résultant de l'application, sur cette période, de la durée légale du travail ;
- la durée de travail annuelle résultant de l'application, sur cette période, de la durée légale du travail (soit 1 607 heures).

En cas de durée conventionnelle du travail inférieure à la durée légale. - Est aussi un salarié à temps partiel celui dont la durée contractuelle de travail est inférieure à la durée conventionnelle du travail (fixée au niveau de la branche ou de l'entreprise), lorsque cette durée est elle-même inférieure à la durée légale ou à ses déclinaisons mensuelle ou annuelle (c. trav. art. L. 212-4-2).

Autres cas. - Est aussi un salarié à temps partiel tout salarié dont le contrat prévoit un temps de travail inférieur à la durée du travail applicable dans l'établissement, lorsque cette durée est inférieure à la durée légale ou conventionnelle applicable (quelles qu'en soient les raisons ; ex. : accord d'établissement ou décision du chef d'établissement).

Peu importe l'amplitude du temps partiel. - Tous les salariés embauchés sur la base d'une durée contractuelle de travail inférieure à la durée du travail applicable dans l'établissement (légale, conventionnelle ou autre) sont des salariés à temps partiel, quand bien même leur durée contractuelle de travail serait simplement inférieure d'une heure à la durée collective de travail.

Ainsi, dans une entreprise où la durée du travail est la durée légale (35 heures hebdomadaires), un salarié travaillant 34 heures doit bénéficier du statut spécifique applicable aux salariés à temps partiel de la même manière que s'il travaillait, par exemple, 16 heures ou 32 heures.

Mettre en place le temps partiel

Accord collectif ou à l'initiative de l'employeur

Accord collectif. - Les horaires de travail à temps partiel peuvent être pratiqués dans les entreprises sur la base d'un accord collectif (convention collective de branche, accord de branche étendu, convention ou accord d'entreprise ou d'établissement) (c. trav. art. L. 212-4-2).

Absence d'accord collectif. - En l'absence d'accord collectif, le temps partiel peut cependant être mis en place par l'employeur après avis du comité d'entreprise ou, à défaut, des délégués du personnel. Cet avis doit être transmis dans un délai de 15 jours à l'inspecteur du travail.

Absence de représentants du personnel. - En l'absence de représentants du personnel, le temps partiel peut être mis en place à l'initiative de l'employeur ou à la demande des salariés. Dans ce cas, une simple information de l'inspecteur suffit (c. trav. art. L. 212-4-2).

Temps partiel à la demande des salariés

Temps partiel choisi en application d'un accord collectif. - Le temps partiel peut être demandé par les salariés lorsqu'un accord collectif le prévoit. Il peut s'agir d'une convention ou d'un accord de branche étendu, ou encore d'un accord d'entreprise ou d'établissement. Tout accord doit prévoir (c. trav. art. L. 212-4-9) :

- les modalités selon lesquelles les salariés à temps complet peuvent occuper un emploi à temps partiel et les salariés à temps partiel occuper un emploi à temps complet dans le même établissement ou, à défaut, dans la même entreprise ;
- la procédure devant être suivie par les salariés pour faire part de leur demande à leur employeur ;
- le délai laissé au chef d'entreprise pour y apporter une réponse motivée, étant entendu qu'en cas de refus, il doit expliquer les raisons objectives qui le conduisent à ne pas donner suite à la demande.

Temps partiel choisi en l'absence d'accord collectif. - En ce cas, la demande du salarié doit être communiquée à l'employeur par lettre recommandée avec AR (c. trav. art. L. 212-4-9). Elle doit préciser la durée du travail souhaitée et la date envisagée pour le passage au temps partiel. La demande du salarié doit être formulée au moins 6 mois à l'avance. La réponse de l'employeur doit être donnée dans les 3 mois suivant la réception de la demande, par lettre recommandée avec AR.

Un refus ne peut être opposé par le chef d'entreprise que s'il justifie de l'absence d'emploi disponible dans la catégorie professionnelle du salarié ou de l'absence d'emploi équivalent, ou encore s'il peut démontrer que le changement d'emploi demandé aurait des conséquences préjudiciables à la production et à la bonne marche de l'entreprise. L'employeur ne peut imposer une durée de travail autre que celle demandée. Si la demande est acceptée, elle prend effet à la date fixée par le salarié (circ. MES/CAB 2000-003 du 3 mars 2000).

Demandes en raison des besoins de la vie familiale. - Les salariés qui en font la demande peuvent bénéficier d'une réduction de la durée de leur travail sous forme d'une ou de plusieurs périodes d'absence d'au moins une semaine en raison des besoins de leur vie familiale (c. trav. art. L. 212-4-7). Aucun accord collectif n'est nécessaire pour ce type de temps partiel. L'accord de l'employeur est cependant requis. Pour l'administration, l'employeur ne peut refuser que s'il justifie de raisons objectives liées aux nécessités du fonctionnement de l'entreprise (circ. MES/CAB 2000-003 du 3 mars 2000).

En cas d'accord, un avenant au contrat de travail doit être établi. Il doit y être précisé la ou les périodes non travaillées. Cet avenant peut aussi prévoir une rémunération mensualisée indépendante de l'horaire réel du mois.

En tout état de cause:
- la durée du travail doit être déterminée dans une limite annuelle;
- pendant les périodes travaillées, l'intéressé doit être occupé selon l'horaire collectif applicable;
- les heures effectuées au cours d'une semaine au-delà de la durée légale (ou, en cas de modulation, les heures dépassant les limites fixées par accord) sont soumises à la réglementation relative aux heures supplémentaires.

Conclure le contrat

Contrat écrit. - Le contrat peut être à durée indéterminée ou déterminée. Il doit être écrit (c. trav. art. L. 212-4-3). L'absence d'écrit fait présumer que le contrat a été conclu à temps complet (cass. soc. 29 janvier 1997, BC V n° 39; cass. soc. 9 mars 2005, BC V n° 80). Il appartient à l'employeur qui conteste cette présomption de rapporter la preuve contraire, qui consiste notamment à établir la durée exacte du travail convenue et sa répartition sur la semaine ou sur le mois (cass. soc. 25 février 2004, BC V n° 63; cass. soc. 26 janvier 2005, BC V n° 27; 6 avril 2005, n° 779 FD).

Mentions obligatoires. - Le contrat de travail à temps partiel doit mentionner (c. trav. art. L. 212-4-3):
- la qualification du salarié;
- les éléments de sa rémunération;
- la durée de travail hebdomadaire ou, le cas échéant, mensuelle, prévue;
- les limites dans lesquelles peuvent être effectuées des heures complémentaires au-delà de la durée du travail fixée par le contrat;
- la répartition de la durée du travail entre les jours de la semaine ou les semaines du mois, sauf pour les salariés des associations d'aide à domicile (à défaut, le salarié pourrait demander la requalification du contrat: cass.

soc. 13 novembre 2002, n° 3244 FD) **et pour les VRP** (cass. soc. 5 juin 2001, BC V n° 213).

Il doit aussi :
- définir par avance les cas dans lesquels une modification de la répartition du travail peut intervenir ainsi que la nature de cette modification. À cet égard, une clause accordant à l'employeur le pouvoir de modifier la répartition du travail en fonction des nécessités du service n'est pas licite, car trop générale (cass. soc. 6 avril 1999, BC V n° 166) ;
- déterminer à l'avance les modalités selon lesquelles les horaires de travail, pour chaque journée travaillée, seront communiquées, par écrit, au salarié.

Notification des modifications de la répartition du travail. - Toute modification doit être notifiée au salarié au moins 7 jours avant la date à laquelle elle aura lieu, sauf accord collectif étendu ou accord d'entreprise pouvant réduire ce délai à 3 jours ouvrés. Cette réduction n'est possible que si l'accord prévoit des contreparties en faveur des salariés (c. trav. art. L. 212-4-4).

Dès lors que le délai de prévenance prévu au contrat n'est pas respecté, la rupture du contrat de travail, résultant du refus de la salariée d'accepter la modification, s'analyse en un licenciement sans cause réelle et sérieuse (cass. soc. 4 avril 2006, n° 890 FP).

Modification de la répartition des horaires de travail et modification du contrat. - La répartition des horaires sur la semaine ou sur les semaines du mois étant un des éléments constitutifs du contrat de travail à temps partiel, une modification de cette répartition, en dehors d'une clause contractuelle ayant cet objet, entraîne la modification du contrat de travail (c. trav. art. L. 212-4-3 ; cass. soc. 6 avril 1999, BC V n° 166 ; cass. soc. 5 avril 2006, n° 978 FSPB).

Dans ce cas, le refus de l'intéressé de se soumettre à la nouvelle répartition ne constitue ni une faute ni un motif de licenciement (c. trav. art. L. 212-4-3). Ne constitue pas davantage une faute ou un motif de licenciement le fait de refuser une modification de la répartition des heures de travail (même si l'employeur respecte le délai de prévenance de 7 jours), dès lors que ce changement est incompatible avec :
- des obligations familiales impérieuses qui recouvrent, à titre d'exemple, la nécessité d'assister un membre de la famille gravement malade ou dépendant, ou encore la garde d'enfant pour un parent isolé (circ. MES/CAB 2000-003 du 3 mars 2000) ;
- le suivi d'un enseignement scolaire ou supérieur ;

- une période d'activité fixée chez un autre employeur ;
- l'exercice d'une activité professionnelle non salariée.

Modification des horaires. - Sauf clause contractuelle contraire, l'employeur peut modifier les horaires de la journée de travail des salariés à temps partiel (cass. soc. 17 octobre 2000, BC V n° 327).

✉ CDI À TEMPS PARTIEL

Entre les soussignés :

- la société ...

dont le siège social est situé à ... représentée par M. ...,

agissant en qualité de ... d'une part,

- et M. ..., demeurant à ... d'autre part,

Il a été convenu et arrêté ce qui suit :

Article 1. - M. est engagé par la société ... à compter du ... par un contrat de travail à temps partiel conclu pour une durée indéterminée.

Article 2. - M. ..., sera employé en qualité de ... avec la qualification professionnelle de ... au coefficient hiérarchique ... *(indiquer éventuellement l'indice correspondant, s'il existe).*

Article 3. - Le présent contrat ne deviendra définitif qu'à l'issue d'une période d'essai de ... *(jours, semaines ou mois)* au cours de laquelle chacune des parties pourra rompre à tout moment le contrat sans indemnité ni préavis.

Article 4. - M. ..., effectuera ... heures de travail par semaine *(ou par mois)* réparties de la façon suivante ... *(indiquer précisément la répartition de l'horaire entre les jours de la semaine et/ou entre les semaines du mois).* Les horaires de travail, pour chaque journée travaillée, seront communiqués par écrit à M. ... X jours à l'avance.

En cas de modification ultérieure de cette répartition de l'horaire de travail, M. ... sera averti de son entrée en vigueur par lettre recommandée avec AR 7 jours au moins à l'avance.

Une modification de la répartition du travail pourra être décidée en cas de : ...

Article 5. - En fonction des besoins de l'entreprise, M. ..., pourra être amené à effectuer des heures complémentaires, dans la limite de... heures par semaine *(ou par mois)*, en sus de son horaire de base tel que défini à l'article 4 du présent contrat. M. ..., pourra refuser d'effectuer des heures complémentaires au-delà de cette limite, sans que ce refus puisse constituer une faute ou un motif de licenciement. Conformément avec la réglementation du travail à temps partiel, il est précisé que les heures complémentaires:

- ne dépassant pas 10 % de l'horaire hebdomadaire ou mensuel indiqué à l'article 4 du présent contrat seront payées comme heures de travail normales;
- effectuées au-delà de cette limite donneront lieu à une majoration de salaire de 25 %.

Article 6. - M. ..., percevra une rémunération mensuelle de ... euros pour un horaire ... *(hebdomadaire ou mensuel selon le cas)* de ... heures. Il percevra les mêmes primes et avantages financiers que les salariés à temps plein de sa catégorie, calculés proportionnellement à son temps de travail (étant précisé que pour la détermination des droits liés à l'ancienneté, celle-ci sera décomptée comme si M. ... travaillait à plein temps).

Article 7. - M. ..., bénéficiera d'une priorité pour l'attribution d'un emploi à temps plein de sa catégorie professionnelle, ou d'un emploi équivalent: la liste de ces emplois disponibles lui sera communiquée préalablement à leur attribution.

Article 8. - Le présent contrat sera régi par les dispositions de la convention collective ... applicable à l'entreprise.

Article 9. - La déclaration préalable à l'embauche sera effectuée à l'URSSAF de ... auprès de laquelle la Société ... est immatriculée sous le n°... M. ... pourra exercer auprès de cet organisme son droit d'accès et de rectification en application de la loi 78-17 du 6 janvier 1978.

Fait à ..., le ...

Signatures...

Demander des heures complémentaires

Limitation des heures complémentaires

Une double limite. - Les heures complémentaires ne sauraient avoir pour effet de porter la durée du travail effectuée au niveau de la durée légale ou conventionnelle (c. trav. art. L. 212-4-3 ; cass. soc. 5 avril 2006, n° 969 FSPB).

Par ailleurs, le volume d'heures complémentaires effectuées par un salarié, au cours d'une même semaine ou d'un même mois, ne peut normalement dépasser 10 % de l'horaire hebdomadaire ou mensuel prévu dans le contrat. Toutefois, une convention ou un accord de branche étendu, ou un accord d'entreprise, peut porter cette dernière limite jusqu'au tiers de la durée contractuelle initiale (c. trav. art. L. 212-4-4).

Majoration de salaire en cas de dépassement. - Chaque heure complémentaire effectuée au-delà du 1/10 de la durée contractuelle doit donner lieu à une majoration de salaire de 25 % (c. trav. art. L. 212-4-4). En outre, le salarié peut réclamer des dommages et intérêts en réparation du préjudice subi par lui du fait de ce dépassement (cass. soc. 27 février 2001, BC V n° 63).

Refus légitime d'exécuter des heures complémentaires. - Le salarié peut refuser d'accomplir les heures complémentaires qui dépasseraient les limites contractuelles : un tel refus ne constitue ni une faute ni un motif de licenciement. De plus, même à l'intérieur des limites contractuelles, lorsque le salarié est informé moins de 3 jours avant la date à laquelle des heures complémentaires sont prévues, son refus ne peut davantage être considéré comme une faute (c. trav. art. L. 212-4-3).

Utilisation régulière d'heures complémentaires

Nécessaire adaptation du contrat de travail. - Lorsque, pendant 12 semaines consécutives ou sur 12 semaines au cours d'une période de 15 semaines, l'horaire moyen réellement effectué par le salarié dépasse l'horaire contractuel de 2 heures au moins par semaine (ou de l'équivalent mensuel de cette durée), le contrat doit être modifié pour ajouter à l'horaire contractuel initialement fixé la différence entre cet horaire et l'horaire moyen réellement effectué. La modification prend effet sous forme d'un avenant après un préavis de 7 jours et à la condition que le salarié ne la refuse pas (c. trav. art. L. 212-4-3).

Pas de nouvelle modification sauf accord du salarié concerné. - Une fois cette modification de l'horaire effectuée (ce qui est automatique en l'absence d'opposition du salarié), l'employeur ne peut pas unilatéralement revenir à l'horaire initial. Il lui faut impérativement l'accord de l'intéressé (en pratique, un avenant) (cass. soc. 14 juin 2006, n° 04-45775 FSP).

✉ AVENANT MODIFIANT UN CONTRAT DE TRAVAIL À TEMPS PARTIEL EN CONTRAT À PLEIN TEMPS (1)

Entre la société ...

et M. ...,

Il a été convenu et arrêté ce qui suit:

À compter du ...,

M. ..., qui a été embauché le ... à temps partiel en qualité de ..., exercera à compter de la date sus-indiquée, son activité à temps plein.

M. ..., remplira sa tâche selon les horaires en vigueur dans l'entreprise. Sa rémunération annuelle s'établira dorénavant à ... euros.

Fait en deux exemplaires,

Signature, précédée de la mention manuscrite « Lu et approuvé »

(1) Attention: le passage d'un temps partiel à un temps complet (et, inversement) constitue une modification du contrat de travail nécessitant de requérir l'accord du salarié concerné, cet accord étant formalisé par la signature d'un avenant au contrat de travail.

22

Conclure un contrat de travail intermittent

Le travail intermittent est une formule qui permet à des secteurs professionnels connaissant d'importantes fluctuations d'activité sur l'année (liées notamment au rythme scolaire, au tourisme, aux spectacles, au cycle des saisons, etc.) de pourvoir des emplois permanents comportant par nature une alternance de périodes travaillées ou non travaillées. Ce dispositif assure aux salariés titulaires d'un contrat de travail intermittent une stabilité de la relation de travail ainsi que le bénéfice d'un certain nombre de garanties légales.

Nécessité d'un accord collectif préalable

Convention ou accord collectif. - La possibilité de conclure un contrat de travail intermittent est subordonnée à la conclusion (c. trav. art. L. 212-4-12) :
- soit d'une convention ou d'un accord collectif étendu,
- soit d'une convention ou d'un accord d'entreprise ou d'établissement.

Dérogation pour les ateliers protégés. - Par dérogation, les ateliers protégés peuvent conclure des contrats de travail intermittent, même en l'absence de convention ou d'accord collectif le prévoyant (c. trav. art. L. 212-4-12).

Toutefois, dans ce cas, ces contrats ne peuvent être conclus qu'avec des travailleurs handicapés bénéficiaires de l'obligation d'emploi.

Conditions de recours au travail intermittent

Réservé à certaines catégories d'emploi. - Le travail intermittent ne peut concerner que les catégories particulières d'emplois définies par la convention ou l'accord ayant prévu le recours à cette formule.

L'intermittence n'autorise pas l'employeur à organiser le travail de façon à ne faire appel au salarié qu'en cas de besoin (travail à la demande). L'alternance de périodes travaillées et de périodes non travaillées doit en effet avoir une origine extérieure à la volonté de l'employeur et / ou du salarié(contraintes liées à des variations saisonnières ou structurelles d'activité). De même, un tel travail ne peut correspondre à un choix des salariés de bénéficier d'un emploi intermittent indépendamment de la nature de cet emploi (circ. min. MES/CAB 2000-003 du 3 mars 2000).

Tâches à accomplir. - Rien ne s'oppose, en revanche, à ce que des contrats de travail intermittent soient conclus pour réaliser des tâches pouvant également être confiées temporairement à des salariés permanents ou même être effectuées par des salariés embauchés sous contrat à durée déterminée.

Rédiger le contrat

Contrat à durée indéterminée obligatoirement écrit. - Le contrat intermittent est un contrat à durée indéterminée (c. trav. art. L. 212-4-13). Il doit donner lieu à la rédaction d'un écrit.

Mentions obligatoires. - Le contrat de travail intermittent doit comporter un certain nombre de mentions obligatoires (c. trav. art. L. 212-4-13) :
- la qualification du salarié ;
- les éléments de la rémunération (un lissage est possible à la condition que la convention, l'accord collectif étendu ou l'accord d'entreprise ou d'établissement le prévoie et en définisse les modalités) ;
- la durée annuelle minimale de travail (étant entendu que les heures dépassant la durée annuelle fixée au contrat ne peuvent excéder le tiers de cette durée, sauf accord du salarié) ;

- les périodes pendant lesquelles le salarié travaille ;
- la répartition des heures de travail à l'intérieur de ces périodes.

Dans des secteurs (à déterminer par décret) où la nature de l'activité ne permet pas de fixer avec précision les périodes de travail et la répartition des heures de travail au sein de ces périodes, l'accord collectif doit déterminer les adaptations nécessaires, et notamment les conditions dans lesquelles le salarié peut refuser les dates et les horaires de travail qui lui seront proposés.

À NOTER Les travailleurs intermittents sont pris en compte dans l'effectif de l'entreprise au prorata de leur temps de présence au cours des 12 mois précédents (c. trav. art. L. 620-10).

Statut du salarié

Droits identiques aux autres salariés. - Les salariés titulaires d'un contrat de travail intermittent bénéficient des droits reconnus aux salariés à temps complet, sous réserve, en ce qui concerne les droits conventionnels, de modalités spécifiques prévues par la convention ou l'accord collectif étendu, ou la convention ou l'accord d'entreprise ou d'établissement. Pour la détermination des droits liés à l'ancienneté, les périodes non travaillées sont prises en compte en totalité.

À NOTER Les titulaires d'un contrat de travail intermittent sont exclus du champ de l'accord national interprofessionnel de mensualisation.

CONTRAT DE TRAVAIL INTERMITTENT

Entre les soussignés :

- la société … dont le siège social est situé à … représentée par M. …, agissant en qualité de … d'une part,
- et M. …, demeurant à … d'autre part,

Il a été convenu et arrêté ce qui suit :

Article 1. - Caractéristiques du contrat

Conformément à l'accord d'entreprise du …, ce contrat a pour objet de pourvoir l'emploi permanent de … qui par nature comporte une alternance de périodes travaillées et de périodes non travaillées.

Article 2 - Engagement

2.1 - La société … engage, sous réserve des résultats de la visite médicale d'embauche… , M. …, à compter du …

2.2 - M. …, sera employé en qualité de … avec la qualification professionnelle de … au coefficient hiérarchique …

2.3 - Le présent contrat est régi par les dispositions de la convention collective … applicable à l'entreprise.

Article 3 - Période d'essai

La première période de … mois sera considérée comme période d'essai au cours de laquelle chacune des parties pourra rompre le contrat sans formalité et sans indemnité. Cette période d'essai pourra être renouvelée une fois si l'essai ne nous semble pas concluant. Dans ce cas, M. …, sera averti … jours avant la fin de l'essai, par lettre recommandée.

Article 4 - Durée du contrat

Le présent contrat est conclu pour une durée indéterminée.

Article 5 - Durée annuelle minimale de travail

La durée de travail de M. …, sera conformément à l'accord d'entreprise d'au moins … heures sur une période de douze mois consécutifs. Cette durée minimale pourra être augmentée selon le volume de travail nécessité par l'activité de l'entreprise. Les heures dépassant la durée annuelle minimale fixée au présent contrat ne pourront toutefois excéder le tiers de cette durée.

Article 6 - Périodes de travail

6.1 - Compte tenu des périodes d'activité de l'entreprise, M. …, travaillera dans l'année au cours des périodes suivantes :

- du … au … ;
- du … au … ;
- du … au …

Ces périodes pourront éventuellement être modifiées d'une année sur l'autre selon les périodes d'activité de l'entreprise.

6.2 - Pendant les périodes de travail précisées ci-dessus, M. ..., sera employé selon les horaires collectifs en vigueur dans l'entreprise. La société pourra éventuellement demander au salarié d'effectuer des heures supplémentaires pour faire face à un surcroît d'activité.

Article 7 - Rémunération

7.1 - La rémunération de M. ..., sera versée chaque mois, en fonction du nombre d'heures de travail effectuées dans le mois considéré ou période de paie. Toutefois, conformément à l'accord d'entreprise et pour limiter l'inconvénient d'un salaire irrégulièrement versé, une fraction de la rémunération de M. ..., sera calculée indépendamment de l'horaire mensuel, à raison d'une fraction de la rémunération annuelle correspondant à la durée annuelle minimale du travail fixée par ce contrat.

7.2 - M. percevra un salaire brut horaire de ... euros. S'ajouteront à ce salaire de base les primes suivantes ... .

Article 8 - Congés payés

M. ..., bénéficiera de congés payés annuels dans les conditions prévues par la loi. - Toutefois, M. ..., ne pourra pas prendre ses congés pendant les périodes de travail précisées à l'article 6.1 du présent contrat.

Article 9 - Ancienneté

Pour la détermination des droits liés à l'ancienneté, les périodes non travaillées sont prises en compte en totalité.

Article 10 - Application des droits conventionnels

10.1 - M. ..., bénéficie des droits reconnus aux salariés à temps complet, compte tenu des adaptations suivantes ... .

10.2 - Le chômage d'un jour férié, compris dans l'horaire de travail, n'entraînera aucune réduction de salaire.

10.3 - En cas d'arrêt maladie dûment justifié par certificat médical, M. ..., bénéficiera de la garantie de rémunération prévue par les articles ... et ... de la convention collective applicable dans l'entreprise, adaptée comme suit aux caractéristiques de son activité :

- lorsque l'arrêt de travail survient pendant une période travaillée, l'entreprise complète la rémunération dans les conditions et limites fixées par l'annexe dont relève le salarié intermittent ;
- lorsque l'arrêt de travail ayant pris effet pendant une période non travaillée se poursuit pendant une période qui aurait dû l'être, le salarié bénéficie du complément de salaire pendant la période qui aurait dû être travaillée (dans la limite de ses droits). Dans les deux hypothèses visées ci-dessus, le versement de l'indemnité complémentaire cesse au plus tard à l'issue de la période qui aurait dû être travaillée sauf dans le cas de longue maladie (arrêt de travail se prolongeant sans interruption pendant plus de six mois) afin d'éviter le maintien discontinu de la rémunération.

Article 11 - Rupture du contrat de travail

11.1 - Le présent contrat est résiliable par l'une ou l'autre des parties, sous réserve du respect d'un délai de préavis calculé selon les dispositions de la convention collective applicable dans l'entreprise et en fonction de l'ancienneté acquise par le salarié au moment de son départ.

11.2 - Les indemnités de licenciement seront calculées selon les dispositions de la convention collective sur la base du salaire mensuel moyen des douze derniers mois.

Signatures

Les Plus pour agir

Astreintes et contrat de travail

L'astreinte est un temps « contraint ». Le salarié ne travaille pas, mais il doit se tenir à la disposition de son employeur qui peut lui demander d'intervenir à tout moment. Les heures d'astreinte peuvent être mises en place par des accords collectifs de branche étendus, d'entreprise ou d'établissement.

Définition

Une période d'astreinte s'entend comme une période pendant laquelle le salarié, sans être à la disposition permanente et immédiate de l'employeur, a l'obligation de demeurer à son domicile ou à proximité afin d'être en mesure d'intervenir pour effectuer un travail au service de l'entreprise (c. trav. art. L. 212-4 bis).

Le temps d'astreinte n'est pas du temps de travail effectif. L'astreinte se distingue, en effet, du travail effectif, les critères de celui-ci n'étant pas réunis. Seule, la durée de l'intervention durant le temps d'astreinte est considérée comme un temps de travail effectif (cass. soc. 24 novembre 1993, BC V n° 285 ; QE 20051, JO AN du 10 mai 1999, p. 2856).

Mise en place

Par voie d'accord. - Les astreintes peuvent être mises en place par convention ou accord collectif étendu ou par accord d'entreprise ou d'établissement (c. trav. art. L. 212-4 bis). Ils en fixent le mode d'organisation ainsi que la compensation (sous forme financière ou sous forme de repos) à laquelle les astreintes donnent lieu.

Les salariés ne peuvent refuser l'astreinte conventionnelle. - L'astreinte organisée conventionnellement s'impose aux salariés et n'emporte pas modification de leur contrat de travail (cass. soc. 16 décembre 1998, BC V n° 556 ; cass. soc. 13 février 2002, n° 638 FD).

Par décision unilatérale de l'employeur. - En l'absence d'accord, l'employeur recouvre la possibilité de déterminer lui-même les conditions dans lesquelles les astreintes sont organisées ainsi que de fixer les compensations auxquelles elles donnent lieu. Il doit, toutefois, consulter préalablement le comité d'entreprise (ou, en son absence, les délégués du personnel) et informer l'inspecteur du travail.

Inscrire une clause dans le contrat de travail. - La loi n'impose pas expressément la mise en œuvre d'une clause relative à l'astreinte dans le contrat de travail. Toutefois, il est recommandé d'en prévoir une pour prévenir des litiges (circ. min. du 3 mars 2000).

Programmer les astreintes

Information des salariés. - La programmation individuelle des périodes d'astreinte doit être portée à la connaissance de chaque salarié concerné au moins quinze jours à l'avance, sauf circonstances exceptionnelles (auquel cas l'intéressé devra de toute manière être averti au moins un jour franc à l'avance).

Document récapitulatif mensuel. En fin de mois, l'employeur doit, en outre, remettre à chaque salarié concerné un document récapitulant:
- le nombre d'heures d'astreinte effectuées par celui-ci au cours du mois écoulé;
- la compensation correspondante.

Conservation du document. - Ce document doit être tenu à la disposition des agents de contrôle de l'inspection du travail. Il doit être conservé pendant une durée d'un an. L'employeur est donc tenu d'en remettre un exemplaire au salarié et d'en conserver un double.

Sanctions pénales. - La non-remise au salarié du document récapitulatif des astreintes, la non-tenue de ce document à disposition des agents de contrôle ou la fait pour l'employeur de ne pas accorder aux salariés concernés les compensations prévues sont passibles de sanctions pénales (c. trav. art. R. 261-3; circ. min. du 3 mars 2000). L'employeur encourt une amende de 750 € au plus.

Compensation des astreintes

Distinction entre astreinte et intervention. - L'astreinte et le temps d'intervention peuvent se confondre et il est nécessaire de distinguer séparément le temps relevant de chaque activité. Les périodes d'astreintes doivent ainsi être indemnisées indépendamment des heures de travail effectif (cass. soc. 4 mai 1999, BC V n° 187).

Octroi d'une compensation. - Les heures d'astreinte font l'objet de contreparties financières ou de repos définies par l'accord collectif ou par l'employeur, selon le cas. Cette indemnisation peut prendre la forme d'un logement de fonction mis gratuitement à la disposition

du salarié (cass. soc. 16 novembre 2005, n° 2477 FD; cass. soc. 16 décembre 2005, n° 2781 FD).

Pas de minimum légal. - La loi n'a pas prévu de minimum en la matière ni la manière dont doit procéder l'employeur pour fixer les compensations dues aux salariés ayant effectué des astreintes. Le niveau d'indemnisation de l'astreinte sera souvent fonction de la nature de la contrainte et de sa durée.

> **À NOTER** En l'absence de dispositions conventionnelles ou contractuelles sur la rémunération des heures d'astreinte, le juge du fond peut apprécier le montant de la rémunération revenant au salarié (cass. soc. 10 mars 2004, BC V n° 77).

Sanctions pénales. - Si l'employeur n'accorde pas la compensation due aux intéressés, il est passible d'une amende (c. trav. art. R. 261-3).

Indemnisation du temps d'intervention. - Les périodes d'intervention étant considérées comme du temps de travail effectif, elles doivent être rémunérées comme tel (cass. soc. 3 juin 1998, BC V n° 292). La fourniture gratuite au salarié d'un logement de fonction ne satisfait pas à cette obligation (cass. soc. 16 novembre 2005, n° 2477 FD; cass. soc. 16 décembre 2005, n° 2781 FD).

✉ ASTREINTE DE WEEK-END, DE NUIT ET DE JOURS FÉRIÉS

Pour assurer la continuité des activités de l'entreprise … *(ou l'entretien, la maintenance, les urgences, les appels des clients ou intervenir en cas d'incident…)*, il peut vous être demandé des astreintes. Celles-ci pourront selon les besoins se tenir le (ou les) … *(le samedi, le dimanche, la nuit, les jours fériés …)* de … heures à … heures.

En principe, il ne peut pas être demandé plus de … jours de travail le samedi et le dimanche, … de travail de nuit et … les jours fériés.

Vous serez informé de la programmation des absences 15 jours à l'avance. En cas de circonstances exceptionnelles, vous serez averti 1 jour franc à l'avance.

En vertu de l'article L. 212-4 bis du code du travail, les astreintes ne constituent pas du temps de travail effectif. Elles sont rémunérées sur la base de … % *(ou … €, forfait de …, … fois la valeur du point du coefficient)* du salaire horaire *(ou mensuel)*.

Le temps d'intervention, y compris le temps de trajet, constitue du travail effectif rémunéré et payé comme tel. Ces heures ouvrent éventuellement droit au paiement des majorations légales et conventionnelles pour heures supplémentaires, de nuit, du dimanche ou des jours fériés.

L'indemnité peut être versée sur le compte épargne-temps.

Les frais occasionnés par les déplacements pour se rendre sur le lieu d'intervention sont pris en charge par l'entreprise selon les modalités applicables aux autres situations professionnelles.

Indemnité de fin de CDD

Lorsque les relations contractuelles de travail ne se poursuivent pas à l'issue d'un contrat à durée déterminée, le salarié a droit , à « une indemnité destinée à compenser la précarité de sa situation » (c. trav. art. L. 122-3-4).

Cas où l'indemnité n'est pas due

L'indemnité de précarité n'est pas due (c. trav. art. L. 122-3-4 et circ. min. du 30 octobre 1990) :

- lorsque, à l'issue du CDD, les relations contractuelles se poursuivent par un CDI. En revanche, l'indemnité de précarité perçue par le salarié à l'issue de son contrat lui reste acquise nonobstant une requalification ultérieure en contrat à durée indéterminée (cass. soc. 30 mars 2005, BC V n° 106).
- en cas de refus par le salarié, à l'issue de son CDD, d'accepter la conclusion d'un CDI, pour occuper le même emploi ou un emploi similaire, assorti d'une rémunération au moins équivalente ;
- en cas de rupture anticipée du CDD due à l'initiative du salarié, à sa faute grave ou à un cas de force majeure ; peu importe, s'agissant d'un contrat de date à date, que cette rupture intervienne pendant la durée initiale ou, ultérieurement, pendant la période de renouvellement ;
- en cas de rupture du contrat pendant la période d'essai ;
- en cas de contrat saisonnier (sauf clause conventionnelle plus favorable ; c. trav. art. L. 122-3-4) ;
- en cas de contrats portant sur des emplois pour lesquels il est d'usage constant, dans certains secteurs d'activité, de ne pas recourir au CDI (sauf clause conventionnelle plus favorable) ;
- en cas de contrats conclus pour favoriser l'embauche de certaines catégories de demandeurs d'emploi ou de contrats destinés à assurer un complément de formation professionnelle à leurs titulaires (sauf clause conventionnelle plus favorable) ; comme, par exemple, pour le CDD senior. à l'issue de ce contrat, il est en effet prévu que le salarié perçoive une indemnité de nature

et de montant identiques à l'indemnité de fin de contrat des CDD classiques : ANI sur l'emploi des seniors du 9 mars 2006 ; avenant 1 du 9 mars 2006, c. trav. art. D. 322-24 à D. 322-26 ;

- au terme des contrats conclus avec des jeunes pour une période comprise dans leurs vacances scolaires ou universitaires.

Montant à verser

Pour les contrats conclus depuis le 20 janvier 2002, cette indemnité est égale à 10 % de la rémunération totale brute due au salarié pendant la durée du contrat (contre 6 % pour les contrats conclus antérieurement). Attention toutefois, une convention ou un accord collectif de branche étendu ou un accord d'entreprise peuvent prévoir de limiter ce versement à hauteur de 6 %, en vue d'améliorer la formation professionnelle des salariés en CDD, dès lors que des contreparties sont offertes, dans cette perspective, à ces salariés, notamment sous la forme d'un accès privilégié à la formation professionnelle.

L'assiette de l'indemnité étant la rémunération totale, on y inclura les primes et accessoires du salaire. Le versement de cette indemnité a lieu à l'issue du contrat en même temps que le dernier salaire et doit figurer sur le bulletin de paie correspondant.

Tableau récapitulatif des contrats aidés				
Mesures pour l'emploi	**Contrat d'apprentissage**	**Contrat initiative-emploi (1)**	**Contrat jeune en entreprise**	**Aide dégressive Assédic**
Salariés concernés	Jeunes de 16 à 25 ans inclus, parfois dès 15 ans Après 25 ans sur dérogation accordée par l'administration dans 4 situations précisément définies (c. trav. art. L. 117-3 et D. 117)	Personnes rencontrant des difficultés particulières d'accès à l'emploi	• Jeunes de 16 à 22 ans sans qualification ou avec un CAP, BEP ou un niveau baccalauréat (sans le diplôme) • Jeunes de 23 à 25 ans bénéficiant d'un accompagnement personnalisé dans le cadre d'un CIVIS (c. trav. art. L. 322-4-17-2)	• Bénéficiaires de l'allocation d'aide au retour à l'emploi (ARE), depuis au moins 12 mois, sélectionnés par l'ANPE • Bénéficiaires de l'ARE qui, à la date de leur embauche, sont âgés de 50 ans et plus sélectionnés par l'ANPE (exclusion des anciens salariés de l'entreprise qui embauche)
Conditions employeur	Avoir effectué une déclaration auprès de la DDTE lors de l'enregistrement du premier contrat d'apprentissage	• Secteur privé et EPIC • Pas de licenciement économique sur les 6 derniers mois • L'embauche ne doit ni résulter ni entraîner le licenciement d'un salarié sous CDI • Être à jour du versement des cotisations et contributions sociales	• Employeurs du secteur privé tenus de s'affilier au régime d'assurance chômage (exclusion des particuliers employeurs) • L'employeur ne doit pas avoir licencié pour motif économique dans les 6 mois précédant l'embauche et ne pas avoir employé le jeune dans les 12 mois précédant l'embauche	• Employeurs affiliés à l'assurance chômage • Pas de licenciement économique dans les 12 derniers mois • À jour des cotisations Assédic • Ne pas avoir fait l'objet d'un procès-verbal pour travail illégal
Nature du contrat et formalités	• Contrat d'apprentissage écrit • Enregistrement auprès de la chambre consulaire dans le mois de la signature	• CDI ou CDD (24 mois maximum) • Convention préalable avec l'ANPE	CDI à temps complet ou à temps partiel (durée minimale égale à la moitié de la durée collective du travail)	• CDI ou dans certains cas CDD, à temps complet ou à temps partiel • Demande à l'ANPE • Convention avec l'Assédic • Embauche portant sur un métier répertorié

Tableau récapitulatif des contrats aidés				
Mesures pour l'emploi	**Contrat d'apprentissage**	**Contrat initiative-emploi (1)**	**Contrat jeune en entreprise**	**Aide dégressive Assédic**
Rémunération minimale	En pourcentage du SMIC selon l'âge du bénéficiaire et sa progression dans le ou les cycles de formation	Minimum conventionnel ou SMIC	Minimum conventionnel ou SMIC	• Minimum conventionnel ou SMIC
• Cot. patronales de sécurité sociale	Exo.	Pas d'exonération	Dues	–
• FNAL et versement de transport **• Cot. patr. de retraite complémentaire** **• Cot. patr. Assédic**	Exo. si inscrit au registre des métiers ou moins de 11 salariés Dus dans les autres cas	Pas d'exonération	Dues	Pas d'exonération
• Cot. salar. CSG et CRDS	Exo.	Pas d'exonération	Dues	–
Aides forfaitaires versées à l'employeur	Versement par la région d'une indemnité dont le montant minimum est égal à 1 000 € pour chaque année du cycle de formation (maximum déterminé par chaque région)	• Aide versée par l'État et destinée à prendre en charge partiellement le coût du contrat et des actions de formation et d'accompagnement • Aide modulable en fonction de la situation des bénéficiaires, de l'employeur et des conditions économiques locales • Aide ne pouvant excéder 47% du SMIC horaire brut	Montant de l'aide modulé en fonction du niveau de formation du bénéficiaire : - 150 €/par mois pour l'embauche d'un jeune à temps plein et dont la rémunération est égale au SMIC ou à la GMR ; - 300 € en cas d'embauche d'un jeune peu ou pas qualifié.	Aide dégressive égale à 40 %, 30 %, puis 20 % du salaire d'embauche Abattement de 50 % la 3e année
Temps de formation	400 h/an minimum en CFA	Formation facultative, actions d'accompagnement, de formation professionnelle ou de VAE	Aucun	À déterminer entre les parties
Autres aides			–	Aide à la mobilité géographique

Tableau récapitulatif des contrats aidés				
Mesures pour l'emploi	**Contrat d'apprentissage**	**Contrat initiative-emploi (1)**	**Contrat jeune en entreprise**	**Aide dégressive Assédic**
Prise en compte dans l'effectif	Non (sauf calcul tarification AT)	Non	Oui	Oui (prorata si temps partiel)
Cumul avec d'autres aides	Pas de cumul	Cumul possible avec une exonération de droit commun de cotisations patronales de SS, sauf pour les ZFU, ZRU et ZRR	Allégement loi Fillon ; abattement de 10 ou 20 % sur le SMIC pour les jeunes mineurs ; toutes les aides versées par l'AGEFIPH	Cumul possible avec une exonération (Aubry I, allégement Fillon…)
Durée de la mesure	Durée du contrat (en principe 1 à 3 ans), adaptée selon niveau du jeune	Durée de la convention (24 mois maximum, renouvellements compris)	3 ans	3 ans maximum, dans la limite du reliquat des droits à l'ARE de l'intéressé

(1) Depuis le 1er mai 2005, ce dispositif regroupe les différents contrats d'insertion des chômeurs dans le secteur marchand (ex-CIE, SIFE, SAE).

Table alphabétique

Vos notes

Vos notes